职业教育财经类专业教学用书

财政与金融基础

主　编　景　莹　张亚君

副主编　沈文全

主　审　余　琼

電子工業出版社

Publishing House of Electronics Industry

北京 · BEIJING

内容简介

本书按照职业教育财经类培养目标的要求，着重培养学生发现问题及分析问题的能力，突出专业基本技能的培养，从而提高学生的综合素质。

本书共十章，内容涉及财政概述、财政收入、财政支出、政府预算、金融概述、货币供求与通货膨胀、金融机构体系、金融市场、国际金融、财政政策与货币政策，系统、科学地阐述了财政和金融的基本概念、基本理论和基本业务知识，内容全面、新颖，信息量大，通俗易懂。

本书可作为职业院校财经类专业教学用书，也可作为在职人员自学用书及岗位培训教材。

图书在版编目（CIP）数据

财政与金融基础 / 景莹，张亚君主编. —北京：电子工业出版社，2020.7
ISBN 978-7-121-39092-0

Ⅰ. ①财… Ⅱ. ①景… ②张… Ⅲ. ①财政金融－中等专业学校－教材 Ⅳ. ①F8

中国版本图书馆 CIP 数据核字（2020）第 099480 号

策划编辑：徐　玲
责任编辑：王凌燕
印　　刷：北京盛通数码印刷有限公司
装　　订：北京盛通数码印刷有限公司
出版发行：电子工业出版社
　　　　　北京市海淀区万寿路 173 信箱　　邮编 100036
开　　本：787×1 092　1/16　　印张：14.25　字数：365 千字
版　　次：2020 年 7 月第 1 版
印　　次：2024 年 7 月第 4 次印刷
定　　价：38.00 元

凡所购买电子工业出版社图书有缺损问题，请向购买书店调换。若书店售缺，请与本社发行部联系，联系及邮购电话：（010）88254888，88258888。

质量投诉请发邮件至 zlts@phei.com.cn，盗版侵权举报请发邮件至 dbqq@phei.com.cn。

本书咨询联系方式：xuling@phei.com.cn。

前言

“财政与金融基础”是职业院校财经类相关专业的基础课程，是一门理论与实践紧密结合的课程。该课程的涉及面较广，我们在编写过程中紧紧围绕“理论够用、联系实际”的职业教育理念，通过情景导入、知识准备及知识拓展等形式深入浅出地介绍财政概述、财政收入、财政支出、政府预算、金融概述、货币供求与通货膨胀、金融机构体系、金融市场、国际金融、财政政策与货币政策等财经方面的基础知识。

本书的编写着重体现了以下特点：

1．紧扣培养目标。本书紧扣职业教育财经类培养目标，结合经济改革和发展的实际，围绕培养学生的职业岗位能力和创造能力，从理论与实践相结合的角度阐述财政与金融的基本理论、基础知识，为学生学习财经类其他专业课程奠定基础。

2．强调能力本位。本书以全面提高学生的综合素质为原则，在编写过程中，将课程改革的主线贯穿于教材始终，强调“以能力为本位、以学生为主体、以实践为导向”的教学指导思想，围绕职业岗位需要，培养学生分析问题、解决问题的能力。

3．体现知识的基础性、完整性与广泛性。通过本书的介绍，为读者学习财经知识打好基础，建立系统的知识体系，从而培养相应的基本业务能力。在介绍基础知识的同时，还配备了知识拓展、知识链接等形式的相关知识，体现了内容的广泛性。

4．注重知识的新颖性与时代性。本书注重借鉴和吸收国内外完善的财经理论和实践经验，反映了我国经济体制改革、经济市场发展的总体情况，紧跟经济学、财政学、金融学的发展步伐，反映最新的经济动态和成果。

本书由湖北省武汉市财政学校景莹老师、北京市房山职业学校张亚君老师任主编，由北京市商务委员会教育中心沈文全老师任副主编，由湖北省武汉市财政学校余琼老师担任主审。

具体参编人员的分工如下：北京市房山职业学校张亚君老师、杨文静老师负责编写第一章、第二章、第三章、第四章，湖北省武汉市财政学校景莹老师、李娜老师负责编写第五章、第六章、第十章，北京市商务委员会教育中心沈文全老师、李美莹老师负责编写第七章、第八章、第九章。

在本书编写过程中，参阅了国内外有关书籍资料，借鉴了相关实践案例，得到了主审老师的很多宝贵建议，在此表示衷心感谢。由于编者能力有限，调研深度可能不够，书中难免有疏漏和不当之处，敬请广大读者及时提出修改意见和建议，使之不断完善和提高。

编 者

目录

第一章

财政概述

知识目标

明确财政的概念，了解财政产生和发展的过程，认识财政的职能。

第一节　财政现象与财政内涵

情景导入

生活中的财政现象

目前，人口老龄化已经成为我国一个极为严峻的社会问题，严重影响我国社会、经济等各方面的发展。高龄老人因为体力不支而通常没有获得经济收入的能力，而且高龄也常常意味着体弱多病。所以高龄老人对于一个家庭可以说是“甜蜜的负担”。尤其是对于农村家庭来说，很容易使人不堪重负。为此，国家实行了高龄老人津（补）贴制度。高龄津贴，对于解决高龄老人基本生活问题，提高高龄老人的生活质量起到了重要作用。刚开始是针对 80 周岁的高龄老人，现在个别省份已经把享受津贴的老年人年龄降到 60 周岁。各地区在享受高龄津（补）贴的年龄段和补助标准方面也存在较大差距，甚至在同一个省（市、区）内享受范围和享受标准也不一样。目前，我国已有 26 个省（区、市）出台了高龄津（补）贴政策，高龄津（补）贴对象要求当地户籍的80周岁及以上的老年人。

想一想

- 高龄老人津（补）贴款项从哪里来？

知识准备

一个国家就像一个大家庭，需要有收入、也要有支出，收入从哪里来，干什么去，就是我们要讨论的财政现象。现实生活中的实例有很多，如居民纳税、政府发放债券、政府救灾、大学生获得补贴、义务教育、政府投资兴建基础设施等都属于财政现象。

一、财政的概念及分类

财政是以国家为主体，以满足社会公共需要为目的，凭借国家权力，运用政府收支，对一部分社会产品进行的分配活动。

例如，我们走的是财政投资的道路；漫步在政府投资的公园或广场；上学享受财政两免一补政策和义务教育待遇，还可以申请助学金、奖学金；看病享受医疗保险；退休后有养老金；市政绿化，城市街道的路灯，等等。此外，还有国防、治安等看不见的服务。同时，我们每个人又都是财政的贡献者，都是纳税人。我们支付的每一个商品价格里都含有一定税收；我们购买的商品房要缴纳契税、印花税；工资达到一定水平要缴纳个人所得税等。以上现象都属于财政现象。

二、财政的特征

（1）财政分配的主体是国家。

（2）财政分配的依据是国家权力。

（3）财政分配的对象是一部分社会产品。

（4）财政分配的目的是满足社会公共需要。

三、财政的产生

从人类历史上看，财政是伴随着国家的产生而产生的。从我国几千年留下来的古迹可以看出，清光绪年间，1898 年的戊戌变法诏书中就出现了“改革财政，实行国家预算”的条文。孙中山先生在辛亥革命时期，宣传三民主义曾多次应用“财政”一词强调财政改革；民国政府成立时，主管国家收支的机构被命名为财政部。20 世纪 40 年代，中华书局出版的《辞海》对“财政”一词做如下解释：财政谓理财之政，即国家或公共团体以维持其生存发达之目的，而获得收入、支出经费之经济行为也。显然，这种解释也是从英文 public finance 译为中文引入的概念。因此，“财政”一词在中文词汇中的应用已经有 100 多年的历史，目前在中文词汇中的含义，虽然在学术研究上还有不同的理解，但在日常生活中已经是一个没有什么疑义的十分确定的词语。例如，管理国家收支的工作称为财政工作，相应的管理机关称为财政部、财政厅、财政局等，已经约定俗成，为社会所公认。

西方“财政”一词最早起源于西欧。13～15 世纪，拉丁文 finis 是指结算支付期限的意思，后来演变为 finare，有支付款项、裁定款项或罚款支付的含义。到 16 世纪末，法国政治家波丹将法语 finances 作为“财政”一词使用，认为财政是“国家的神经”，随后逐步泛指国家及其他公共团体的理财。中国古代一般采用国用、国计、邦计、度支、理财等词语。日本自 1868 年明治维新以后，从西欧各国引用 finance 一词，吸收中国早已分开存在使用的“财”和“政”二字的含义，创造了“财政”一词，并于 1903 年传入中国，逐步取代以前的各种名称，确立了财政的概念。

（一）财政产生的条件

财政的产生必须具备以下两个最基本的条件。

1．经济条件——剩余产品的出现

生产力的发展，剩余产品的产生，是财政产生的经济基础。天子及官员都从事社会活动，他们的开支由社会上其他人提供，这只有在剩余产品产生后才有可能。也就是说，只有劳动力所生产的数量超过了单纯维持劳动力再生产需要的数量时，天子及百官才能脱离生产，从事社会管理，否则，缴纳赋税者就会饿死，统治者也失去了征敛的对象。剩余产品的出现，是财政产生的首要条件。没有剩余产品，任何强权政治都无济于事。

2．政治条件——国家的产生

国家的存在是财政存在的政治前提。首先，财政是一种经济行为或者说是经济现象，那

么就需要一个可以进行财政分配的主体。国家出现后，其自身不进行生产。然而，为了维持自身的存在和运转，国家需分到一些国民收入来满足自己的需要。由于国家不进行生产，它无法以产品换取它所需的社会产品，唯一拥有并能加以运用的只有强制性政治权力。国家凭借强制性的政治权力参加社会产品的分配，就是原始的税收——财政收入的主要形式。另外，国家为了维持自身的存在和运转消耗社会产品的过程，就是财政支出。因此，财政伴随着国家的产生而产生。

（二）财政产生的根源——公共需求

首先，人类社会需求分为私人需求与公共需求，公共需求由公共产品满足。因为市场无法有效提供公共产品，当私人产品转换成公共产品时可以获得收益，财政就产生了。其次，随着古代氏族的发展，部落联盟的扩大，公共事务必然增多，需要更多的人脱离生产劳动，专门从事公共管理。公共支出和公共管理需要财政支持，如抵御野兽、洪水、祭祀等。公共需求只能通过国家满足，这也进一步证明了国家是财政产生的充分必要条件。

四、财政的发展

随着社会生产方式的变革和国家的更替，财政也在不断地发展和变化。人类自进入阶级社会以后，各社会阶段都有与其生产资料所有制和国家形式相适应的财政，先后出现了奴隶制国家财政、封建制国家财政、资本主义国家财政和社会主义国家财政。由于生产资料所有制的形式和国家性质不同，各阶段财政的性质和特点也存在差异。

知识拓展

非洲猪瘟的防控

2018 年 10 月，非洲猪瘟疫情在北京一些郊区发生，为了避免更大范围的传播，市政府投资大量资金控制疫情，捕杀大量生猪，造成我国生猪生产下降。生猪及猪肉供应偏紧，价格出现较大幅度上涨。对此，国务院高度重视，采取了一系列促进生猪生产、保持市场稳定的措施：

（1）加大对生猪生产的扶持力度。

（2）强化生猪防疫。对一类动物疫病和高致病性猪蓝耳病实行免费强制免疫；对因防疫需要扑杀生猪的养殖场（户）给予适当补助。

（3）采取适当提高低保标准、发放临时补贴等措施，确保低收入居民生活水平不降低。

议一议

➢ 大家一起探讨，为什么国家要对生猪生产采取扶植政策？从以上材料中，可以反映财政的哪些特征？

任务检测

1．知识检测

（1）填空题

① 财政的产生必须具备两个条件：一是________；二是________

② 财政是以________为主体，以________为目的，凭借________，运用政府收支，对一部分社会产品进行的分配活动。

③ 财政分配包括________和________两大类。

④ 从人类历史上看，财政是伴随着________的产生而产生的，所以财政活动是一种历史悠久的经济现象。

（2）单项选择题

① 人类历史上第一个出现财政的社会阶段是（　　）。

A．原始社会　　B．奴隶社会

C．封建社会　　D．资本主义社会

② 下列各项中不属于财政现象的是（　　）。

A．企业给职工发工资　　B．政府拨款救济灾民

C．政府投资兴建地铁　　D．政府兴建污水处理厂

③ 财政分配的主体是（　　）。

A．政府　　B．财政　　C．政党　　D．国家

④ 财政分配的目的是（　　）。

A．满足社会公共需要　　B．保证国家实现其职能的需要

C．满足经济建设需要　　D．满足国防需要

（3）多项选择题

① 财政的产生必须具备两个条件，它们是（　　）。

A．剩余产品的出现　　B．阶级的产生

C．国家的产生　　D．货币的出现

② 下列各项中对财政的一般特征表述正确的有（　　）。

A．财政分配的主体是国家

B．财政分配的依据是国家权力

C．财政分配的对象是一部分社会产品

D．财政分配的目的是满足社会公共需要

（4）简答题

① 什么是财政？财政是如何产生的？

② 如何理解财政的一般特征？

2. 探讨和交流

我们身边的财政现象有很多，财政收入部分主要是税收，如我们消费时商家开的发票，开票商家要缴税；个人收入高的要交个人所得税。另外，去政府职能部门办理一些证件、手续时要交一定的手续费，如交警的罚款、办理身份证手续费等都属于财政收入。财政支出包括政府的工程，如修路、修桥等；城市的卫生清洁费；公务员的工资、福利；各种活动经费、残疾人补助等。

以小组为单位进行讨论，每组举出3～5个身边的财政实例，并进行展示。

第二节 财政职能

情景导入

生活中的财政职能——2019年惠民新政

2019年1月1日起，新的个人所得税惠民政策施行，纳税人获得了更多减税。历经多轮广泛征求意见后，2018年12月22日，国务院正式对外发布《个人所得税专项附加扣除暂行办法》，标志着我国个人所得税改革迈出综合征税的关键一步。暂行办法伴随新修订的《中华人民共和国个人所得税法》于2019年1月1日起施行。今后纳税人计算个人所得税应纳税所得额时，在5 000元基本减除费用扣除和“三险一金”等专项扣除外，还可享受子女教育、继续教育、大病医疗、住房贷款利息、住房租金及赡养老人6项专项附加扣除。同时独生子女补助标准提高。

想一想

- 财政在当今社会有什么用？国家财政在该案例中发挥了什么作用？我们该如何利用财政的这些职能指导生活和工作？

知识准备

财政在国家的宏观调控中起着非常重要的作用。

常言道：财政取之于民，用之于民。我国90%以上的财政收入来源于税收，国家收上来的税形成财政收入，国家将收上来的钱再分配到各个部门，形成财政支出。财政的职能是指财政在社会经济生活中所具有的职责和功能。它是不以人的意识为转移的。根据社会主义市场经济的内在要求，我国的财政担负着三个基本职能，即资源配置职能、收入分配职能、经济稳定职能。

一、资源配置职能

财政具有资源配置职能。这主要体现在政府采用直接方式或间接方式矫正外部性对市场机制的影响，从而达到资源的高效配置。

（一）资源配置职能的含义

人类的生产活动离不开资源的使用。随着社会经济年复一年的发展，人们对资源的需求越来越大。而资源是有限的，在生产规模不断扩大的同时，资源却日益显得匮乏甚至稀缺，因而优化资源配置成为社会发展的必然。

资源配置的方式有多种，包括计划配置、市场配置、财政配置等。在不同的经济体制下，起主导作用的配置方式是不同的。在传统的计划经济体制下，起主导作用的资源配置方式是计划配置。在市场经济体制下，市场配置起主导作用，但必须以完全竞争为条件。然而完全竞争的市场机制只是一种理论上的假想，由于投机、垄断、信息失真等现象的作用，现实中普遍存在的是不完全的市场机制。此外，一部分非生产领域也消耗资源，而市场配置对这部分领域是失效的。例如，公共物品和劳务具有非排他性和非竞争性，是不能通过市场提供的。因此，无论是计划配置还是市场配置都不是完美的，不能单独达到资源的最优配置，需要有其他配置方式的协调和补充。在政府的经济职能日益增强的今天，由政府运用财政手段进行资源分配就成为资源配置的一种有效补充方式。财政的资源配置职能，就是通过财政的收支活动，安排或调整一部分社会资源的分配状况，弥补市场的缺陷，最终促进社会资源的优化配置。在市场经济中，财政不仅是一部分社会资源的直接分配者，而且是全社会资源配置的调节者。

（二）资源配置职能的范围

财政配置资源的范围取决于政府职能的范围。在社会主义市场经济体制下，市场发挥基础性资源配置的作用，政府对经济活动主要是参与、调节、引导、补充，因而财政配置的范围如下。

（1）市场配置失效而社会又需要的公共产品方面，如外交、国防、治安、行政管理、教育、卫生、科技、环保、大型公共设施和基础设施，以及对公共资源的管理。

（2）对外部效应的干预，如控制和治理废水、废气、废料等环境污染，实施森林保护、城市绿化等。

（3）介入自然垄断行业，如城市供水、供电、供气、公共交通等。

（4）对短缺资源进行保护或调配。

（三）资源配置职能的手段

一切财政分配都是通过收支活动来进行的，资源配置也不例外。财政实现资源配置职能的手段如下。

（1）通过财政收入占国内生产总值的比重的调整，调节社会资源在政府部门和非政府部门之间的配置。

（2）通过财政支出结构的调整和优化，搞好政府部门内部的资源配置，满足各种社会公共需要，保证国家安全和社会秩序的稳定。

（3）通过财政资金的分配及相关政策的制定和执行，调节非政府部门的资源配置，特别是按照国家的发展战略和经济发展规划，引导非政府部门的资金投向，鼓励和支持基础设施和重点项目的建设。

（4）通过财政体制的确立和调整，正确处理中央与地方的财政关系，既要尽量满足地方发展经济的资金需求，更要保证中央为进行宏观调控所必须掌握的财力，使资源的总体配置与区域配置相互衔接与协调。

案例

党的十九大使教育公平迈上新台阶。国务院办公厅印发《关于加快中西部教育发展的指导意见》，第一次全口径对中西部教育发展做出顶层设计。国务院审议通过《教育脱贫攻坚行动计划（2016—2020 年）》，启动实施“职业教育东西协作行动计划”，东西部联合招生达 30 万人，使更多贫困地区的孩子享受到优质职业教育。国务院印发《关于统筹推进县域内城乡义务教育一体化改革发展的若干意见》，推动消除义务教育城乡二元结构壁垒。乡村教师补助中央奖补资金增至 30 亿元，比 2015 年增加 30.4%，覆盖 573 个特困县，惠及 100 多万名乡村教师。截至 2016 年年底共有 1 824 个县（市、区）通过县域义务教育均衡督导评估认定，继上海、北京等 5 省（市）之后，又有广东、福建两省全部通过认定。加快全面改薄进程，中央专项补助资金增至 338 亿元，实现规划时间过半、任务完成过半。建立生均公用经费基准定额、“两免一补”政策、中央与地方经费分担比例三统一的城乡义务教育经费保障机制，实现相关教育经费随学生流动可携带，这是农村义务教育经费保障机制改革后又一个重要里程碑。继义务教育、中职教育、师范教育之后，免除普通高中建档立卡家庭经济困难学生学杂费。2016 年，国家共资助各级各类学校家庭经济困难学生 8 400 多万人次，累计资助金额 1 500 多亿元。

想一想：免除家庭经济困难学生学杂费、资助困难学生的钱从哪里来的？

二、收入分配职能

（一）收入分配职能的含义

收入分配是财政被赋予的基本功能，是财政本质的集中体现。财政的收入分配职能有两层含义：一是指对社会产品和国民收入的分配，即集中组织收入，这是一般意义上的分配；二是指对已经完成的各种分配的结果所出现的偏差进行纠正、调整或再分配，以实现收入分配的公平。

一般来说，经济活动中收入和财富的分配取决于生产要素的投入及这些生产要素的市场价格，要素投入与要素收入应相对称。但是在市场经济下，由于每个分配主体所提供的生产要素的数量不同，质量有异，所拥有的资源的稀缺程度不同，市场价格可能有偏差，加上各种非竞争性因素的干扰，使得各分配主体获得的收入可能与其要素投入不对称，甚至差距较大。如果这种收入差距超出社会各阶层的接受程度，则不仅会导致经济上的波动，还将会造成社会的不稳定。因此，需要政府对收入进行调整和再分配，这就是财政的收入分配职能。可以说，调节收入分配，缩小贫富差距，是各国财政所普遍具有的一项职能。

（二）收入分配职能的范围

财政在执行收入分配职能时，首先要划分市场分配与财政分配的界限，各司其职。具体如下。

（1）凡是属于市场分配的范围，如企业职工工资、企业利润、租金收入、红利收入、股息收入等，应由市场来进行分配，财政不宜直接介入，更不应替代。

（2）凡是属于财政分配的范围，财政则应尽力做到公平分配。就目前而言，一是要规范工资制度，对于公务员及由预算拨款的事业单位职工，应根据国家经济发展的状况并参照企业职工的平均工资来确定其工资标准，并将各种工资性收入都纳入工资总额，取消各种明贴和暗补，提高工资的透明度，实现个人消费品的商品化，取消变相的实物工资；二是对医疗保健、社会福利等社会保障资金，财政应履行集中分配的职责，通过各种转移支付形式，使每个社会成员能够享受同等待遇。

（三）实现收入分配的手段

财政实现收入分配的手段主要有税收、转移支付和公共支出。

1．税收

税收是对全社会各种收入进行强制性调节的分配形式，是财政实现收入分配与再分配最常用的手段，特别是个人所得税、财产税、遗产税、赠与税，可以调节个人的收入和财产，把收入与财产的差距缩小到社会所能接受的范围。

2．转移支付

转移支付是指将资金直接分配给特定的地区、单位和个人，有明确的受益对象和范围，是一种直接的收入分配方式。它主要是通过提高低收入者的收入水平来改变收入分配不公的程度。其包括专项拨款、各种补贴、补助和社会保障支出。

3．公共支出

公共支出是指通过提供公共物品和公共福利满足共同需求，其受益对象范围广泛，通过改善人们的工作环境和生活环境，可以间接提高社会整体的收入水平。

案例

2017 年消息：9 月 30 日央行宣布定向降低存款准备金 50 个基点，几乎覆盖了绝大多数银行机构，基本相当于全面降准了，市场估计释放将超过 8 000 亿元。这必然对楼市、股市和债市产生一系列影响。定向降准释放流动性超 8 000 亿元。上一次央行频繁使用定向降准是在 2014 年，并在当年 11 月降息，2015 年 2 月全面降准。8 月经济数据全面回落，工业生产大幅放缓已成事实。9 月份数据还没有出来的情况下，出台全面降准措施，可以预见 9 月份数据会进一步回落。这些都需要央行用全面降准举措发出货币政策的前瞻性和灵活性，及时适当下调存款准备金率以防止经济超预期回落和利率进一步上行。

（1）全面降准，50 个基点

这次央行定向降准，给予了绝大多数金融机构 50 个基点的降准。根据央行按现有数据测算，对普惠金融实施定向降准政策可覆盖全部大中型商业银行、约 90%的城商行和约 95%的非县域农商行。显然，绝大多数银行都有份，基本上等于全面降准了。此次 0.5%的降准，按照目前 160 万亿元存款计算，可以释放出 8 000 亿元的基础货币！

（2）3 个月后再降一次，力度更大，再降 100 个基点

央行已经强调了，这次是创新调控方式，给予了市场一个延迟降准，就是在 3 个月后，央行在年度测评时，看金融机构表现情况——其向普惠金融的贷款需要达到存量或增量的 10%。这些表现优秀的金融机构，可以再额外给予 100 个基点的降准。

想一想：你知道什么是存款准备金吗？国家财政为什么要降低存款准备金？

知识链接

1. 国家财政降低存款准备金的目的是通过宏观调控经济运行。

2. 存款准备金是指金融机构为保证客户提取存款和资金清算需要而准备的在中央银行的存款。中央银行要求的存款准备金占其存款总额的比例就是存款准备金率。

三、经济稳定职能

（一）经济稳定职能的含义

经济稳定包含充分就业、物价稳定和国际收支平衡多重含义。

充分就业是指凡是愿意并有能力工作的人都得到了一个较为满意的就业岗位。与之相对应，失业是指愿意并有能力工作的人没有得到就业岗位，也可以说是想得到就业岗位而被动地失去了就业机会。那些有工作能力而又不愿意工作的人不被视为是真正严格意义上的失业，因而通常叫作自愿失业；那些处在法定劳动年龄段两端（如小于 18 岁或大于 60 岁）之外的人口也不认为是失业人口。

稳定物价就是要抑制住通货膨胀、避免通货紧缩、维持币值的稳定，因此又常把这一目标称为“稳定币值”。

国际收支是指一个国家在一定时期内由对外经济往来对外债权债务清算而引起的所有货币收支。它有狭义与广义两个层次的含义。狭义的国际收支是指一个国家或地区在一定时期内，由于经济、文化等各种对外经济交往而发生的，必须立即结清的外汇收入与支出。广义的国际收支是指一个国家或地区内居民与非居民之间发生的所有经济活动的货币价值之和。它是一国对外政治、经济关系的缩影，也是一国在世界经济中所处的地位及其升降的反映。国际收支状况一般通过国际收支平衡表来反映，它是系统地记录该国在一定时期内国际收支项目及金融的统计表。该表是各国全面掌握该国对外经济往来状况的基本资料，是该国政府制定对外经济政策的主要依据，也是国际营销者制定营销决策必须考虑的经济情况。

财政的调控经济职能，就是通过财政收支活动的调整，对人们的生产、消费、储蓄、投

资等行为产生影响，使社会就业率、物价水平、国际收支差额保持在一个合理的区间，以保持经济的稳定增长。

（二）调控经济职能的手段

通过调整财政政策可以实现经济的稳定增长。

（1）改变政府购买数量，影响社会总需求和总供给的总量关系，使经济发展保持平稳。例如，通过减少商品和劳务的购买数量来减少总需求，抑制经济的过快增长；或者通过增加商品和劳务的购买数量来扩大总需求，刺激经济的发展。

（2）改变政府转移支付数量。例如，在经济繁荣时，政府可减少用于福利、补贴方面的支出，以便减少总需求；在经济萧条时，可以提高各类补贴或补助，以便扩大社会总需求。

（3）调整税收。例如，在经济萧条时，政府可以通过减少税种或降低税率来刺激总需求；当经济过热时，政府可以通过提高税率或增加税种来削减总需求。

案例

由于近几年生猪价格过低，饲养成本上升，部分地区发生疫情等因素的影响，我国生猪生产下降。一段时间，生猪及猪肉供应偏紧，价格出现较大幅度上涨。对此，国务院高度重视，采取了一系列促进生猪生产、保持市场稳定的措施。

（1）加大对生猪生产扶持力度。尽快将中央财政已安排的饲养母猪补贴资金落实到农户和养殖场，积极推进母猪政策性保险；完善生猪良种繁育体系，对推广良种猪人工授精技术给予适当补贴；扶持生猪标准化规模饲养，对规模养殖场（小区）的粪污处理和沼气池等基础设施建设给予支持；对生猪调出大县（农场）给予奖励；支持信用担保和保险机构为规模养殖场和养殖户提供信用担保和保险服务，解决养猪“贷款难”问题。

（2）强化生猪防疫。对一类动物疫病和高致病性猪蓝耳病实行免费强制免疫；对因防疫需要扑杀生猪的养殖场（户）给予适当补助。

（3）采取适当提高低保标准、发放临时补贴等措施，确保低收入居民生活水平不降低。稳定学生食堂饭菜价格，对家庭经济困难学生给予必要补助。

问题：为什么国家要对生猪生产采取扶植政策？从以上材料中可以反映出财政的哪些特征？

想一想：通过此案例想一想为什么可以通过调整财政政策来实现经济的稳定增长？

知识拓展

关于中职学生农民户口减免学费的启示

目前，国家规定对在校学习的农村户口的中职学生减免学费。很多学生都是受益者，那么大家知道这部分学生的学费是由哪里支出的吗？

议一议

➢ 大家一起探讨，减免学费给了你什么启示？

任务检测

1. 知识检测

（1）填空题

① 财政实现收入分配的手段主要有________、________和________。

② 转移支付，包括________、________和________，是指将资金直接分配给特定的地区、单位和个人，有明确的受益对象和范围，是一种直接的收入分配方式。它主要是通过提高低收入者的收入水平来改变收入分配不公的程度。

③ 经济稳定包含________、________和________。

④ 国际收支状况一般通过________来反映，它是系统地记录该国在一定时期内国际收支项目及金融的统计表。

（2）单项选择题

① 对收入和财富分配的结果进行纠正，属于财政（　　）职能的范畴。

A. 资源配置　　B. 经济稳定　　C. 经济发展　　D. 收入分配

② 财政的基本职能包括（　　）。

A. 分配职能　　B. 调控职能　　C. 监督职能　　D. 稳定职能

③ 国家财政收入中最主要的收入来源是（　　）。

A. 税收　　B. 国有资产收益　　C. 债务收入　　D. 收费收入

（3）多项选择题

① 资源配置的方式有多种，包括（　　）。

A. 计划配置　　B. 市场配置　　C. 财政配置　　D. 宏观配置

② 财政配置的范围包括（　　）。

A. 市场配置失效而社会又需要的公共产品方面，如外交、国防

B. 对短缺资源进行保护或调配

C. 对外部效应的干预，如控制和治理废水、废气、废料等环境污染

D. 介入自然垄断行业，如城市供水、供电、供气、公共交通等

③ 收入分配职能的范围有（　　）。

A. 市场分配的范围　　B. 财政分配的范围

C. 国家分配范围　　D. 宏观分配范围

（4）简答题

① 说一说财政三大职能的含义。

② 谈一谈财政实现资源配置职能的手段。

2. 探讨和交流

北京日报 2017 年 10 月 21 日报讯：北京市财政局昨天公布的“北京市 2017 年 1—9 月财政收支情况”显示，前三个季度本市财政收入 4 243.2 亿元，同比增长 6.1%，今年来首次回升至 6%以上增幅。市财政局局长李颖津表示，下一步市财政局要围绕新的北京城市总体规划、京津冀协同发展等战略任务，综合运用预算、税收等手段推动各项重点工作落实，今年有望增收 6.5%。 今年 1—9 月，全市一般公共预算收入完成 4 243.2 亿元，同比增长 6.1%，同比增速较 1—8 月提高 0.5 个百分点，今年以来首次回升至 6%以上增幅，这也完成了年度预算的 78.4%。从主要收入项目看，营改增相关税种（原增值税、改征增值税、营业税）完成 1 236.2 亿元，同比下降 10.3%，降幅较 1—8 月收窄 2.5 个百分点；企业所得税完成 1 065.6 亿元，同比增长 14.6%；个人所得税完成 509.3 亿元，同比增长 12.8%。

针对首都以“瘦身健体”“腾笼换鸟”“减量发展”等方式加快构建“高精尖”经济结构的特点，财政部门还把税收优惠、扶持、激励等政策统筹集成，及时推送到“三城一区”等建设全国科技创新中心的新高地和最前沿，使高新技术企业 15%企业所得税低税率优惠、软件产品实际税负超过 3%部分实行即征即退、企业研发费加计扣除、鼓励企业固定资产更新、股权激励和技术入股税收优惠、小微企业所得税和增值税减免、离境退税试点等政策充分释放红利，起到了鼓励技术创新、助推动能转换的作用。

从主要科目看，教育支出 656.7 亿元，同比增长 18%；交通运输支出 367.7 亿元，同比增长 25.7%；农林水支出 355.9 亿元，同比增长 19.5%；节能环保支出 338 亿元，同比增长 79.5%；科学技术支出 313.6 亿元，同比增长 32.1%。

可以看到，本市财政支出绝大部分投向了民生领域。民生资金关系到群众福祉，为了确保民生资金花出实效，本市财政部门严把绩效关，着力构建了“花钱必问效、无效必问责”机制，围绕民生重点专项支出制定绩效管理方案，从明确目标、项目评价等方面不断拓展民生支出绩效管理的广度和深度。“预算编制有目标、预算执行有监控、预算完成有评价、评价结果有反馈、反馈结果有运用”的全过程预算绩效管理体系初步形成。

（1）财政职能在该报道中的体现有哪些？

（2）以小组为单位进行讨论，选择社会热点问题，结合财政的某项职能进行分析，分小组选派代表发言，其他成员补充；全班同学进行交流讲评、打分。

第二章 财政收入

学习目标

了解财政收入的概念和形式，掌握税收要素、分类等基本原理，理解国债的功能、规模和国有资产收入的有关理论，能够运用财政收入基本理论知识初步分析社会中的经济现象和经济问题。

第一节 财政收入概述

情景导入

2018年上半年全国财政收入情况

1—6月累计，全国一般公共预算收入104 331亿元，同比增长10.6%。其中，中央一般公共预算收入49 890亿元，同比增长13.7%；地方一般公共预算本级收入54 441亿元，同比增长8%。全国一般公共预算收入中的税收收入91 629亿元，同比增长14.4%；非税收收入12 702亿元，同比下降10.8%。

1—6月主要收入项目情况如下：

1. 国内增值税33 600亿元，同比增长16.6%。
2. 国内消费税6 869亿元，同比增长17.4%。
3. 企业所得税23 928亿元，同比增长12.8%。
4. 个人所得税8 127亿元，同比增长20.3%。
5. 进口货物增值税、消费税8 520亿元，同比增长10.6%；关税1 454亿元，同比下降0.3%。
6. 出口退税7 661亿元，同比增长7.3%，体现为减收。
7. 城市维护建设税2 542亿元，同比增长16.2%。
8. 车辆购置税1 807亿元，同比增长16.4%。
9. 印花税1 299亿元，同比增长8.5%。其中，证券交易印花税657亿元，同比增长6.3%。
10. 资源税840亿元，同比增长20.2%。
11. 环境保护税46亿元（今年新开征）。
12. 土地和房地产相关税收中，契税2 974亿元，同比增长16%；土地增值税3 231亿元，同比增长10.7%；房产税1 484亿元，同比增长6.9%；城镇土地使用税1 309亿元，同比下降0.2%；耕地占用税801亿元，同比下降31.7%。
13. 车船税、船舶吨税、烟叶税等其他各项税收收入合计459亿元，同比增长5.2%。

想一想

➢ 什么是财政收入？

知识准备

一、财政收入的概念

财政收入是指政府为履行其职能、实施公共政策和提供公共物品与服务需要而筹集的一切资金的总和。财政收入表现为政府部门在一定时期内（一般为一个财政年度）所取得的货币收入。财政收入是衡量一国政府财力的重要指标。政府在社会经济活动中提供公共物品和服务的范围和数量，在很大程度上取决于财政收入的充裕状况。

从动态角度看，财政收入是在集中财政资金的过程中形成的特定财政分配关系，是财政分配活动的首要阶段。从静态角度看，财政收入表现为一定量的货币资金，是用货币表现的一定量的社会产品价值。

二、财政收入的分类

依据不同的标准，财政收入有不同的分类。国际上通常按政府取得财政收入的形式进行分类。在该分类方法下，财政收入分为税收收入、国债收入、国有资产收入等。

1. 税收收入

税收收入是指国家依据其政治权力向纳税人强制征收的收入，它是最古老、最主要的一种财政收入形式。税收具有强制性、无偿性和固定性三大特征。除组织收入的职能外，税收对经济社会运行和资源配置都具有重要的调节作用。税收历来是国家财政收入的主要来源，从 19 世纪末到 20 世纪 80 年代，西方各主要国家的税收一般都占财政收入的 80%以上，目前我国财政收入中绝大部分都是依靠税收而取得的。

2. 国债收入

国债收入即国家债务收入，是国家凭借其信誉，以政府的名义，采用信用借款的方式筹集的收入，也称公债收入或国债收入，包括国内债务收入和国外债务收入。

3. 国有资产收入

国有资产收入是指国家凭借国有资产所有权获得的利润、租金、股息、红利、资金使用费等收入的总称。

三、财政收入的组织原则

1. 发展经济、广开财源原则

发展经济、广开财源是指在组织财政收入时必须从发展经济的角度出发，扩大财政收入的来源。只有扩大经济发展规模，加快经济发展速度，提高经济效益，才能为财政收入开辟丰富的财源。因此，财政收入的规模和增长速度取决于经济发展的规模、速度与资金积累水平。从长远看，财政部门在筹集资金时必须着力优化资源配置，加强企业经营管理，提高经济效益，增加财政收入。所以，发展经济、广开财源是组织财政收入的首要原则。

2. 兼顾三者和两级利益原则

兼顾三者利益是指在组织财政收入时，应兼顾国家、企业和个人的物质利益，正确处理好这个分配关系。国家代表居民的根本利益，承担着增强国家实力、保卫国家安全的重任，必须有足够的财力满足要求。而国家财政收入的增加，必须依靠企业生产的不断扩大，同时生产力水平的提高又与劳动者个人的生产积极性直接相关。处理好三者的关系，关系到经济持续稳定发展和保障国家财政收入的稳定增加。

兼顾两级利益是指在组织财政收入时，应兼顾中央和地方的利益关系。从财政管理体制角度，国家财政是分别由中央预算和地方预算构成的两级财政。两级财政各有其具体职能，也形成了各自的利益关系，因此在组织财政收入时应兼顾两级利益关系。

3. 合理负担原则

合理负担原则主要体现在税收中，是指在组织财政收入时，按纳税人收入的多少，采取不同的征收比例，实行负担能力强的多负担，负担能力弱的少负担。它通常采取不同的征税范围、不同的税率、减免税等方式来实现。实行合理负担是实现企业公平竞争的需要，也是保证国家财力的需要。

4. 公平与效率兼顾原则

公平与效率兼顾原则是指政府在组织财政收入时不仅要讲求公平，同时还必须讲求效率。效率有两层含义：一是指征税过程本身的效率；二是指征税对经济运行效率的影响，即有效发挥税收的经济调节功能。

四、财政收入的规模

财政收入的规模是指一定时期内（通常为一年）财政收入来源的总量。财政收入能有多大规模，能以多快速度增长，不以政府的意识为转移。财政收入规模的大小既要满足政府的需要，又要保证经济的持续增长。财政收入规模过大，财政集中的社会财力太多就会压缩社会居民与企业消费水平，影响企业的扩大再生产能力；相反，如果财政收入规模过小，则不能满足公众对公共产品的正常需求，就会降低经济效率。因此，财政收入规模必须适当，它要受政治、经济条件的制约和影响。

（一）财政收入规模的衡量指标

财政收入规模的大小，可以采用绝对量和相对量两类指标加以反映。前者适用于财政收入计划指标的确定、完成情况的考核及财政收入规模变化的纵向比较，后者适用于衡量财政收入水平、分析财政收入的动态变化及对财政收入规模进行纵向和横向的比较分析；前者适用于静态和个量分析，后者适用于动态和总体分析。

衡量财政收入规模的绝对量指标是财政总收入，它主要包括中央和地方财政总收入、中央本级财政收入和地方本级财政收入、中央对地方的税收返还收入、地方上缴中央收入、税收收入等。财政收入的绝对量指标系列，具体反映了财政收入的数量、构成、形式和来源。

衡量财政收入规模的相对指标反映政府对一定时期内新创造的社会产品价值总量（国民收入 GDP）的集中程度，又称为财政集中率（K）。该指标一般表示为

$$K=\frac{\mathrm{FR}}{\mathrm{GDP}}\times 100\%$$

其中，FR 表示一定时期内（一年）的财政收入总额。它可以根据反映对象和分析目的

的不同，运用不同的指标口径，如中央政府财政收入、各级政府财政总收入、预算内财政收入、预算内和预算外财政总收入等，常用的是各级政府预算内财政总收入。同样地，公式中的国民收入也可运用不同的指标口径，如国内生产总值、国民生产总值等。

（二）影响财政收入规模的因素

谋求财政收入的增长，通常是一国政府财政活动的重要目标之一，尤其是在公共需求范围日益扩大的现代社会，保证财政收入增长更被各国政府所重视。但财政收入能有多大规模，能以何种速度增长，不是或不完全是以政府的意愿为转移的，它受各种经济因素和社会因素的制约和影响。

1. 经济技术因素

经济发展水平和技术进步是决定财政收入规模的基础。两者之间是“源”和“流”的关系：前者是源，后者是流，源远则流长。一国的经济发展水平主要表现在人均占有 GDP（国内生产总值），它表明一国生产技术水平的高低和经济实力的强弱，反映一国社会产品丰裕程度及其经济效益的高低，是形成财政收入的物质基础。一般来说，随着经济发展水平的不断提高，国民收入不断增长，该国的财政收入规模也会不断扩大。例如，英、法、美等西方主要国家，19 世纪末财政收入占国内生产总值的比重为 10%左右，而到 20 世纪末，则上升到 30%～50%。从横向比较看，经济发展水平较高的发达国家的财政收入水平一般高于经济发展水平较低的发展中国家。根据相关数据计算，目前低收入国家的财政集中率平均为 21%，中下等收入国家平均为 25.7%，中等收入国家平均为 28.2%，高收入国家平均为 39.5%。

从推动经济发展的因素来看，技术进步起着关键作用。技术进步对财政收入规模的影响可从两个方面来分析：一是技术进步加快了生产速度，提高了生产质量，增加了国民收入，从而使财政收入的增长有了充分的财源；二是技术进步降低了物耗比例，提高了人均产出比率和社会剩余产品价值率。由于财政收入主要来自剩余产品价值，所以技术进步对财政收入规模的影响更为明显和直接。

2. 收入分配政策和制度因素

在经济发展水平和技术进步既定的条件下，一国的财政收入规模还取决于收入分配政策和其他制度因素。一般来说，实行计划经济体制的国家，政府在资源配置和收入分配上起主导作用，并会采取相应的收入分配政策使政府在一定的国民收入中掌握和支配较大的份额，从而有较大的财政收入规模，如苏联、东欧国家及改革开放前的中国。而实行市场经济体制的国家，政府活动定位于满足公共需要，市场机制在资源配置及收入决定中发挥基础性作用，收入分配政策的选择和实施以弥补市场缺陷为主，财政收入规模就相对较小。即使在经济发展水平相当的国家，由于政治、社会、经济制度等方面的差别，也会造成财政收入规模的差异。因为不同的制度对政府职能和作用的要求不同，必然影响财政在整个国民收入分配中的份额。

此外，在国家基本制度制约下的产权制度、企业制度及劳动工资制度等都会对财政分配政策和收入制度产生影响，从而引起财政收入绝对规模和相对规模的变动。

3. 其他因素

（1）价格因素。由于财政收入是在一定价格体系下形成的货币收入，价格水平及比价关系的变化必然会影响财政收入规模。在经济发展水平、财政分配制度及其他因素保持不变的条件下，价格上涨会使以货币形式表现的财政收入增加，价格下降则使财政收入减少，这实际上是由价格水平的上涨或下跌引起的财政收入虚增或虚减。此外，当商品的比价关系向有利于高税商品变动时，财政收入会有更快的增长；反之，则会降低财政收入的份额。

（2）特定时期的社会政治环境因素。特定时期的社会政治状况也会引起财政收入规模的变化。如在发生内外战争时，国家必须动员各种财力以稳固政权或维护国家利益，因而财政收入规模会急剧扩大。

知识拓展

北京财政收入质量保持较高水平

北京 2018 年财政快报“账本”显示，2018 年全市财政收入圆满完成年度预算，财政收入质量保持较高水平。

2018 年，北京市一般公共预算收入累计完成 5 785.9 亿元，同比增长 6.5%。一方面，全年税收收入占比达 86.2%，比 2017 年提高 0.1 个百分点，财政收入质量在全国位居前列。另一方面，自实施减税降费措施以来，市财政着力巩固金融业、总部经济等支柱财源，大力培育高精尖等新兴财源，立足服务经济发展，带动财政收入实现可持续增长。

在减税降费方面，北京财政全力落实国家减税降费政策，减轻企业社会负担，2018 年新增减税降费约 400 亿元，其中地方级减税 187.8 亿元。据了解，自 2018 年 10 月 1 日起，全市个税改革的减税效应明显，作为首个申报入库期，2018 年 11 月全市个人所得税入库 96.4 亿元，同比下降 14.3%，直接减轻市民的个人所得税负担约 34 亿元。

北京财政部门还集中财力保障重点领域，服务首都各项事业发展。为此，北京市财政局集中财力落实市委、市政府重大决策事项，较好地保障了城市副中心建设、城市绿心、“三城一区”、中轴线申遗等重点项目的资金需求。

为助力全市经济提质增效，北京财政还积极加强财政调控引导。2018 年，全市累计将 109 个 PPP 项目纳入财政部综合信息平台管理，总投资额 2 553.5 亿元，落地率达 88.7%，远高于全国平均水平。市级政府投资基金还累计吸引社会资本 2 013 亿元，子基金得以放大 4 倍多。

此外，为深化财政改革，北京财政不断提升财政管理效能。一是完善以预算编制、事前评估、投资评审、国库集中收付、财政监督、绩效评价为链条的财政管理体系。二是探索完成涉及学前教育、养老机构运营两项内容的首批绩效成本预算试点，加速在平原造林养护、院前急救等多个领域开展新一轮试点改革。三是建立国有资产报告制度，首次向市人大常委会报告国有资产管理情况综合报告和地方金融企业国有资产专项报告。

为强化风险防控，确保财政运行安全，北京财政部门进一步规范政府债务管理，严格规范政府举债融资行为，政府债券资金主要用于城市副中心棚户区改造等重点领域建设。同时加大预决算公开力度，细化公开内容、丰富公开形式，主动接受社会监督和人大监督。

议一议

➢ 北京市财政收入质量保持较高水平表现在哪几个方面？

任务检测

1. 知识检测

（1）填空题

① ________是指国家依据其政治权力向纳税人强制征收的收入，它是最古老、最主要的一种财政收入形式。

② 影响财政收入规模的因素有________、收入分配政策和制度因素及价格等其他因素。

（2）单项选择题

① 国家的财政收入是（　　）。

A. 国家通过税收形式而取得的资金

B. 国有企业上缴的利润

C. 国家以服务费、罚款、没收等形式取得的收入

D. 国家通过一定的形式和渠道集中起来的资金

② 目前，我国财政收入的主要形式是（　　）。

A. 税收收入　　B. 企业收入

C. 债务收入　　D. 事业收入

③ 企业筹集资金时，必须着力优化资源配置，加强企业经营管理，提高经济效益，增加财政收入。体现了财政收入的（　　）。

A. 合理负担原则　　B. 发展经济、广开财源原则

C. 兼顾三者和两级利益原则　　D. 公平与效率兼顾原则

（3）多项选择题

我国财政收入包括（　　）。

A. 税收收入　　B. 国债收入

C. 国有资产收入　　D. 银行利息收入

（4）简答题

① 什么是财政收入？

② 影响财政收入规模的因素有哪些？

2. 探讨和交流

说一说你和你的家人、朋友为国家的财政收入都做出了哪些贡献。

第二节 税收收入

情景导入

北京落实国家减税降费政策全年新增减税降费约 400 亿元

据北京市财政局网站消息，2018 年，在首都经济平稳运行的支撑下，北京市一般公共预算收入累计完成 5 785.9 亿元，同比增长 6.5%，圆满完成年度预算，市级及各区均顺利完成年初预期目标。

据北京市财政局介绍，全年税收收入占比达 86.2%，比 2017 年提高 0.1 个百分点，财政收入质量在全国位居前列，继续保持较高水平。

通过认真落实国家减税降费政策，减轻企业社会负担，全年新增减税降费约 400 亿元，其中地方级减税 187.8 亿元；累计 109 个 PPP 项目纳入财政部综合信息平台管理，总投资额 2 553.5 亿元，落地率达 88.7%，远高于全国平均水平；北京市级政府投资基金累计吸引社会资本 2 013 亿元，子基金首层放大 4 倍多。

想一想

➢ 国家施行减税降费的目的是什么？

知识准备

一、税收概述

（一）税收的概念

税收是指国家依据其政治权力向纳税人强制征收的收入，它是最古老、也是最主要的一种财政收入形式。税收具有强制性、无偿性和固定性三大特征。除组织收入的职能外，税收对经济社会运行和资源配置都具有重要的调节作用。税收历来是国家财政收入的主要来源，从 19 世纪末到 20 世纪 80 年代，西方各主要国家的税收一般都占财政收入的 80%以上，目前我国财政收入中绝大部分都是依靠税收而取得的。

（二）我国现行的税种

中国现行的税种共 18 个（2016 年 5 月 1 日起，全面推行“营改增”；2018 年 1 月 1 日起施行环保税），分别是增值税、消费税、企业所得税、个人所得税、资源税、城市维护建设税、房产税、印花税、城镇土地使用税、土地增值税、车船使用税、船舶吨税、车辆购置税、关税、耕地占用税、契税、烟叶税、环保税。只有个人所得税、企业所得税、车船使用税和环保税 4 个税种通过全国人大立法，其他绝大多数税收事项都是依靠行政法规、规章及规范性文件来规定的。近三年来我国税收情况如表 2-1 所示。

表 2-1　近三年来我国税收情况

季　度	税收合计/亿元	较上年同期/%	季度环比/%
2018 年第 1—3 季度	127 486.00	12.70	−0.24
2018 年第 1—2 季度	91 629.00	14.40	3.16
2018 年第 1 季度	44 332.00	17.30	−0.64
2017 年第 1—4 季度	144 360.00	10.70	−0.05
2017 年第 1—3 季度	113 101.00	12.10	−0.22
2017 年第 1—2 季度	80 074.00	10.90	3.24
2017 年第 1 季度	37 793.00	14.70	−0.66
2016 年第 1—4 季度	130 354.00	4.30	0.03
2016 年第 1—3 季度	100 881.00	6.60	−0.27
2016 年第 1—2 季度	72 236.00	8.60	3.32
2016 年第 1 季度	32 954.00	7.80	−0.70

二、税收要素

税收要素是指构成的基本因素，它说明谁征税、向谁征、征多少及如何征，即包括纳税人、征税对象、税率、纳税环节、纳税期限、税收优惠、违章处理等。

（一）纳税人

纳税义务人简称纳税人，是税法中规定的直接负有纳税义务的单位和个人，也称“纳税主体”。无论征收什么税，其税负总要由有关的纳税人来承担。每一种税都有关于纳税义务人的规定，通过规定纳税义务人来落实税收任务和法律责任。

（二）征税对象

征税对象，又称课税对象，是税法中规定的征税的目的物，是国家据以征税的依据。通过规定课税对象，解决对什么征税的问题。

每一种税都有自己的课税对象，否则，这一税种就失去了存在的意义。凡是列为课税对象的，就属于该税种的征收范围；凡是未列为课税对象的，就不属于该税种的征收范围。例如，我国增值税的课税对象是货物和应税劳务在流通过程中的增值；所得税的课税对象是企业所得和个人工资、薪金等各项所得；房产税的课税对象是房屋等。总之，每一种税首先要选择确定它的课税对象，因为它体现着不同税种的基本界限，决定着不同税种的名称及各个税种在性质上的差别，并对税源、税收负担问题产生直接影响。

（三）税率

税率是对征税对象的征收比例或征收额度。税率是计算税额的尺度，也是衡量税负轻重与否的重要标志。中国现行的税率主要有比例税率、定额税率、超额累进税率、超率累进税率。

1．比例税率

比例税率即对同一征税对象，不分数额大小，规定相同的征税比例。我国的增值税、城市维护建设税、企业所得税等采用的是比例税率。

比例税率根据不同的情况又可划分为不同的征税比例，有行业比例税率、产品比例税率、地区差别比例税率、有免征额的比例税率、分档比例税率和幅度比例税率等。

2．定额税率

定额税率是税率的一种特殊形式。它不是按照课税对象规定征收比例，而是按照征税对象的计量单位规定固定税额，所以又称为固定税额，一般适用于从量计征的税种。其优点是：从量计征，不是从价计征，有利于鼓励纳税人提高产品质量和改进包装，计算简便。但是，由于税额的规定同价格的变化情况脱离，在价格提高时，不能使国家财政收入随国民收入的增长而同步增长；在价格下降时，则会限制纳税人的生产经营积极性。在具体运用上又分为以下几种。

（1）地区差别税额：为了照顾不同地区的自然资源、生产水平和营利水平的差别，根据各地区经济发展的不同情况分别制定的不同税额。

（2）幅度税额：中央只规定一个税额幅度，由各地根据本地区实际情况，在中央规定的幅度内，确定一个执行数额。

（3）分类分级税额：把课税对象划分为若干类别和等级，对各类各级由低到高规定相应的税额，等级高的税额高，等级低的税额低，具有累进税的性质。

3．超额累进税率

超额累进税率是把征税对象的数额划分为若干等级，对每个等级部分的数额分别规定相应税率，分别计算税额，各级税额之和为应纳税额。超额累进税率的“超”字，是指征税对象数额超过某一等级时，仅就超过部分，按高一级税率计征税。如表 2-2 所示，个人所得税就是采用超额累进税率来计征的。

表 2-2　个人所得税税率表一（综合所得适用）

级　数	全年应纳税所得额	税率/%	速算扣除数
1	不超过 36 000 元的	3	0
2	超过 36 000 元至 144 000 元的部分	10	2 520
3	超过 144 000 元至 300 000 元的部分	20	16 920

续表

级　数	全年应纳税所得额	税率/%	速算扣除数
4	超过 300 000 元至 420 000 元的部分	25	31 920
5	超过 420 000 元至 660 000 元的部分	30	52 920
6	超过 660 000 元至 960 000 元的部分	35	85 920
7	超过 960 000 元的部分	45	181 920

4．超率累进税率

超率累进税率即以征税对象数额的相对率划分若干级距，分别规定相应的差别税率，相对率每超过一个级距的，对超过的部分就按高一级的税率计算征税。目前，土地增值税采用该税率。

（四）纳税环节

纳税环节是指税法规定的征税对象在从生产到消费的流转过程中应当缴纳税款的环节。它有广义和狭义之分。广义的纳税环节是指全部征税对象在再生产中的分布，如资源税分布在生产环节，所得税分布在分配环节等。它制约着税制结构，对取得财政收入和调节经济有重大影响。狭义的纳税环节是指应税商品在流转过程中应纳税的环节，是商品流转课税中的特殊概念。

（五）纳税期限

纳税期限是指纳税人向国家缴纳税款的法定期限。国家开征的每一种税都有纳税期限的规定。合理确定和严格执行纳税期限，对于保证财政收入的稳定性和及时性有重要作用。

（六）税收优惠

所谓税收优惠，实际就是指政府利用税收制度，按预定目的，以减轻某些纳税人应履行的纳税义务来补贴纳税人的某些活动或相应的纳税人。税收优惠的存在是有其客观必要性的，因为客观事物的差别性，在统一的征税规定基础上，需要有适用这种差别的税收优惠作为特殊调节手段来加以补充，以利于将税法的统一性和必要的灵活性结合起来。税收优惠体现了国家一定时期的经济和社会政策，有较强的政策目的性和针对性。但它只能是一种临时性、补充性的措施，只能在规定的范围内实施，一旦超出，则会导致不公平竞争，造成税款流失。

（七）违章处理

违章处理是指对有违反税法行为的纳税人采取的惩罚措施，包括加收滞纳金、罚款、送交人民法院依法处理等。违章处理是税收强制性在税收制度中的体现，纳税人必须按期足额地缴纳税款，凡有拖欠税款、逾期不缴税、偷税逃税等违反税法行为的，都应受到制裁，包括法律制裁和行政处罚制裁等。

三、税收分类

税收分类是指按照一定的标准对各种税进行归类，即把相同或相似的税归为同一类，把不同的税归入不同类。它是研究税收特殊性和普遍性的一种方法，根据不同的研究需要和标准，可以产生不同的分类方法。税收分类有利于研究税制结构和税收负担，有利于研究税制的发展演变过程，有利于划分中央和地方各级财政收入，有利于加强税收管理。

由于研究的目的不同，对税收分类可以采用各种不同的标准，从而形成不同的分类方法。通过对税收进行科学分类，不仅能够揭示各类税收的性质、特点、功能及各类税收之间的区别与联系，而且有利于建立合理的税收结构，充分发挥各类税收的功能与作用，同时对于研究税收发展的历史过程、税源的分布与税收负担的归宿及中央与地方政府之间税收管理和支配权限的划分都具有重要的意义。世界各国大多实行复税制，税收模式不同，税种数量很多，可采用不同的标准做出不同的分类。

依据不同的目的和标准形成以下不同分类。

（1）根据课税对象的属性，税收可分为流转税、所得税、财产税、资源税、行为税。

（2）根据税收的征收管理权和收入支配权不同，税收可分为中央税、地方税和中央地方共享税。

（3）根据税种在税制结构中的不同地位和作用，税收可分为主体税和辅助税。

（4）以税收收入的实体形态为标准，税收可分为实物税和货币税。

（5）以征收的延续时间为标准，税收可分为经常税和临时税。

（6）根据计税的标准不同，税收可分为从价税和从量税。

（7）根据税收和价格的组成关系，税收可分为价内税和价外税。

（8）根据税收是否具有特定用途为标准，税收可分为一般税和目的税。

（9）根据课税客体，税收可分为对人税和对物税。

（10）根据税制的总体设计类型，税收可分为单一税和复合税。

（11）根据应纳税额的确定方法，税收可分为定率税和配赋税。

（12）根据征税是否构成独立税种，税收可分为正税和附加税。

（13）依据税收负担的最终归宿，税收可分为直接税和间接税。

四、税负转嫁

税负转嫁是指纳税人将所缴纳的税款通过各种途径和方式转由他人负担的行为和过程。最终承担税款的人则被称为负税人。在市场经济条件下，纳税人在商品交换过程中通过税负转嫁的途径来追求自身利益的最大化，是一种普通的经济现象。

税负转嫁方式主要有前转、后转、混转、旁转、消转、税收资本化等方式。

1．前转

前转是指纳税人将其所纳税款顺着商品流转方向，通过提高商品价格的办法，转嫁给商品的购买者或最终消费者负担。前面所举卖酒的例子，就是这一形式的转嫁。前转是卖方将税负转嫁给买方负担，通常通过提高商品售价的办法来实现。在这里，卖方可能是制造商、批发商或零售商，买方也可能是制造商、批发商、零售商，但税负最终主要转嫁给消费者负担。由于前转是顺着商品流转顺序从生产到零售再到消费的，因而也叫顺转。前转的过程可能是一次，也可能经过多次，如对棉纱制造商征收的棉纱税，棉纱制造商通过提高棉纱出厂价格将所缴纳的税款转嫁给棉布制造商，棉布制造商又以同样的方式把税负转嫁给批发商，批发商再以同样的方式把税负转嫁给零售商，零售商也以同样的方式把税负转嫁于消费者身上。前转顺利与否受到商品供求弹性的制约。税负前转实现的基本前提条件是课税商品的需求弹性小于供给弹性。当需求弹性大时，转嫁较难进行；当供给弹性大时，转嫁容易进行。

2. 后转

后转即纳税人将其所纳税款逆商品流转的方向，以压低购进商品价格的办法，向后转移给商品的提供者。例如，对某种商品在零售环节征税，零售商将所纳税款通过压低进货价格，把税负逆转给批发商，批发商又以同样的方式把税负逆转给制造商，制造商再以同样的方式压低生产要素价格把税负逆转于生产要素供应者负担。税负后转实现的前提条件是供给方提供的商品需求弹性较大，而供给弹性较小。在有些情况下，尽管已实现了税负前转，但也仍会再发生后转的现象。

3. 混转

混转又称散转，是指纳税人将自己缴纳的税款分散转嫁给多方负担。混转一般在税款不能完全向前顺转，又不能完全向后逆转时采用。例如，织布厂将税负一部分用提高布匹价格的办法转嫁给印染厂，一部分用压低棉纱购进价格的办法转嫁给纱厂，一部分则用降低工资的办法转嫁给本厂职工等。严格地说，混转并不是一种独立的税负转嫁方式，而是前转与后转等的结合。

4. 旁转

旁转是指纳税人将税负转嫁给商品购买者和供应者以外的其他人负担。例如，纳税人用压低运输价格的办法将某课税对象的税负转嫁给运输者负担。

5. 消转

消转是指纳税人用降低课税品成本的办法使税负在新增利润中求得抵补的转嫁方式。即纳税人在不提高售价的前提下，以改进生产技术、提高工作效率、节约原材料、降低生产成本，从而将所缴纳的税款在所增利润中求得补偿。因为它既不是提高价格的前转，也不是压低价格的后转，而是通过改善经营管理、提高劳动生产率等措施降低成本增加利润，使税负从中得到抵消，所以称为消转。

6. 税收资本化

税收资本化也称“赋税折入资本”“赋税资本化”“税负资本化”。它是税负转嫁的一种特殊方式，即纳税人以压低资本品购买价格的方法将所购资本品可预见的未来应纳税款，从所购资本品的价格中进行一次扣除，从而将未来应纳税款全部或部分转嫁给资本品出卖者。

知识拓展

超额累进税率是杀富济贫吗？

在北京大学第七届“光华新年论坛”上，一位著名经济学家谈道：“中国未来的发展，需要中产阶层的扩大；中产阶层的扩大，主要应通过提高低收入者的收入，而不是依靠高税收。一句话，税收不能杀富济贫。”

议一议

➢ 根据上述材料，请你分析税收是否应由富人多负担？

任务检测

1．知识检测

（1）填空题

① 按税收与价格的关系划分，税收可分为________和________。

② ________是税法中规定的直接负有纳税义务的单位和个人。

（2）单项选择题

① 将税种划分为（　　），是按税负转嫁与否进行的划分。

A．流转税、所得税和财产税　　B．直接税与间接税

C．中央税与地方税　　D．从量税与从价税

② 将税收划分为中央税和地方税的分类标准是（　　）。

A．税收缴纳　　B．课税标准

C．税收管理权限　　D．税收与价格的关系

（3）多项选择题

① 下列属于流转税的税种是（　　）。

A．增值税　　B．消费税

C．房产税　　D．营业税

② 税收的特征有（　　）。

A．自愿性　　B．强制性

C．无偿性　　D．固定性

③ 税负转嫁的方式有（　　）。

A．前转　　B．后转

C．混转　　D．消转

（4）简答题

① 税收的要素包括哪些？

② 税收是如何进行分类的？

2. 探讨和交流

请你上网搜一搜最新《个人所得税法》的相关内容并和身边的同学进行交流和学习。

第三节 国债收入

情景导入

2018 年我国国债发行情况

2018 年，中央财政发行国债 37 092.31 亿元，其中内债 36 775.58 亿元、外债 316.73 亿元，筹措资金除用于到期国债还本外，其余均由中央财政统筹安排使用。国债还本 22 264.72 亿元，其中内债 22 014.39 亿元、外债 250.33 亿元。年末国债余额为 149 607.41 亿元，包括内债余额 148 208.62 亿元、外债余额 1 398.79 亿元，控制在全国人大批准的国债余额限额 156 908.35 亿元以内。

想一想

➢ 什么是国债？

知识准备

一、国债收入的概念

国债收入即国家债务收入，是国家凭借其信誉，以政府的名义，采用信用借款的方式筹集的收入，也称公债收入。

二、国债的种类

由于举债对象、举债方式和举债目的不同，国债种类繁多，划分方法也不尽相同，主要有以下几种分类方法。

（1）按举借债务方式不同，国债可分为国家债券和国家借款。

国家债券是通过发行债券形成国债法律关系。国家债券是国家内债的主要形式，中国发行的国家债券主要有国库券、国家经济建设债券、国家重点建设债券等。

国家借款是按照一定的程序和形式，由借贷双方共同协商签订协议或合同，形成国债法律关系。国家借款是国家外债的主要形式，包括外国政府贷款、国际金融组织贷款和国际商业组织贷款等。

（2）按偿还期限不同，国债可分为定期国债和不定期国债。

定期国债是指国家发行的严格规定有还本付息期限的国债。定期国债按还债期长短又可分为短期国债、中期国债和长期国债。

短期国债通常是指发行期限在 1 年以内的国债，主要是为了调剂国库资金周转的临时性余缺，并具有较大的流动性。

中期国债是指发行期限在 1 年以上、10 年以下的国债（包含 1 年但不含 10 年），因其偿还时间较长从而可以使国家对债务资金的使用相对稳定。

长期国债是指发行期限在 10 年以上的国债（含 10 年），可以使政府在更长时期内支配财力，但持有者的收益将受到币值和物价的影响。

不定期国债是指国家发行的不规定还本付息期限的国债。这类国债的持有人可按期获得利息，但没有要求清偿债务的权利，如英国曾发行的永久性国债即属此类。

（3）按发行地域不同，国债可分为国家内债和国家外债。

国家内债是指在国内发行的国债，其债权人多为本国公民、法人或其他组织，还本付息均以本国货币支付。

国家外债是指一国常住者按照契约规定，应向非常住者偿还的各种债务本金和利息的统称。按照国家外汇管理局发布的《外债统计监测暂行规定》和《外债统计监测实施细则》的规定，中国的外债是指中国境内的机关、团体、企业、事业单位、金融机构或其他机构对中国境外的国际金融组织、外国政府、金融机构、企业或其他机构用外国货币承担的具有契约性偿还义务的全部债务。

我国 2018 年和 2019 年中央财政国债余额情况如表 2-3 所示。

表 2-3 我国 2018 年和 2019 年中央财政国债余额情况

单位：亿元

项 目	预算数	执行数
一、2017 年年末国债余额实际数		134 770.15
内债余额		133 447.43
外债余额		1 322.72
二、2018 年年末国债余额限额	156 908.35	
三、2018 年国债发行额		37 092.31
内债发行额		36 775.58
外债发行额		316.73
四、2018 年国债还本额		22 264.72
内债还本额		22 014.39
外债还本额		250.33
五、2018 年年末国债余额实际数		149 607.42
内债余额		148 208.62
外债余额		1 398.80

续表

项　　目	预 算 数	执 行 数
六、2018 年执行中削减中央财政赤字		
七、2019 年中央财政赤字	18 300.00	
八、2019 年年末国债余额限额	175 208.35	

（4）按发行性质不同，国债可分为自由国债和强制国债。

自由国债又称任意国债，是指由国家发行的由公民、法人或其他组织自愿认购的国债。它是当代各国发行国债普遍采用的形式，易于为购买者所接受。

强制国债是国家凭借其政治权力，按照规定的标准，强制公民、法人或其他组织购买的国债。这类国债一般是在战争时期或财政经济出现异常困难或为推行特定的政策、实现特定目标时采用。

（5）按用途不同，国债可分为赤字国债、建设国债、特种国债和战争国债。

赤字国债是指用于弥补财政赤字的国债。在实行复式预算制度的国家，纳入经常预算的国债属赤字国债。

建设国债是指用于增加国家对经济领域投资的国债。在实行复式预算制度的国家，纳入资本（投资）预算的国债属于建设国债。

特种国债是指为实施某种特殊政策在特定范围内或为特定用途而发行的国债。

战争国债是指用于弥补战争费用的国债。

（6）按是否可以流通，国债可分为上市国债和不上市国债。

上市国债也称可出售国债，是指可在证券交易场所自由买卖的国债。

不上市国债也称不可出售国债，是指不能自由买卖的国债。这类国债一般期限较长，利率较高，多采取记名方式发行。

（7）按债券的流动性划分，国债可分为可流通国债和不可流通国债。

国家借款形式的国债一般是不可流通和转让的，只有政府发行的债券才有可能流通和转让。

自由转让和流通是国债的基本属性和特征，多数国家发行的大多数国家债券都可进入证券市场自由买卖。

（8）以发行的凭证为标准，国债可分为凭证式国债和记账式国债。

凭证式国债是指国家用填制国库券收款凭证的方式发行的债券。

记账式国债又称无纸化债券，是由财政部通过无纸化方式发行的、以计算机记账方式记录债权，并可以上市交易的债券。

三、发行国债的目的

1. 筹集军费

战争时期的军费支出额巨大，在没有其他筹资办法的情况下，即通过发行战争国债筹集资金。发行战争国债是各国政府在战时通用的方式，也是国债的最先起源。

2．平衡财政收支

一般来讲，平衡财政收支可以采用增加税收、增发通货或发行国债的办法。以上三种办法相比较，增加税收是取之于民用之于民的作法。它固然是一种好办法，但是增加税收有一定的限度，如果税赋过重，超过了企业和个人的承受能力将不利于生产的发展，并会影响今后的税收。增发通货是最方便的做法，但是此种办法是最不可取的，因为用增发通货的办法弥补财政赤字，会导致严重的通货膨胀，其对经济的影响最为剧烈。在增税有困难，又不能增发通货的情况下，采用发行国债的办法弥补财政赤字是一项可行的措施。政府通过发行债券可以吸收单位和个人的闲置资金，帮助国家渡过财政困难时期。但是赤字国债的发行量一定要适度，否则也会造成严重的通货紧缩。

3．筹集建设资金

国家要进行基础设施和公共设施建设，为此需要大量的中长期资金，通过发行中长期国债可以将一部分短期资金转化为中长期资金，用于建设国家的大型项目，以促进经济的发展。

4．借换国债的发行

借换国债是为偿还到期国债而发行的，在偿债的高峰期，为了解决偿债的资金来源问题，国家通过发行借换国债，用以偿还到期的旧债，从而可以减轻和分散国家的还债负担。

四、国债发行的方式

国债发行的核心环节是确定国债发行的方式或方法，主要有公募法、包销法、公卖法和摊派法四种。

1．公募法

公募法又称直接发行法，是指由财政部门或其委托其他部门（如银行、邮局）向社会公众直接公开募集国债的方法。其优点是发行面较广，可广泛吸引社会闲散资金；缺点是发行时间较长，发行成本较高，而且在某些情况下还会出现因认购人不积极而推销不出去的可能。

2．包销法

包销法又称承受法或间接发行法，是指政府按一定条件与金融机构协商并由其先全部承购，再转向社会推销的方法。在包销法下，若金融机构不能将全部国债销售出去，则其差额部分由金融机构自己承担。其优点是手续简便，发行时间缩短，有利于政府迅速筹集资金；缺点是易于产生大量投机行为。在一定意义上讲，包销法是政府将国债发行权和发行风险向金融机构转让的一种方式。

3．公卖法

公卖法又称销售发行法，是指政府将国债委托证券市场代销的发行方式。此方法类似于公募法，但两者的区别在于：公募法下的债券价格由政府事先确定并固定；公卖法下的债券价格由证券市场的资金供求关系决定，并且不断波动变化。其优点是政府可以根据需要随时到证券市场推销债券和募集资金，且可以通过国债的买卖来调节资金供求和货币流通；缺点是容易被证券投机者利用，国债收入受证券行市的影响而不稳定。

4. 摊派法

摊派法是指政府根据情况通过行政性力量来分配国债认购任务指标的一种强制性发行方式。其优点是能够保证既定收入和有计划地调度社会资金；缺点是损害国债信誉，带来长期发行困难，与信用的自愿原则不相符。

五、国债偿还的方式

偿还国债时，虽然偿还的本金和利息都是固定的，但作为政府来讲，何时偿还，采用何种方式为好，是有选择余地的。何种方式将会对国民经济的发展或是适应财政状况起到何种促进作用，是确定偿还方式时的主要立足点。

1. 市场购销法

市场购销法是指政府根据国债市场行情，适时购进国库券，以此在该债券到期之前逐步清偿的一种偿付方式。它是西方国家一种主要的国债偿还办法，具体做法是政府通过中央银行的公开市场业务在证券市场上陆续收购国库券。当某种国债期满时，绝大部分已被政府所持有，债券的偿还只不过是政府内部的账目处理问题。需要说明的是，该方法只适用于各种期限的上市国债，并以短期国债为主。

2. 抽签偿还法

抽签偿还法是指在国债偿还期内，分年度确定一定的偿还比例，由政府按国库券号码抽签对号，如约偿付本息，直到偿还期结束，全部国债中签偿清为止的一种方法。抽签又可分为一次性抽签和分次抽签两种。前者是指对政府发行的某期国债，在它到期前的某个时间举行抽签仪式，集中把各年度每次还本债券的号码全部抽出，予以公告。例如，我国 1981—1984 年发行的四期国库券，就采用的一次抽签法；后者是对政府发行的某期国债按分批还本的次数定期抽签，以确定还本债券的号码，分几批还本就分几次抽签。我国 1954—1958 年发行的国家经济建设国债就采用的分次抽签法。

3. 按次偿还法

按次偿还法是指政府对发行的国债，按号码的先后顺序固定偿还期限，并按号码到期日进行偿还的一种方式，又称为号码顺序法。这种偿还方法不利于国债的流通。因为国债的偿还期限长短不同，收益率也就不同，相应地在市场上的买卖价格也就不同，所以该方法不利于债券市场的稳定。按次偿还法多用于地方公债，如美国各州及地方政府发行的公债多数采用这种偿还法，原因是地方政府的公债通常不能流通。

4．一次偿还法

一次偿还法是指政府对发行的国债实行到期后按票面额一次全部兑付本息的方法。我国自 1985 年以后向个人发行的国库券及政府的其他债券（如国家重点建设债券、保值国债、特种国债等）一般采用该方法办理还本付息。

5．提前偿还法

提前偿还法是指当政府发行的国债尚未到期，但所积累的资金已充分满足所需资金时，即可由政府提前偿还债务的一种方法。但有时非上述情况，而是为了解决某些特殊问题，国家也会发生债务的提前偿还。

以上各种国债的偿还方法各有利弊，应当运用哪种，则要看理财者的理财水平和运用是否得当。如果能因时制宜地灵活运用，则可获得较好结果；如果仅拘泥于某一种方法，则产生的效果可能就较差了。我国采用过抽签偿还法、提前偿还法和一次偿还法，并以后者为主。市场购销法目前尚未尝试。

六、国债偿还的资金来源

1．通过预算列支

政府将每年的国债偿还数额作为财政支出的一个项目列入当年支出预算，由正常的财政收入保证国债的偿还。

2．动用财政盈余

在预算执行结果有盈余时，动用该盈余来偿付当年到期国债的本息。

3．设立偿债基金

政府预算设置专项基金用于偿还国债，每年从财政收入中拨付专款设立基金，专门用于偿还国债。

4．借新债还旧债

政府通过发行新债券作为还旧债的资金来源。其实质是债务期限的延长。

知识拓展

2018 年国债发行时间

（1）2018 年 3 月 10 日发行凭证式国债，国债期限为 3 年和 5 年，付款方式为到期一次还本付息。2018 年 4 月 10 日发行电子式国债，国债期限为 3 年和 5 年，付款方式为每年付息一次。

（2）2018 年 5 月 10 日发行凭证式国债，国债期限为 3 年和 5 年，付款方式为到期一次还本付息。2018 年 6 月 10 日发行电子式国债，国债期限为 3 年和 5 年，付款方式为每年付息一次。

（3）2018 年 7 月 10 日发行电子式国债，国债期限为 3 年和 5 年，付款方式为每年付息一次。2018 年 8 月 10 日发行电子式国债，国债期限为 3 年和 5 年，付款方式为每年付息一次。

（4）2018 年 9 月 10 日发行凭证式国债，国债期限为 3 年和 5 年，付款方式为到期一次还本付息。2018 年 10 月 10 日发行电子式国债，国债期限为 3 年和 5 年，付款方式为每年付息一次。

议一议

➢ 国家为什么要发行国债？

任务检测

1．知识检测

（1）填空题

① 按偿还期限不同，国债可分为________和________。

② ________是指由财政部门或其委托其他部门（如银行、邮局）向社会公众直接公开募集国债的方法。

（2）单项选择题

① 国债偿还期内，分年度确定一定的偿还比例，由政府按国债券号码抽签对号，如约偿付本息，直到偿还期结束，全部国债中签偿清为止的一种方式称为（　　）。

A．市场购销法　　B．抽签偿还发

C．按次偿还发　　D．一次偿还法

② 下列不属于国债发行目的的是（　　）。

A．筹借军费　　B．筹集建设资金

C．平衡财政收支　　D．增加财政支出

③ 由国家发行的由公民、法人或其他组织自愿认购的国债称为（　　）。

A．建设国债　　B．赤字国债

C．自由国债　　D．强制国债

（3）多项选择题

① 以发行的凭证为标准，国债可分为（　　）。

A．凭证式国债　　B．记账式国债

C．上市国债　　D．不上市国债

② 国债的发行方式包括（　　）。

A．公募法　　B．包销法

C．公卖法　　D．摊派法

（4）简答题

① 发行国债的目的是什么？

② 国债的种类有哪些？

2．探讨和交流

你身边的亲戚、朋友购买过国债吗？请登录中华人民共和国财政部网站（“http://www.mof.gov.cn/），查询有关国债发行的相关信息。

第四节 国有资产收入

情景导入

2020 年国资收益上缴规模预计突破 1 万亿元

呼声已久的“提高国资收益上缴水平还惠于民”，在《中共中央关于全面深化改革若干重大问题的决定》（以下简称《决定》）中明确给出了时间表：即 2020 年提到 30%，更多用于保障和改善民生。那么，比例提高后到底有多少国有资本收益上缴呢？据中信证券测算，2020 年国有资本收益上缴财政的规模将达到 12 194 亿元，占 GDP 规模 1%左右。

“目前央企红利上缴的比例总体来说还是偏低的。”全国政协委员、著名会计专家张连起对记者表示，国企改革其中最重要的一点就是要让全体人民分享到国企改革的成果，这是国有企业的历史责任和时代使命所决定的。因此结构性提高国企红利上缴比例是一个大方向，特别是烟草类与资源垄断类企业，完全可以再大幅度的提高，如烟草类企业最高可以到 70%，资源垄断型企业为 50%，从而实现释放改革红利的初衷。

张连起认为，国有企业发展到一定程度应强调发展质量，强调回报，强调内涵的成长性，强调社会责任，因此，要把上缴利润水平和国企根本性改革结合起来。通过上缴利润这个杠杆，可以引导国有企业强调发展企业质量和惠及民生，告别国有企业盲目扩张。

近年来，提高国有资本收益上缴比例的呼声不断高涨。2010 年中央提高了国有资本收益收取比例，一般竞争类央企的红利上缴比例是 10%，资源类央企上缴比例是 15%，军工科研类央企的上缴比例在 5%。2012 年经国务院批准，中国烟草总公司税后利润收取比例提高至 20%。此次公布的《决定》明确提出，2020 年上缴比例提升到 30%，可以说又迈进了历史性的一步，表明了新一届政府在国企改革领域的决心。

想一想

➢ 什么是国有资产收入？

知识准备

一、国有资产的概念

国有资产是法律上确定为国家所有并能为国家提供经济和社会效益的各种经济资源的总和，就是属于国家所有的一切财产和财产权利的总称。国家属于历史范畴，因而国有资产也是随着国家的产生而形成和发展的。在现实经济生活中，“国有资产”概念有广义和狭义两种理解。广义的国有资产即国有财产，是指属于国家所有的各种财产、物资、债权和其他权益，包括依据国家法律取得的应属于国家所有的财产；基于国家行政权力行使而取得的应属于国家所有的财产；国家以各种方式投资形成的各项资产；由于接受各种馈赠所形成的应属于国家的财产；由于国家已有资产的收益所形成的应属于国家所有的财产。狭义的国有资产是指经营性国有资产。经营性国有资产是指国家作为出资者在企业中依法拥有的资本及其权益，包括企业国有资产；行政事业单位占有、使用的非经营性资产通过各种形式为获取利润转作经营的资产；国有资源中投入生产经营过程的部分。

二、国有资产收入的形式

国有资产收入是指国家凭借其拥有的国有资产所有权取得的收入。随着国有资产经营方式的多样化，国有资产收入形式也呈现了多样化趋势。目前，我国国有资产收入形式主要有以下几类。

（一）国有资产的经营性收入

1. 利润

利润是我国国有资产收入最常见的形式，主要适用于国有独资企业和实行承包经营的国有企业。

2. 租金

租金是出租方将资产出租给承租人进行经营活动所得到的一种收益。这种形式主要适用于实行租赁经营方式的国有企业。

3. 股息和红利

股息和红利是一种股权收益，是按照控股者或持股者所占股份的多少分配给股东的利息和利润。对于实行股份制经营的国有资产，股息和红利是国家作为股东，凭借其拥有的股权参与股份公司资产经营收益分配取得的收入。

（二）国有产权转让收入

1. 国有资产所有权转让收入

国有资产所有权转让收入是指国家通过对国有资产所有权的转让、拍卖、兼并等方式所取得的收入。

2. 国有资产使用权转让收入

国有资产使用权转让收入是指国家通过对国有资产使用权转让而取得的收入，也是国有资产收入的组成部分。

知识拓展

南通 2018 年国有资产总额将超 5 650 亿元　国企营收保持稳步增长

2018 年 12 月 29 日，南通市国资委召开新闻发布会通报南通国有企业改革发展情况。据介绍，今年全市国有资产总额预计超 5 650 亿元，国有企业营收、利润继续保持稳步增长。南通国资委履行出资人职责的 10 户国有企业资产总额预计达 1 800 亿元，同比增长 10.43%；营业收入 220 亿元、实现利润 10.2 亿元，增幅超全省平均水平，继续保持运行平稳、质态提升、趋势向好的积极态势。

议一议

➢ 国有企业营收稳步增长说明了什么？

任务检测

1. 知识检测

（1）填空题

________是我国国有资产收入最常见的形式。

（2）单项选择题

下列属于国有资产转让收入的有（　　）。

A．租金　　B．红利

C．利润　　D．国有资产所有权转让收入

（3）多项选择题

下列属于国有资产收入的有（　　）。

A．利润　　B．租金

C．股息　　D．红利

2. 探讨和交流

谈一谈你对国有资产的认识。

第三章

财政支出

学习目标

了解财政支出的概念，掌握购买性支出和转移性支出的含义、内容和经济意义，了解财政支出的基本理论，并能根据理论知识分析一些有关财政支出的经济现象。

第一节 财政支出概述

情景导入

2018年上半年全国财政支出情况

1—6月累计，全国一般公共预算支出111 592亿元，同比增长7.8%，为年初预算的53.2%，比2017年同期进度加快0.1个百分点。其中，中央一般公共预算本级支出15 371亿元，同比增长8.3%；地方一般公共预算支出96 221亿元，同比增长7.8%。

从主要支出项目来看，教育支出16 400亿元，增长6.9%；科学技术支出3 644亿元，增长25.4%；文化体育与传媒支出1 346亿元，增长5.8%；社会保障和就业支出16 482亿元，增长11.3%；医疗卫生与计划生育支出9 472亿元，增长9.8%；节能环保支出2 627亿元，增长16.3%；城乡社区支出12 542亿元，增长5.5%。

想一想

➢ 什么是财政支出？

知识准备

一、财政支出的概念

财政支出通常是指国家为实现其各种职能，由财政部门按照预算计划，将国家集中的财政资金向有关部门和方面进行支付的活动，也称预算支出。在我国，由于存在预算外资金，所以财政支出的概念也就有狭义与广义之分：狭义的财政支出仅指预算内支出；广义的财政支出则包括预算内支出和预算外支出。如果没有特殊的说明，本书后面所说的财政支出一般是指狭义的财政支出。

财政支出与财政收入一起构成了财政分配的完整体系，财政支出是财政收入的归宿，它反映了政府政策的选择，体现了政府活动的方向和范围。所以，它是财政分配活动的重要环节。

二、财政支出的分类

（一）按财政支出的经济性质分类

1. 购买性支出

购买性支出又称消耗性支出，是指政府按照等价交换的原则在市场上购买物品和劳务的支出，包括购买进行日常政务活动所需或用于国家投资所需的物品和劳务的支出。在这种性质的支出安排中，政府如同其他经济主体一样，在市场上从事等价交换活动，它是政府的市场性再分配活动。

2．转移性支出

转移性支出是指政府按照一定方式，将一部分财政资金无偿地、单方面地转移给公民和其他受益者。它是政府的非市场性再分配活动，不存在任何交换的问题。

（二）按财政支出在社会再生产中的最终用途分类

1．补偿性支出

补偿性支出是指用于补偿生产过程中消耗掉的生产资料方面的支出。该项支出在经济体制改革之前曾是我国财政支出的重要内容。目前，属于补偿性支出的项目只剩下企业挖潜改造支出一项。

2．消费性支出

消费性支出是指财政用于社会共同消费方面的支出，包括文教科学卫生事业、抚恤和社会救济费、行政管理费、国防费等。

3．积累性支出

积累性支出是指财政直接增加社会物质财富及国家物资储备的支出，包括基本建设支出、流动资金支出、国家物资储备支出、生产性支农支出等。

（三）按财政支出产生效益的时间分类

1．经常性支出

经常性支出是指维持公共部门正常运转或保障人们基本生活所必需的支出，主要包括人员经费、公用经费和社会保障支出。其特点是它的消耗会使社会直接受益或当期受益，直接构成了当期公共物品的成本，按照公平原则中当期公共物品受益与当期公共物品成本相对应的原则，经常性支出的弥补方式是税收。

2．资本性支出

资本性支出是指用于购买或生产使用年限在一年以上的耐久品所需的支出，其耗费的结果将形成供一年以上的长期使用的固定资产。资本性支出的补偿方式有税收和国债。

（四）按财政支出的国际标准分类

从统计核算角度来看，国际货币基金组织采用了职能分类法和经济分类法对财政支出进行分类，如表 3-1 所示。

表 3-1 国际货币基金组织的财政支出分类

职能分类法	经济分类法
1．一般公共服务	1．经常性支出
2．国防	（1）商品和服务支出
3．教育	① 工资、薪金及其他有关项目
4．保健	② 商品和服务的其他购买
5．社会保障和福利	（2）利息支付
6．住房和社区生活设施	（3）补贴和其他经常性转让
7．其他社区和社会服务	① 对公共企业
8．经济服务	② 对下级政府
（1）农业	③ 对家庭
（2）采矿业	④ 对其他居民
（3）制造业	⑤ 国外转让
（4）电业	2．资本性支出
（5）道路	（1）现存的和新的固定资产的购置
（6）水输送	（2）存货购买
（7）铁路	（3）土地和无形资产购买
（8）通信	（4）资本转让
（9）其他经济服务	3．净贷款
9．无法归类的其他支出	
（1）公债利息	
（2）其他	

2007 年，我国开始正式按此支出分类统计财政支出，我国财政支出分为 24 类、170 多款、1 100 多项。

三、我国财政支出的原则与重点

（一）我国财政支出的原则

1．公平分配原则

该原则是指通过财政支出对市场调节所形成的初次分配结果，进行有效的再分配，以实现企业和个人在国民收入分配中机会均等。

2．效益原则

该原则是以市场机制发挥基础性作用为基点，遵循市场效率准则来安排财政支出，优化资源配置，以最小的社会成本取得最大的社会效益。

3．稳定与发展原则

该原则是指通过正确安排财政支出的方向和规模，保证宏观经济的稳定和发展。财政支出规模和结果是影响社会总需求规模和结果的重要因素，在社会总供给大于社会总需求时增加财政支出，在社会总供给小于社会总需求时减少财政支出。

（二）我国财政支出的重点

根据我国近些年的财政预算安排，在财政支出方面，一直强调优化财政支出结构，加大对“三农”、教育、医疗卫生、社会保障和就业、保障性安居工程、节能环保及欠发达地区的支持力度，切实保障和改善民生，仍需要进一步加大财政投入，具体内容如下。

（1）全面落实国家中长期教育改革和发展规划纲要要求，加大教育投入力度，提高教育资金使用效率。

（2）大力支持医药卫生体制改革，提高医疗服务和保障水平。

（3）加大保障性安居工程投入力度，推进公共租赁房、廉租房建设和农村危房及各类棚户区改造。

（4）加快建立覆盖城乡居民的社会保障体系，进一步扩大新型农村社会养老保险试点范围，并将试点地区城镇无收入居民纳入保障范围。

（5）加强农业农村基础设施建设，大力推进农田水利建设、中小河流治理、小型病险水库除险加固、山洪灾害防治等，切实改善农村生产生活条件。

（6）支持节能减排和科技创新，促进经济结构调整和发展方式转变。

四、财政支出规模

财政支出规模是指在一定时期内（预算年度）政府通过财政渠道安排和使用财政资金的绝对数量及相对比率，即财政支出的绝对量和相对量。它反映了政府参与分配的状况，体现了政府的职能和政府的活动范围，是研究和确定财政分配规模的重要指标。

（一）财政支出规模的衡量指标

财政支出的绝对量是指一个财政年度内安排的财政支出的实际数量。财政支出的绝对量可以直观地反映政府在一个财政年度内的财政支出规模，体现了财政支出总量与宏观经济运行的相互关系，方便对财政支出进行各年度的比较，找出变化的原因、存在的不足和解决问题的办法。

财政支出的相对量是指一个财政年度内财政支出总量占国内生产总值（GDP）或国民收入（GNP）的比重。财政支出的相对量反映了在一个财政年度内财政配置资源的数量，体现了财政活动的规模和政府在国民经济运行中的地位及重要程度。

（二）影响财政支出规模的因素

1．经济因素

经济因素即经济发展水平和经济体制的类型。经济规模决定了财政支出规模，经济发展、生产力水平提高，财政支出规模也相应增大。一国的经济体制对财政支出规模也有很大影响，即使经济体制相同，但各国由于实行不同福利制度而导致的差异也会对财政支出规模产生影响。

2. 政治因素

政治因素对财政支出规模的影响主要表现在：一是社会政治局面的稳定状况；二是政治体制结构及政府工作效率；三是机构设置是否科学。

3. 政府职能

从某种程度上来说，政府支出是财政活动的资金来源，也是政府活动的直接成本。政府职能是影响财政支出规模的最直接因素。因此，政府职能的大小及其侧重点决定了财政支出的规模和结构。

4. 社会因素

人口、教育、卫生、社会救济、城乡差距等社会性因素在一定程度上影响着财政支出规模。

知识拓展

北京市财政3亿资金助力冬奥

为全面助力冬奥，积极落实本市冰雪运动发展“1+7”规划，市财政局加大对冰雪运动资金扶持力度，2018年已安排资金3亿元，同比2017年增长60%，重点用于推动群众冰雪运动普及、提升竞技冰雪运动实力、支持冰雪场地建设等。同时，大力强化政策研究，出台了一系列冰雪支持政策。

据市财政局介绍，为支持竞技队伍建设，制定了《北京市冰雪运动项目训练比赛经费定额标准》，做好21支冰雪竞技队伍经费保障；为推动青少年冰雪运动普及，制定了《北京市青少年冬季运动项目补助标准》，支持各区组建107支青少年冬季运动队伍。

为引导社会投资建设冰场，制定了《北京市新建体育场馆补助管理办法》，按照1 000元/平方米的标准对新建室内冰场进行补助。

为了促进冰雪健身消费，制定了《北京市全民健身消费补助管理办法》，由补贴冰雪体育企业向补贴群众体育消费转变，最高可满减消费额50%。为推动各区冰雪运动发展，制定了《体育彩票公益金市对区专项转移支付资金因素法分配办法》，强化各区统筹资金支持冰雪运动发展。

此外，为做好困难群众过冬的供暖保障，市财政局会同市民政局研究制定了《北京市城乡低收入家庭采暖救助实施意见》，将城乡低收入对象纳入本市采暖救助政策范畴。

根据城乡低收入家庭不同供暖方式类型予以不同采暖救助。其中，分户自采暖和集中供暖按600元/采暖季·户的标准予以救助；燃煤自采暖按300元/采暖季·户的标准予以救助。政策的出台扩大了本市采暖救助覆盖范围，约覆盖到本市4 000户低收入家庭，基本实现了低保、低收入家庭等采暖救助全覆盖。

议一议

➢ 财政支出的目的和意义是什么？

任务检测

1. 知识检测

（1）填空题

① 按财政支出的经济性质分类，可将财政支出分为________和________。

② 以市场机制发挥基础性作用为基点，遵循市场效率准则来安排财政支出，优化资源配置，以最小的社会成本取得最大的社会效益，体现了财政支出的________原则。

（2）单项选择题

① 按财政支出的经济性质分类，政府单方面的、无偿的资金支付属于（　　）。

A．购买性支出　　B．转移性支出

C．补偿性支出　　D．积累性支出

② 下列不属于财政支出的原则的是（　　）。

A．公平分配原则　　B．效益原则

C．稳定与发展原则　　D．计划原则

（3）多项选择题

① 影响财政支出规模的因素有（　　）。

A．经济因素　　B．政治因素

C．政府职能　　D．社会因素

② 按财政支出在社会再生产中的最终用途分类，可将财政支出分为（　　）。

A．补偿性支出　　B．消费性支出

C．积累性支出　　D．经常性支出

（4）简答题

① 什么是财政支出？

② 我国财政支出的重点内容有哪些？

2. 探讨和交流

财政与我们的生活紧密相连，如义务教育、公费医疗、养老保险等费用都来源于国家的财政支出。

请列举我们身边的财政现象并加以分析说明。

第二节 购买性支出

情景导入

财政支出花得有温度 有力保障民生

统计显示，2018 年 1—9 月，全国一般公共预算累计支出 163 289 亿元，同比增长 7.5%。其中，中央一般公共预算本级支出 22 959 亿元，同比增长 8.8%；地方一般公共预算支出 140 330 亿元，同比增长 7.3%。

从各省区市看，民生支出保持较快增长。例如，前三个季度，北京市教育支出 721.1 亿元，同比增长 9.8%；科学技术支出 362.3 亿元，同比增长 15.5%；医疗卫生支出 369.8 亿元，同比增长 17.3%。

前三个季度，福建省民生相关支出占一般公共预算支出的比重为 78.1%，同比提高 0.3 个百分点，其中科学技术支出、社会保障和就业支出、商业服务业等事务支出、教育支出分别增长 33.8%、14.5%、12.7%、10.1%。

河北省支出增幅实现较大提升，前三个季度，全省民生支出完成 4 280.5 亿元，占一般公共预算支出比重为 79.5%，增长 11.8%。其中，社会保障和就业支出 925.2 亿元，增长 18.5%；城乡社区支出 416.0 亿元，增长 11.1%；医疗卫生支出完成 547.5 亿元，增长 10.2%，各项重点支出得到较好保障。

前三个季度，浙江省教育支出 1 128.75 亿元，增长 10.7%，包括为完善城乡一体化义务教育经费保障机制、建立学前教育生均经费制度、补足优质高校短板；科学技术支出 271.13 亿元，增长 34.7%，包括省级财政为培育孵化高科技新产能注入动力；城乡社区事务支出 941.85 亿元，增长 30.8%。

想一想

➢ 民生支出具体包括哪些内容？

知识准备

购买性支出又称消耗性支出，是指政府在商品和劳务市场上购买所需商品和劳务的支出。购买性支出分成两部分：一是社会消费性支出，即购买各级政府进行日常政务活动所需的物品和劳务的支出，如国防支出、行政管理费支出、公共事业费支出（科教文卫）等；二是公共投资性支出，即各级政府用于社会投资的支出，如基础设施投资支出、农业投资支出、财政投融资支出等。

一、社会消费性支出

社会消费性支出是指为了满足全社会公共需要而发生的消费性支出。社会消费的基本特征是直接的非生产性消费，包括物质消耗和人的消费。物质消耗和人的消费结合在一起构成了社会的消费过程。

社会消费性支出按照其完成的职能，可分为国防支出、行政管理支出和社会公共事业支出。

（一）国防支出

国防支出是指用于保卫国家主权和领土完整、保卫国家安全和维护国家利益的支出。在和平状态下，国防支出是维持和平的支出；在战争状态下，国防支出是战争费的支出。其包括军队支出、后备役支出、国防科研事业支出和军事与防御工程支出等。国防在防御外来侵略、保卫国家安全和领土完整方面，具有不可替代的重要作用，因此必须合理安排国防支出的规模。

（二）行政管理支出

行政管理支出是指用于国家各级权力机关、行政管理机关和外事行使其职能所需的费用支出，是社会消费性支出的组成部分。

我国行政管理支出包括行政支出、公安支出、国家安全支出、司法检察支出和外交支出。其中，行政支出包括党政机关经费、行政业务费、干部培训费及其他行政费；公安支出包括各级公安机关经费、公安业务费、警察学校和公安干部训练学校经费及其他公安经费等；国家安全支出包括安全机关经费、安全业务费等；司法检察支出包括司法检察机关经费、司法检察业务费、司法学校与司法检察干部训练经费及其他司法检察费等；外交支出包括驻外机构经费、出国费、外宾招待费和国际组织会费等。

（三）社会公共事业支出

社会公共事业支出是政府为了实现社会管理职能，满足社会公共需要，通过政府预算安排的用于各种公共事业部门的资金支出。它属于社会公共消费性支出，包括用于科学、教育、文化、卫生、体育等事业上的支出，也简称为科教文卫事业费。社会公共事业支出主要是财政用于社会公共事业部门的经常性支出，不包括这些部门由财政拨付的基本建设支出、科技三项费用等投资支出。

1．教育支出

教育支出是指一个国家用于教育方面的全部开支，包括教育的基本建设投资、教育的经常费用、国家的财政拨款、社会团体和个人用于教育方面的支出等。

教育支出受国家的经济发展制约，国际上通常采用四个指标（教育经费在国民收入中所占的比例、教育经费在社会生产总值中所占的比例、教育经费在国家财政总支出中所占的比例、教育基本建设费用占全部基本建设费用的比例）来衡量一个国家教育支出的水准，反映一个国家对教育事业重视的程度。

2．科学技术支出

科学技术支出是指政府用于科学技术事业的各项支出。国家负责对科学技术支出的理论依据是科学技术的发展是推动经济社会发展的第一动力。科学技术进步对经济增长的贡献率不断提高，发达国家的科学技术进步对经济增长的贡献率已超过60%。

3．医疗卫生支出

医疗卫生支出是指政府用于医疗卫生事业的各项费用支出，主要包括对各类医院（专、普）、免疫与疾病防控防疫、妇幼保健、公共饮水等部门的事业费支出。

4．文化支出

文化支出是指对各类文化事业所需费用的支出，主要包括对文学艺术、出版、博物馆、图书馆、文化馆、纪念馆、考古、文物和非物质文化遗产保护、广播电视、网络、新闻媒体等文化事业的支出。

二、公共投资性支出

（一）公共投资的含义

购买性支出除了前面所介绍的消费性支出外，还包括一个十分重要的部分，即公共投资性支出。所谓公共投资是指政府为购置满足公共需求所必需的资产的财政支出。我国的公共投资性支出在数量上相当于复式预算中的资本预算支出与经常预算中的非生产性投资总和。

与公共投资相对应的是私人投资，公共投资和私人投资共同构成了社会总投资。由于经济发展阶段和经济体制等的差异，二者在不同国家所占的比重存在较大差异。一般来说，发达国家中公共投资占社会总投资的比重较小；欠发达国家和中等收入国家的公共投资占社会总投资比重较大。

公共投资之所以成为社会总投资中不可或缺的一个重要组成部分，是因为它具有不可替代的重要性，主要表现为以下三个方面。

（1）公共投资弥补了投资领域的“市场失败”。这可以分三种情况看：一是那些投资资金巨大、建设周期长且具有很大风险性的项目，企业和个人难以承担或不宜承担，只有政府能凭借其强大的筹资能力和偿还投资债务、承担投资风险的能力，承担和加快这些项目的建设。二是存在外部效应，具有社会效益而不能立刻带来直接经济效益的社会基础设施建设、公共工程等非营利性固定资产项目，由于其具有投资期限长、投资数额大，且投资难以收回等特点，因而一般企业和个人不愿承担，这需要政府投资介入，使整个国民经济持续、稳定和协调发展。三是对一些具有技术垄断和自然垄断性质的产业部门，只有公共财政投资的介入才能改变其落后状态。

（2）公共投资是进行宏观调控、优化资源配置的重要手段。从调节方式来看，公共投资本身属于直接调节方式，因为政府可以根据宏观经济发展的要求，结合市场上非政府部门投资的状况，直接安排政府投资的规模和结构。同时，公共投资本身及公共投资政策又给非政府部门的投资创造了条件，起到了投资导向的作用，因此公共投资又发挥了间接调节作用。

（3）公共投资是促进国民经济发展的物质基础。政府可以运用各种财力、物力、人力，投资于各项基础设施和基础产业等项目，直接对资源进行配置；同时，政府也掌握着产业布局的机动权，可以对形成合理的产业结构和产业结构的调整发挥重要作用，从而可以为企业创造良好的投资环境。

公共投资与具有独立经济利益和法人身份的微观经济主体执行的私人投资相比，具有如下特点。

（1）公共性和基础性。为了弥补市场失灵的固有缺陷，以及克服非政府投资的局限性，政府投资的着眼点首先在于为全体居民和各类经济主体的生产、生活需要提供必要的社会性、基础性条件，这也是政府与财政内在的职能。

（2）社会性和非营利性。私人投资主体的投资主要是为了赚取利润，追求微观经济效益的最大化；而公共投资主要是受非经济动因即社会动因支配，以追求社会效益、生态效益和宏观经济效益的最大化。公共投资的资金来源具有公共性，它作用的是市场配置失灵的领域，以满足社会公共需要。

（3）间接性和无偿性。公共投资的领域主要为公益的和社会基础设施项目，其使用一般是无偿的，因而公共投资价值无法通过计价收费的方式来补偿或只能得到部分补偿。换言之，也就是政府公共投资为企业生产和居民生活提供了良好的外部环境，降低了企业的交易费用，提高了居民的生活质量，而企业和居民则无偿地向政府上交税款，然后政府再继续用于公共投资，从而间接地形成公共投资的循环。

（4）政策性和调节性。由于在市场经济条件下，社会总体格局中的非公共投资如企业投资、个人投资，受其自身物质利益的诱导，会将其资金投放在收益快、期限短、营利大的产业和产品上，更多的是考虑投资的内在成本和内在收益，而较少考虑投资的外在成本和外在收益。而公共投资具有调节性，可以引导社会其他投资主体的投资方向，弥补社会投资对某些部门投入的不足，使社会各个投资主体的目标与国家的整体体系保持和谐统一，以保证社会投资活动的顺利进行。

（二）公共投资的范围

1. 社会基础设施和公用基础设施投资领域

社会基础设施是指在科学技术研究和开发方面，以及教育和公共卫生等社会发展方面的基础设施。公用基础设施是指经济发展的外部环境所必需的基础设施，如道路、供水、供电、通信等。

2. 经济基础产业投资领域

经济基础产业大都是关系国计民生的重要企业，是经济增长必不可少的因素，如能源、基本原材料、交通等。这类产业具有资本密集程度高、投资大、建设周期长、投资回收慢等特点，因此非政府投资主体一般不愿意主动进行投资。

3. 高新技术产业投资及重要能源和稀缺资源的开发领域

投资是经济发展的动力，是经济增长的主要因素。但公共投资的范围要多大才算合理，显然没有绝对的答案，就是同一个国家在不同历史发展阶段也是不一样的。一般而言，实行市场经济体制的国家与实行计划经济体制的国家相比，公共投资在全社会投资总额中所占比重要小些，一般不进入具有市场竞争性的行业。在经济发达的国家，公共投资在全社会投资总额中所占比重也会小些。发展中国家由于市场存在更多的缺陷和不足，因而政府投资的范围比发达国家要宽些。

（三）公共投资的资金来源与投资方式

政府公共投资的资金来源，应根据不同的情况进行具体分析。当项目的投资完全不能通过市场收回时，应由财政无偿拨付，如对行政单位和某些事业单位的投资；对于可以采取收费形式收回部分投资的，应采用向社会招标与财政补贴相结合的方式；若能收回全部投资，一般由私人部门进行投资，并辅之以适度的政府管制，也可以由政府进行直接的或间接的投资。

公共投资方式是指政府通过什么方法将集中性资金投入到公共投资建设中去。在市场经济条件下，公共投资按照投资主体的性质可以分为直接投资与间接投资。

直接投资是以政府作为投资主体的一种投资方式。国有企业就是政府直接投资形成的。理论上说，政府直接投资（或生产）本身并不足以保证公共投资的配置效率和生产效率的实现，因为政府不可能对众多的投资项目和企业进行直接经营管理，而必须将其委托给代理人经营，由于存在委托代理机制，企业代理人不一定以社会利益为目标，而可能以利润最大化或代理人利益最大化为目标，为此政府仍需要规定企业的产品价格，并努力减少委托代理中的信息不对称。因此，在直接投资中，政府往往采取缩小政府投资比例的办法，或者在项目建成后通过股份化这种分散股权的方式来完善企业的经营机制。

间接投资是政府作为间接投资主体的一种投资方式。政府只是以债权人的身份出资，它是财政投融资的一种方式。所谓财政投融资是指政府为了实现其特定政策目标，以信用方式进行的不以营利为目标的投资和融资。财政投融资是一种政策性投融资，它不同于一般的财政投资和商业性投资，而是介于两者之间的一种新型的政府投资方式。其资金主要来源于需要还本付息的有偿资金，资金投向服务于政府在不同时期制定的政策目标，资金管理和运营由政府设立的政策性金融机构来操作。公共投资采用信用方式，一方面可以体现政府对基础产业的扶持政策；另一方面可以避免上述那些政府作为直接投资主体所引起的问题。尽管财政投融资在理论上还有一些争议，但在实践中已经被许多国家成功运用。

近年来，很多国家兴起了一种 BOT（Build Operate Transfer，建设、经营、转让）投资方式。其基本含义是政府将一些拟建的基础设施建设项目通过招商转让给某一财团或公司，由其组建一个项目经营公司进行投资和经营，在双方协定的一定时期内，该项目公司通过经营该项目偿还债务，回收投资，协议期满，项目产权无偿转让给政府。这也是吸引社会资本尤其是外资进行基础设施投资的重要方式。

知识拓展

关于 2017 年北京市市级“三公”经费和机关运行经费情况的说明

2017 年市级“三公”经费财政拨款支出决算 66 334 万元，比年初预算下降 28.6%。其中：

（1）因公出国（境）费支出 10 641 万元，比年初预算 15 370 万元减少 4 729 万元，下降 30.76%。主要原因是北京市继续坚持落实中央厉行节约的各项要求，严格控制出国人员，进一步加强出国经费审核和监管，切实降低出国费用。

（2）公务接待费支出 1 712 万元，比年初预算 3 700 万元减少 1 988 万元，下降 53.72%。主要原因是北京市严格贯彻落实中央和市委、市政府厉行勤俭节约的一系列政策要求，从严控制公务接待规模和接待标准，实现厉行节约常态化，公务接待费用大幅下降。

（3）公务用车购置及运行维护费支出 53 981 万元，同口径下降 26.86%。其中：公务用车购置费支出 22 788 万元，主要是为深入贯彻落实《京津冀大气污染防治强化措施》，经报请国务院批准，对部分国 I 国 II 排放标准的执法公务用车进行更新。公务用车运行维护费支出 31 193 万元，比年初预算 50 700 万元减少 19 507 万元，下降 38.47%。其中：公务用车加油 9 314 万元，公务用车维修 11 895 万元，公务用车保险 9 984 万元。

议一议

➢ “三公”经费具体包括哪些内容？

任务检测

1．知识检测

（1）填空题

① ________又称消耗性支出，是指政府在商品和劳务市场上购买所需商品和劳务的支出。

② 购买性支出分为两部分，分别是________和________。

（2）单项选择题

① 下列不属于购买性支出的是（　　）。

A．教育支出　　B．国防支出

C．行政管理支出　　D．财政补贴支出

② 下列属于人员经费支出的是（　　）。

A．职工工资、补贴　　B．差旅费

C．会议费　　D．电费

（3）多项选择题

① 社会消费性支出按照其完成的职能，可分为（　　）。

A．社会公共事业支出　　B．国防支出

C．公共投资性支出　　D．行政管理支出

② 下列属于社会公共事业支出的是（　　）。

A．教育支出　　B．医疗卫生支出

C．科学研究支出　　D．文化支出

（4）简答题

社会消费性支出的内容有哪些？

2．探讨和交流

说一说近些年政府在改善民生方面都做了哪些实事。

第三节　转移性支出

情景导入

2018 年上半年财政社会保障和就业支出情况

2018 年上半年，全国财政社会保障和就业累计支出 16 482.18 亿元，比 2017 年同期增长 11.3%。其中，中央本级支出 607.98 亿元，比 2017 年同期增长 10.6%；地方支出 15 874.2 亿元，比 2017 年同期增长 11.4%。重点支出情况如下：

（1）财政对基本养老保险基金补助支出 6 416.86 亿元，比 2017 年同期增长 12.7%。截至 6 月月底，中央财政已拨付 2018 年企业职工基本养老保险补助资金 4 330.51 亿元、城乡居民基本养老保险补助资金 1 137.69 亿元。

（2）行政事业单位离退休支出 4 736.88 亿元，比 2017 年同期增长 15.2%。

（3）就业补助支出 407.47 亿元，比 2017 年同期下降 7.8%。截至 6 月月底，中央财政已拨付就业补助资金 477.28 亿元。

（4）最低生活保障支出 865.1 亿元，比 2017 年同期下降 6.4%。截至 6 月月底，中央财政已拨付困难群众救助补助资金 1 400.9 亿元，支持各地统筹用于最低生活保障等五个支出方向。

（5）退役安置支出 345.32 亿元，比 2017 年同期增长 5.6%。截至 6 月月底，中央财政已拨付退役安置经费 306.36 亿元。

想一想

➢ 什么是转移性支出？

知识准备

转移性支出是指政府按照一定方式，把一部分财政资金无偿地、单方面转移给居民和其他收益者的支出，包括补助性支出、捐赠支出和债务利息支出等。其中，补助性支出由社会保障支出、财政补贴支出和税式支出构成。从数额上看，补助性支出占转移性支出的份额最大；从经济影响上看，也是补助性支出最为重要，它全面影响收入分配，并间接影响资源的配置。因此，本节集中讨论转移性支出的补助性支出。

一、社会保障支出

（一）社会保障支出的概念

社会保障支出是指政府通过财政向由于各种原因而导致暂时或永久性丧失劳动能力、失去工作机会或生活面临困难的社会成员提供基本生活保障的支出。

（二）社会保障支出的内容

如图 3-1 所示，社会保障支出主要包括社会保险、社会救济、社会福利和社会优抚四个方面的内容。

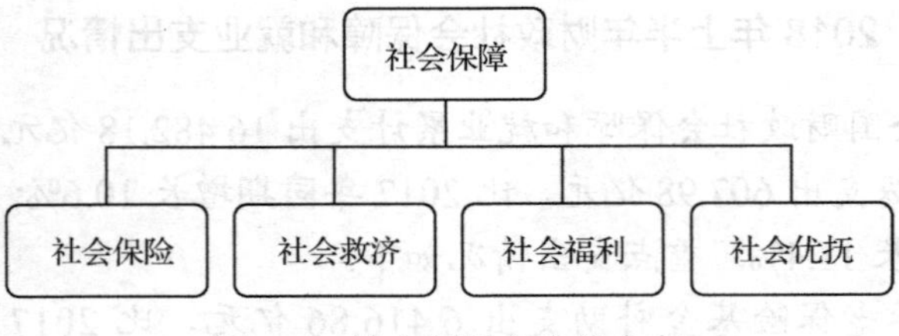

图 3-1　社会保障支出的内容

1．社会保险

社会保险是现代社会保障的核心内容，是一国居民的基本保障，即保障劳动者在失去劳动能力、失去工资收入之后仍然能够享有基本的生活保障。社会保险的项目在不同国家有所不同。在我国，社会保险的主要项目有养老保险、失业保险（待业保险）、医疗保险、疾病保险、生育保险、工伤保险、伤残保险。实施社会保险的主要目的，一是防止个人在现在与将来的安排上因选择不当而造成贫困，如退休养老问题；二是防范某些不可预见的风险，如事故、疾病等；三是减少由于市场经济的不确定性而产生的风险和困难，如失业等。

2．社会救济

社会救济是对贫困者和遭受不可抗拒的“自然”风险（如自然灾害、丧失劳动能力而又无人抚养、战争等）的不幸者所提供的无偿的物质援助，主要包括贫困救济、灾害救济和特殊救济等。社会救济一般以保障救助对象的最低生活为标准。

3．社会福利

社会福利是指国家和社会通过各种福利事业、福利设施、福利服务为社会成员提供基本生活保障，并使其基本生活状况不断得到改善的社会政策和制度的总称。它是社会保障的高级阶段。

4．社会优抚

社会优抚是指国家按规定对法定的优抚对象，如现役军人及其家属、退休和退伍军人、烈属等，为保证其一定的生活水平而提供的资助和服务。

（三）社会保障基金的筹集模式

1．现收现付式

现收现付式是指以近期横向收付平衡原则为指导，用一个时期正在工作的一代人的缴费来支付已经退休的一代人的养老金，如图 3-2 所示。

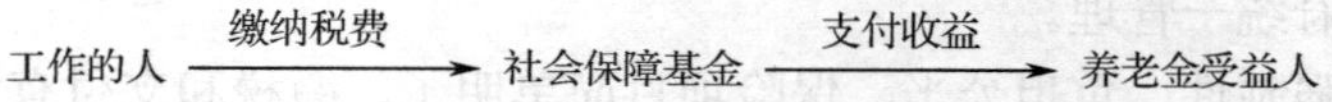

图 3-2　现收现付式

现收现付式的优点是简便易行，费率调整灵活，社会共济性强，基本上不存在基金受投资风险影响的问题。

2．完全基金式

完全基金式是一种以远期纵向收付平衡原则为指导的筹资方式，其特征是建立个人账户，使退休金直接来源于社会成员本身的储蓄积累，如图 3-3 所示。

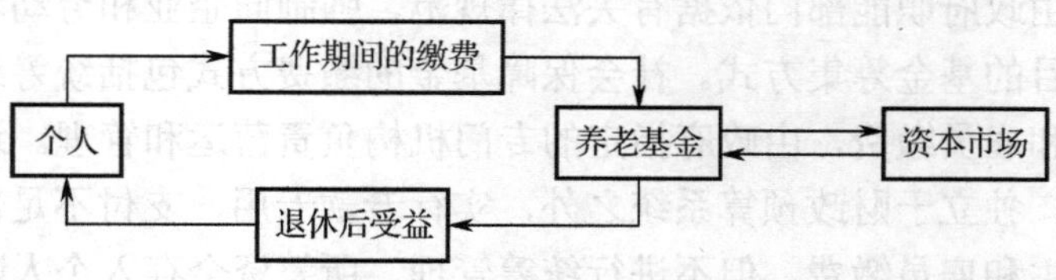

图 3-3　完全基金式

实行完全基金式的好处为：首先，它能够缓解养老保障制度所受到的人口老龄化的冲击，避免了现收现付所需要的缴纳税费的增加。其次，它完全靠劳动者本人融资，没有收入再分配的功能，不会造成政府额外的财政负担。再次，由于每个成员都有明确的个人账户，对自己所缴的费用有充分的权益，不会期待政府的补助和津贴，因此这一模式不会扭曲个人的工作和储蓄行为。最后，该模式会产生更多的储蓄，有助于资本积累。缺点是基金很容易受通货膨胀的威胁，不具有社会共济功能等。

3．部分基金式

部分基金式是对前两种方式的综合运用，每年的保障资金收入，部分用于现收现付的社会保险支出，部分用于建立社会保险储备基金。

部分基金式是边积累边支出的方式。这种方式多为养老保险所采用。初期费率低一些，以后逐步提高。但其费率的确定有一定的难度。如果费率过高，会给筹资对象带来不必要的负担；如果费率过低，又可能满足不了未来支出的需要。

（四）社会保障基金的筹集方式

1．征税方式

征税方式即征收社会保障税。社会保障税也称工薪税，它是为筹集社会保障基金而向雇主和雇员依据工资总额和个人收入征收的一种税。美国是世界上最早采用税收手段筹集社会保障基金的国家。到目前为止，在建立社会保障制度的 160 多个国家中，有 80 多个国家开征了社会保障税。通过征税方式筹集的社会保障基金是政府财政收入和政府预算的重要组成部分，其收支由政府统一管理。

征税方式具有强制性、负担公平、保险项目简单明了、缴税和支付有章可循、管理简便等优点。不足之处在于税收形成财政资金后只能通过年度预算来安排，且通常以年度收支平衡为基本目标，从而事实上无法积累社会保障基金，进而无法抗拒周期性的社会保障风险，如一旦遇到经济危机导致大批工人失业，或者人口老龄化趋势加快，均可能因缺乏社会保障基金积累而对国家财政造成巨大冲击，进而影响国民经济的持续稳定发展。此外，征税方式通常只与现收现付型社会保障制度相适应，而不能适应完全积累型社会保障制度的要求。

2．缴费方式

缴费方式是指由政府职能部门依据有关法律规范，强制向企业和劳动者个人征收，并用于特定社会保障项目的基金筹集方式。社会保障基金的缴费方式包括统筹缴费和强制储蓄。统筹缴费是由雇主和雇员缴费，由政府指定的专门机构负责营运和管理。这种方式筹集的资金由政府统筹支付，独立于财政预算系统之外，实行专款专用，支付不足部分由政府补助。强制储蓄也是由雇主和雇员缴费，但不进行统筹管理，所筹资金存入个人账户，政府对社会保障基金的支配权极其有限，这种筹集方式对应的是基金积累制的社会保障基金筹资模式。

3．自由筹资

社会保障基金的筹集除以上常见方式之外，还有多种方式，如通过发行福利彩票筹集用于社会福利事业的基金，对社会福利事业的服务性收费，还有社会募捐等。这些基金筹集方式都能对社会保障基金起到重要的补充作用。

二、财政补贴支出

财政补贴是政府为了实现特定的政治、经济和社会目标，在一定时期内，对某些特殊的产业、部门、地区、企业或个人给予的补助。从本质上说，它属于一种转移支付，属于国民收入的再分配。

（一）财政补贴的特点

1．政策性

财政补贴的依据是政府在一定时期的政治、经济和社会等政策目标，并随着国家政治、经济形势的发展变化而进行修正、调整和更新，因而具有很强的政策性。

2．可控性

财政补贴具体补给谁、补贴多少、在哪个环节补贴、何时取消补贴等内容是由财政部门根据政策需要决定的，是政府可直接控制的经济杠杆，具有一定的可控性。

3．灵活性

财政补贴杠杆作用的对象、范围、效果和要达到的目标，由财政部门根据政策的要求适时地确定和调整，因此财政补贴在直接调节经济和协调各方面经济关系时，比价格、税收等经济杠杆的作用更为灵活、直接和迅速。

4．时效性

财政补贴是为实现国家政策目标服务的，当某项政策发生变化时，财政补贴也将进行相应调整；当某项政策实施完结、失去效力时，某项特定的财政补贴也将随之终止。

5．专项性

财政补贴只对政府政策规定和指定的项目或事项进行补贴，其他的项目均不给予补贴。

（二）我国财政补贴的主要内容

我国财政补贴的主要内容有价格补贴、政策性亏损补贴、财政贴息、福利补贴，如图 3-4 所示。

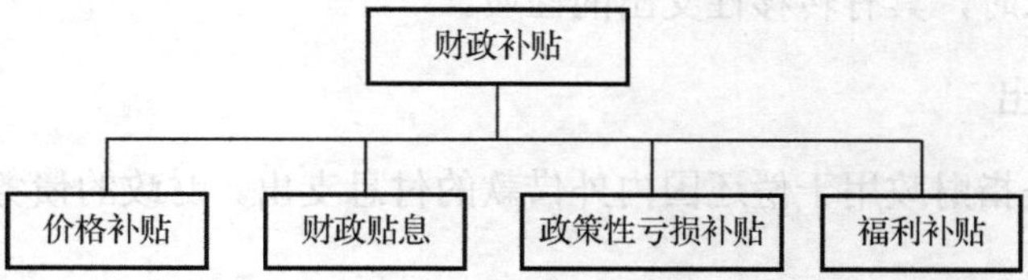

图 3-4　财政补贴的主要内容

1．价格补贴

价格补贴是国家为了弥补因价格体制或政策原因造成价格过低而给生产经营带来损失而给予的补贴。

2．政策性亏损补贴

政策性亏损补贴是由于国家政策的原因给生产经营的企业带来损失而进行的补贴。

3．财政贴息

财政贴息是国家财政对某些行业、企业或项目的贷款利息，在一定期限内按利息的全部或一定比例给予的补助。

4．福利补贴

福利补贴是国家财政直接给予职工和居民的各种福利性的生活补贴。

三、税式支出

美国哈佛大学教授、财政部部长助理斯坦利·萨里（Stanley Surrey）于 1967 年首先提出了“税式支出”的概念。这无疑是对传统财政理论的一大突破。因此，它一出现就引起了财政理论界的重视，并成为财税制度改革的重要领域。按照西方学者比较一致的观点，税式支出应界定为：在现行税制结构不变的条件下，国家对于某些纳税人或其特定经济行为，实行照顾或激励性的区别对待，给予不同的税收减免等优惠待遇而形成的支出或放弃的收入。税式支出由税收优惠发展而来，二者所涉及的对象基本相同，但有本质区别。

税式支出的实质是政府为实现自己的既定政策目标，增强对某些经济行为的宏观调控，以减少收入为代价的间接支出，属于财政补贴性支出。其形式主要有起征点、税收扣除、税额减免、优惠退税、优惠税率、盈亏互抵、税收抵免、税收饶让、税收递延和加速折旧等。

四、其他转移性支出

转移性支出中除了社会保障支出和财政补贴支出两大部分外，还有其他一些支出项目，如援外支出、债务利息支出和其他支出。虽然它们所占的比例并不大，但也有其特殊的作用。

1．援外支出

援外支出是指财政用于援助其他国家或地区或国际组织的各种支出。它在不直接形成国内商品和劳务的需求时，具有转移性支出的性质。

2．债务利息支出

债务利息支出是指财政用于偿还国内外借款的付息支出。财政的债务利息支出具有转移性支出的性质。

知识拓展

北京采暖补助惠及低保户，月补 600 元或 300 元

这一政策将覆盖全市约 4 000 户低收入家庭，基本实现了低保、低收入家庭等采暖救助全覆盖。

2018年，北京市财政局将城乡低收入对象纳入采暖救助政策范畴，其中，分户自采暖和集中供暖按600元/采暖季・户的标准予以救助；燃煤自采暖按300元/采暖季・户的标准予以救助。

为做好困难群众过冬的供暖保障，市财政局会同市民政局研究制定了《北京市城乡低收入家庭采暖救助实施意见》，将城乡低收入对象纳入我市采暖救助政策范畴。

议一议

➢ 根据上述材料，说一说在我们身边还有哪些惠民政策。

任务检测

1．知识检测

（1）填空题

① ________是政府为了实现特定的政治、经济和社会目标，在一定时期内对某些特殊的产业、部门、地区、企业或个人给予的补助。

② 社会保障基金的筹集模式有现收现付式、完全基金式和________。

（2）单项选择题

① 政府为实现自己的既定政策目标，增强对某些经济行为的宏观调控，以减少收入为代价的间接支出叫作（　　）。

A．税式支出　　B．援外支出

C．债务利息支出　　D．行政管理支出

② 财政补贴只对政府政策规定和指定的项目或事项进行补贴，其他的项目均不给予补贴，体现了财政补贴的（　　）。

A．政策性　　B．灵活性

C．可控性　　D．专项性

（3）多项选择题

① 下列各项支出中属于财政补贴支出的有（　　）。

A．价格补贴　　B．福利补贴

C．财政贴息　　D．政策性亏损补贴

② 社会保障包括（　　）。

A．社会保险　　B．社会救济

C．法律援助　　D．社会优抚

③ 我国社会保险的项目主要有（　　）。

A．养老保险　　B．商业保险

C．失业保险　　D．医疗保险

（4）简答题

我国财政补贴的主要内容有哪些？

2．探讨和交流

生活中我们常说的“五险”属于社会保障；老年人免费乘坐公交车也属于社会保障；购买家电领取的家电下乡补贴属于财政补贴……

（1）谈谈你身边的哪些社会现象属于“财政转移支出”的范畴。

（2）谈谈财政支出的必要性。

第四章

政府预算

学习目标

明确政府预算的概念和种类；能够运用政府预算管理基本理论知识，初步分析社会中的宏观经济现象和经济问题。

第一节　政府预算概述

情景导入

政府预算在我们的生活中

国务院总理李克强2019年1月9日主持召开国务院常务会议，决定再推出一批针对小微企业的普惠性减税措施；部署加快发行和用好地方政府专项债券，支持在建工程及补短板项目建设并带动消费扩大；听取保障农民工工资支付情况汇报，部署做好治欠保支工作。会议决定，对小微企业推出一批新的普惠性减税措施。一是大幅放宽可享受企业所得税优惠的小型微利企业标准，同时加大所得税优惠力度，对小型微利企业年应纳税所得额不超过100万元、100万元到300万元的部分，分别减按25%、50%计入应纳税所得额，使税负降至5%和10%。调整后优惠政策将覆盖95%以上的纳税企业，其中98%为民营企业。二是对主要包括小微企业、个体工商户和其他个人的小规模纳税人，将增值税起征点由月销售额3万元提高到10万元。三是允许各省（区、市）政府对增值税小规模纳税人，在50%幅度内减征资源税、城市维护建设税、印花税、城镇土地使用税、耕地占用税等地方税种及教育费附加、地方教育费附加。四是扩展投资初创科技型企业享受优惠政策的范围，使投向这类企业的创投企业和天使投资个人有更多税收优惠。五是为弥补因大规模减税降费形成的地方财力缺口，中央财政将加大对地方一般性转移支付。上述减税政策可追溯至今年1月1日，实施期限暂定三年，预计每年可再为小微企业减负约2 000亿元。

会议指出，要围绕优结构、稳内需，更有效发挥财政货币政策作用。落实好日前宣布的全面降准措施，继续实施稳健的货币政策，坚持不搞“大水漫灌”，适时预调微调，缓解民营企业、小微企业融资难、融资贵，保证市场流动性合理充裕，促进扩大就业和消费。同时，要加快地方政府专项债券发行使用进度。

资料来源：中国政府网，2019-01-10 09:12:00

想一想

大家一起探讨，对小型微利企业减税的重要意义是什么？小型微利企业减税是否影响政府预算？试以现实生活中的实例加以说明。

知识准备

一、政府预算的概念

政府预算也称国家预算，狭义的政府预算是指经过立法程序批准的，综合反映财政年度内国民经济发展情况的财政收支计划。

广义上的政府预算包括预算的编制、批准、执行、决算、审计与评价等所有环节，实际上是整个预算制度。

预算的本质：对稀缺资源的配置。

知识链接

预算要“闯六关”。从会前两次初审，到大会期间代表审阅、财经委审查，从主席团会议通过审查结果报告，到大会最终表决，国家预算要在全国人大“连闯”大大小小六道“关口”，才能最后得到批准。

二、政府预算的分类

1．按预算编制形式分类

按预算编制形式分类，政府预算分为单式预算和复式预算。

单式预算：政府财政收支计划汇集编入一个总预算之内，形成一个收支项目安排对照表。

复式预算：将预算年度内的全部财政收支按收入来源和支出性质，分别编制两个或两个以上的预算，形成两个或两个以上的收支对照表。复式预算一般由经常预算和资本预算组成。经常预算主要以税收为收入来源，以行政事业项目为支出对象；资本预算主要以国债为收入来源，以经济建设项目为支出对象。

2．按预算编制依据的内容和方法分类

按预算编制依据的内容和方法分类，政府预算分为增量（基数）预算和零基预算。

增量预算也称基数预算，是指新预算年度的财政收支计划指标在以前预算年度的基础上，按预计经济发展情况加以调整后确定。增量预算保持了各项财政收支指标的连续性，是传统的预算编制方法。

零基预算是指新预算年度财政收支计划指标的确定，不考虑以前年度的财政收支执行情况，只以新预算年度经济社会发展情况和财力可能为依据，重新评估各项收支的必要性及其所需金额的一种预算形式。

3．按预算作用时间长短分类

按预算作用时间长短分类，政府预算分为年度预算和多年预算。

年度预算是指预算有效期为一年的政府预算。

多年预算也称中期预算，是指预算有效期为几年（多为三年至五年）的政府预算。中期预算一般不具有法律效力，也不需要经过国家权力机关的批准。

4．按预算收支平衡状况分类

按预算收支平衡状况分类，政府预算分为平衡预算和差额预算。

平衡预算是指预算收入基本等于预算支出的预算。

差额预算是指预算收入大于或小于预算支出的预算，包括盈余预算和赤字预算。

5. 按预算项目是否直接反映经济效益分类

按预算项目是否直接反映经济效益分类，政府预算分为投入预算、绩效预算和规划项目预算。

6. 按预算管理层级分类

按预算管理层级分类，政府预算分为中央预算和地方预算。

我国政府预算级次与国家政权结构和行政区域密切相关，原则上一级政府、一级财政、一级预算。与政权结构相适应，我国现行政府预算体系由中央、省、市、县、乡五级预算组成。

知识拓展

"国家账本"：政府的钱都会花在哪儿

根据《预算法》，我国全口径的财政收入支出"四本账"——一般公共预算、政府性基金预算、国有资本经营预算和社会保险基金预算。国家账本中，最大的账本就是一般公共预算。2018 年，全国一般公共预算收入 183 177 亿元，增长 6.1%。加上使用结转结余和调入资金 2 853 亿元，收入总量为 186 030 亿元。全国一般公共预算支出 209 830 亿元，扣除上一年地方使用结转结余及调入资金后增长 7.6%。国家账本的钱花到哪里去？以一般公共预算为例，支出主要用于保障和改善民生、推动经济社会发展、维护国家安全、维持国家机构正常运转等方面。

"真金白银"助力：打好三大攻坚战。打好防范化解重大风险、精准脱贫、污染防治的攻坚战，背后离不开财政"真金白银"的支持。今年，中央财政预算拟安排补助地方专项扶贫资金 1 061 亿元，首次突破千亿元规模。中央财政新增扶贫投入及有关转移支付向深度贫困地区倾斜。财政的大力投入为绿水青山增添美好色彩。今年，中央财政还将安排大气、水、土壤三项污染防治资金合计 405 亿元，增长 19%，支持打赢蓝天保卫战，加快水污染防治，强化土壤污染管控和修复。全面建成小康社会三大攻坚战中，防范化解重大风险被放在首位。今年，财政部门将继续有效管控地方政府债务风险，适度开大规范举债的"前门"，安排地方政府专项债券 13 500 亿元，坚决遏制隐性债务增量，积极稳妥处置隐性债务存量。

为民理财：满足人民对美好生活向往。百姓关心期盼什么，党中央就重视关注什么，政府的真金白银就投向哪里。

——幼有所育、学有所教。自 2013 年以来，全国财政花在教育上的钱逐年增加。2018 年，这一支出预算将继续增加至 31 437 亿元。资金将用于支持发展公平优质教育，改善贫困地区义务教育薄弱学校基本办学条件等。

——老有所养，病有所医。今年，中央财政将进一步加强就业和社会保障，落实养老保险制度改革总体方案，出台实施企业职工基本养老保险基金中央调剂制度等。全面推进城乡居民医保制度整合，将城乡居民基本医疗保险财政补助标准提高 40 元，达到每人每年 490 元，将基本公共卫生服务项目年人均财政补助标准再提高 5 元达到每人每年 55 元。

——住有所居的小康梦，需要财政从政策到资金发力。今年，中央财政将助力改造各类棚户区 580 万套，加大公租房及配套基础设施建设力度，加快建立促进房地产市场平稳健康发展的长效机制，让人民群众有实实在在的获得感。

积极支持：推动高质量发展。当前，我国经济已由高速增长阶段转向高质量发展阶段，这对财政工作提出新要求，引导更多财政资金和政策支持高量发展。

——支持深化供给侧结构性改革。今年，中央财政将在“破”“立”“降”上下功夫，大力废除无效供给，支持振兴实体经济打造新动能，减税降费改善营商环境。

——助力创新型国家建设。中央财政将继续加大力度支持落实创新驱动发展战略，加快实施国家科技重大专项等重大项目，支持组建国家实验室和建设一流科研院所等。

——支持实施乡村振兴战略。今年，中央财政将更大力度向“三农”倾斜，探索建立涉农资金统筹整合长效机制，完善农业补贴制度，深化粮食价格形成机制改革，加大对农村教育、文化、基础设施、生态环保等投入。

实行正确监督、有效监督：加强和改进人大预算审查监督。

这些“真金白银”的预算，关乎经济社会发展的方方面面，关乎广大人民群众切身福祉。

此外，全国人大还着力推进预算联网监督工作，更好地打造“阳光财政”。通过网络传输报送、提供联网查询，实现预算审查监督信息化和网络化，提升预算审查监督内容的翔实性和时效性，增强预算审查监督的针对性和有效性，推进财政信息公开透明和预算行为规范有序。目前，推进预算联网监督工作已经取得阶段性成果。

资料来源：新华网，2018 年 3 月 7 日

议一议

➢ 大家一起探讨，财政职能在该报道中的体现有哪些？以小组为单位进行讨论，选择社会热点问题，结合财政的某项职能进行分析，分小组选派代表发言，其他成员补充；全班同学进行交流讲评、打分。

任务检测

1. 知识检测

（1）填空题

① 零基预算是指新预算年度财政收支计划指标的确定，不考虑__________执行情况，只以新预算年度经济社会发展情况和财力可能为依据，重新评估各项收支的必要性及其所需金额的一种预算形式。

② 复式预算一般由__________、__________组成。经常预算主要以_______为收入来源，以_______项目为支出对象；资本预算主要以_______为收入来源，以__________项目为支出

对象。

③ 预算的本质是对______________的配置。

④ 政府预算也称______________，是指经过立法程序批准的，综合反映财政年度内国民经济发展情况的财政收支计划。

（2）单项选择题

① 政府预算分为增量（基数）预算和零基预算，其划分依据是（　　）。

A．按预算作用时间长短分类　　B．按预算收支平衡状况分类

C．按预算编制依据的内容和方法分类　　D．按预算编制形式分类

② 可以保持各项财政收支指标连续性的是（　　）。

A．年度预算　　B．多年预算

C．增量预算　　D．零基预算

③ 我国的政府预算由（　　）组成。

A．中央和地方两级预算　　B．中央、省、市三级预算

C．中央、省、市、县四级预算　　D．中央、省、市、县、乡五级预算

④ 经常预算的主要收入来源是（　　）。

A．税收　　B．国债　　C．收费　　D．专项收入

（3）多项选择题

① 按照预算编制形式分类，政府预算分为（　　）。

A．绩效预算　　B．单式预算　　C．投入预算　　D．复式预算

② 下列关于政府预算的表述中正确的有（　　）。

A．政府预算经过同级人民代表大会的审查和批准才能生效

B．政府预算指标背后反映的是政府在做什么和不做什么之间做出的选择

C．政府预算体现了政府年度工作重点和方向

D．我国的预算年度实行跨年制

③ 收入分配职能的范围有（　　）。

A．市场分配的范围　　B．财政分配的范围

C．国家分配范围　　D．宏观分配范围

2．探讨和交流

财政的一收一支都与百姓的生活息息相关。读书，九年义务教育帮你圆读书梦；看病，医保帮你分忧；养老，社保帮你托底；买房，公租房帮你安居……政府真金白银的投入让百姓有更多获得感。就像每家过日子要盘算好家庭账本，政府也要精打细算理好关系国计民生的“国家大账”。国家账本：取之于民、用之于民。国家账本的钱从哪里来，用到哪里去？

大家一起探讨，以小组为单位进行讨论，政府预算离我们有多远？每组举出 3～5 个身边的财政实例，并进行展示。

第二节　国家预决算

情景导入

2018年3月5日，李克强总理提出：国家科技投入要向民生领域倾斜。2018-03-05新华网/中国政府网标题：十三届全国人大一次会议5日上午9时在人民大会堂开幕，听取国务院总理李克强关于政府工作的报告，审查国务院关于2017年国民经济和社会发展计划执行情况与2018年国民经济和社会发展计划草案的报告，审查国务院关于2017年中央和地方预算执行情况与2018年中央和地方预算草案的报告，听取全国人大常委会关于宪法修正案草案的说明。两会讨论的问题：制定国家预算中国家科技投入要向民生领域倾斜，把财政收入中的一部分拿出来向老百姓生活方面倾斜（多投入资金）。

想一想

➢ 怎样体现国家科技投入要向民生领域倾斜？

知识准备

一、预算管理体制的概念

预算管理体制是国家经济体制的重要组成部分，是确定中央和地方及地方政府之间的预算收支范围和管理权限的一项根本制度。

原则：统一领导，分级管理。

特点：

（1）整体性特征。

（2）规范性特征。各级财政相互依存，相互帮助。

（3）法律性特征。以法律形式规定各级政府和财政的责、权、利。

（4）稳定性特征。预算体制一经确定，在较长一段时间内保持相对稳定性。

二、预算法律制度的构成

预算法律制度是指国家经过法定程序制定的，用以调整国家在进行预算资金的筹集、分配、使用和管理过程中发生的经济关系的法律规范的总称。我国预算法律制度由《中华人民共和国预算法》（以下简称《预算法》）、《中华人民共和国预算法实施条例》（以下简称《预算法实施条例》）及有关国家预算管理的其他规章制度构成。

（一）《预算法》

《预算法》是有关国家预算收支及进行预算管理的法律规范的总称。在我国财政法律体系中，《预算法》是我国第一部财政基本法律，是核心法、骨干法，是我国国家预算管理工作的根本性法律，是制定其他预算法规的基本依据。

（二）《预算法实施条例》

《预算法实施条例》是根据《预算法》制定的，对《预算法》的有关法律概念及预算管理的方法和程序做了进一步的补充和说明，是具体运用《预算法》的指南。

三、国家预算

（一）国家预算的作用

国家预算也称政府预算，是政府的基本财政收支计划，即经法定程序批准的国家年度财政收支计划。国家预算规定了财政收入的来源及数量，财政支出的各项用途和数量，反映了整个国家政策、政府活动的范围和方向，是实现财政职能的基本手段。

我国的预算收入主要采取税收形式，是社会主义经济的内部积累。我国的预算支出主要用于经济建设和行政管理、国防、文化、教育、科学、卫生及社会福利事业等。预算收入反映了国家支配的财力规模和来源，预算支出反映了国家财力分配使用的方向和构成，预算收支的对比反映了国家财力的平衡状况。

国家预算作为财政分配和宏观调控的主要手段，具有分配、调控和监督职能。国家预算的作用是国家预算职能在经济生活中的具体体现，它主要包括以下三种。

1．财力保证作用

通过预算的编制，事先进行预测，使我们能掌握一年内筹集到多少收入，并根据财力的多少和支出的需要确定支出，也就是常说的要量入为出。

2．调节制约作用

国家预算的收支规模可调节社会总供给和总需求的平衡，预算支出的结构可调节国民经济结构，国家可以通过预算收支总量的变动和预算收支结构的调整来维护社会经济的稳定和促进社会经济的协调发展。

3．反映监督作用

通过国家预算的编制和执行，便于掌握国民经济的运行状况、发展趋势及出现的问题，从而采取措施，促进国民经济稳定协调地发展。

（二）国家预算级次的划分

我国的国家预算实行一级政府一级预算，共分为五级预算。

（1）中央预算。

（2）省级（省、自治区、直辖市）预算。

（3）地市级（设区的市、自治州）预算。

（4）县市级（县、自治县、不设区的市、市辖区）预算。

（5）乡镇级（乡、民族乡、镇）预算。

其中，对于不具备设立预算条件的乡、镇，经省、自治区及直辖市可以暂不设立预算。

（三）国家预算的构成

我国的国家预算根据国家政权结构和行政区划的不同，可以分为中央预算、地方预算、各级总预算和各部门预算、单位预算。

预算由预算收入和预算支出组成。政府的全部收入和支出都应当纳入预算。国家预算的构成有以下几项。

（1）一般公共预算。

（2）政府性基金预算。

（3）国有资本经营预算。

（4）社会保障基金预算。

四、预算管理职权

我国划分预算管理职权的原则是：统一领导、分级管理、权责结合。在此原则下，《预算法》规定了各级人民代表大会及其常务委员会、各级政府、各级财政部门和各部门、各单位的预算管理职权。

（一）各级人民代表大会及其常务委员会的预算管理职权

根据《预算法》的规定，各级人民代表大会的预算职权有审查权、批准权、变更撤销权。各级人民代表大会常务委员会的职权有监督权、审批权、撤销权。需要指明的是，设立预算的乡、民族乡、镇，由于不设立人民代表大会常务委员会，因而其职权中还包括由人民代表大会常务委员会行使的监督权等。

1. 全国人民代表大会及其常务委员会的预算管理职权

全国人民代表大会的预算管理职权包括以下几个。

（1）审查权：审查中央和地方预算草案及中央和地方预算执行情况的报告。

（2）批准权：批准中央预算和中央预算执行情况的报告。

（3）变更撤销权：改变或撤销全国人民代表大会常务委员会关于预算、决算的不适当的决议。

全国人民代表大会常务委员会的预算管理职权包括以下几个。

（1）监督权：监督中央和地方预算的执行。

（2）审批权：审查和批准中央预算的调整方案；审查和批准中央决算。

（3）撤销权：撤销国务院制定的同《宪法》、法律相抵触的关于预算、决算的行政法规、决定和命令；撤销省、自治区、直辖市人民代表大会及其常务委员会制定的同《宪法》、法律和行政法规相抵触的关于预算、决算的地方性法规和决议。

2. 县级以上地方各级人民代表大会及其常务委员会的预算管理职权

县级以上地方各级人民代表大会的预算管理职权包括以下几个。

（1）审查权：审查本级总预算草案及本级总预算执行情况的报告。

（2）批准权：批准本级预算和本级预算执行情况的报告。

（3）改变撤销权：改变或撤销本级人民代表大会常务委员会关于预算、决算的不适当的决议；撤销本级政府关于预算、决算的不适当的决定和命令。

县级以上地方各级人民代表大会常务委员会的预算管理职权包括以下几个。

（1）监督权：监督本级总预算的执行。

（2）审批权：审查和批准本级预算的调整方案；审查和批准本级决算。

（3）撤销权：撤销本级政府和下一级人民代表大会及其常务委员会关于预算、决算的不适当的决定、命令和决议。

3. 乡、民族乡、镇的人民代表大会的预算管理职权

乡、民族乡、镇的人民代表大会的预算管理职权包括以下几个。

（1）审批权：审查和批准本级预算和本级预算执行情况的报告；审查和批准本级预算的调整方案及本级决算。

（2）监督权：监督本级预算的执行。

（3）撤销权：撤销本级政府关于预算、决算的不适当的决定和命令。

（二）各级政府的预算管理职权

1. 国务院的预算管理职权

（1）编制中央预算、决算草案。

（2）向全国人民代表大会做关于中央和地方预算草案的报告。

（3）将省、自治区、直辖市政府报送备案的预算汇总后报全国人民代表大会常务委员会备案。

（4）组织中央和地方预算的执行。

（5）决定中央预算预备费的动用。

（6）编制中央预算的调整方案。

（7）监督中央各部门和地方政府的预算执行。

（8）改变或撤销中央各部门和地方政府关于预算、决算的不适当的决定、命令。

（9）向全国人民代表大会、全国人民代表大会常务委员会报告中央和地方预算的执行情况。

2. 县级以上地方各级人民政府的预算管理职权

（1）编制本级预算、决算草案。

（2）向本级人民代表大会做关于本级预算草案的报告。

（3）将下一级政府报送备案的预算汇总后报本级人民代表大会常务委员会备案。

（4）组织本级总预算的执行。

（5）决定本级预算预备费的动用。

（6）编制本级预算的调整方案。

（7）监督本级各部门和下级政府的预算执行。

（8）改变或撤销本级各部门和下级政府关于预算、决算的不适当的决定、命令。

（9）向本级人民代表大会、本级人民代表大会常务委员会报告本级总预算的执行情况。

3．乡、镇政府的预算管理职权

（1）编制本级预算、决算草案。

（2）向本级人民代表大会做关于本级预算草案的报告。

（3）组织本级预算的执行。

（4）决定本级预算预备费的动用。

（5）编制本级预算的调整方案。

（6）向本级人民代表大会报告本级预算的执行情况。

经省、自治区、直辖市政府批准，乡、民族乡、镇本级预算草案、预算调整方案、决算草案，可以由上一级政府代编，并依照预算法的规定报乡、民族乡、镇的人民代表大会审查和批准。

（三）各级财政部门的预算管理职权

1．国务院财政部门的预算管理职权

（1）编制权：具体编制中央预算、决算草案；具体编制中央预算的调整方案。

（2）执行权：具体组织中央和地方预算的执行。

（3）提案权：提出中央预算预备费动用方案。

（4）报告权：定期向国务院报告中央和地方预算的执行情况。

2．地方各级政府财政部门的预算管理职权

（1）编制权：具体编制本级预算、决算草案；具体编制本级预算的调整方案。

（2）执行权：具体组织本级总预算的执行。

（3）提案权：提出本级预算预备费动用方案。

（4）报告权：定期向本级政府和上一级政府财政部门报告本级总预算的执行情况。

五、预算收入与预算支出

（一）预算收入

预算收入是指国家为建立预算资金而筹集的收入。我国一般公共预算收入包括以下几种形式。

（1）各项税收收入。它是国家预算收入的最主要部分，在许多国家都占预算收入总额的

90%以上，包括我国。

（2）行政事业性收费收入。它是指国家机关、事业单位、依法行使政府职能的社会团体及其他组织根据法律、法规规定，依照国务院及本省、自治区、直辖市政府规定程序批准，在实施社会公共管理，以及在向自然人、法人和其他组织提供特定公共服务过程中，向规定对象按规定标准收取费用形成的收入。

（3）国有资源（资产）有偿使用收入。它包括矿藏、水流、海域、无居民海岛及法律规定属于国家所有的森林、草原等国有资源有偿使用收入，专用储备物资等国有资产处置收入，保障性住房配租配售收入等非经营性国有资产收入，纳入一般公共预算管理的经营性国有资产收入等。

（4）转移性收入。它包括上级税收返还、转移支付，下级上解收入，调入资金，以及按照财政部规定列入转移性收入的无隶属关系政府的无偿资助。

（5）其他收入。此类收入是指上述各项收入以外的收入，主要包括规费收入、罚没收入、捐赠收入等。

（二）预算支出

预算支出是指国家对集中的预算收入有计划地分配和使用而安排的支出。按照功能分类，一般公共预算支出可分为以下几种形式。

（1）公共服务支出。它是一般公共预算支出的主要部分。

（2）外交、公共安全、国防支出。它包括外交事务费、国内公共安全费、国防费、国防科研事业费、民兵建设费等。

（3）农业、环境保护支出。它包括粮油补贴、农业生产资料价差补贴、副食品风险基金、环境保护基金等。

（4）教育、科学、文化、卫生、体育等事业发展支出。

（5）社会保障及就业支出。

（6）其他支出。它包括对外援助支出、财政贴息支出、国家物资储备支出、少数民族地区补助费抚恤和社会福利救济费支出等。

六、预算组织程序

（一）预算的编制

国家预算编制是预算管理的起点，也是预算管理的关键环节，国家预算需要按一定的程序进行编制，还要按法定程序进行审批。各级政府、各部门、各单位应当按照国务院规定时间编制预算草案。编制预算草案的具体事项由财政部门负责部署。

1．预算年度

预算年度一般与财政年度或会计年度相一致，是指编制和执行预算所依据的法定期限或预算的有效期限，体现了预算的时效性。预算年度一般为一年，但各国预算年度的起止日期不尽一致，可分为历年制和跨年制。

2. 预算草案的编制依据

预算草案是指各级政府、各部门、各单位编制的未经法定程序审查和批准的预算收支计划。

3. 预算草案的编制内容

中央一般公共预算的编制内容如下：

（1）收入，包括本级一般公共预算收入、从政府性基金预算和国有资本经营预算调入资金、地方上解收入、从预算稳定调节基金调入资金。

（2）支出，包括本级一般公共预算支出、偿还政府债务本金支出、对地方的税收返还和转移支付、补充预算稳定调节基金。

中央政府性基金预算的编制内容如下：

（1）政府性基金各项目收入，包括本级收入、上一年度结余、地方上解收入。

（2）政府性基金各项目支出，包括本级支出、对地方的转移支付、向一般公共预算调出资金。

地方政府性基金预算的编制内容如下：

（1）政府性基金各项目收入，包括本级收入、上一年度结余、下级上解收入、上级转移支付。

（2）政府性基金各项目支出，包括本级支出、上解上级支出、对下级的转移支付、向一般公共预算调出资金。

国有资本经营预算的编制内容如下：

（1）收入，包括本级收入、上一年度结余、上级转移支付。

（2）支出，包括本级支出、向一般公共预算调出资金、对下级的转移支付。

社会保险基金预算的编制内容如下：

（1）各项社会保险基金预算收入，包括社会保险费收入、利息收入、投资收益、一般公共预算安排补助收入及其他收入。

（2）各项社会保险基金预算支出，包括社会保险待遇支出及其他支出。

各部门、各单位预算的编制内容如下：

（1）收入，包括本级预算拨款收入、预算拨款结转结余、其他各项收入。

（2）支出，包括基本支出、项目支出。

（二）预算的审批

1. 预算草案的初步审查

根据《预算法》的规定，各级预算草案在审批之前，应当在本级人民代表大会会议举行前一个月提交相关部门进行初步审查。

2. 预算的审批

预算的审批是指各级国家权力机关对同级政府所提出的预算草案进行审查与批准的活动。预算的审批是使预算草案转为正式预算的关键阶段。

（1）预算的审批。

（2）预算审查结果的报告。

（3）预算的备案。

（4）预算的批复。

（三）预算的执行

预算的执行是指各级财政部门和其他预算主体在组织国家预算收入和划拨预算支出中的活动。预算执行是整个预算管理程序中的一个重要环节，是经过批准的预算付诸实施的重要阶段。根据《预算法》的规定，各级预算由本级政府组织执行，具体工作由本级政府财政部门负责。

1. 预算执行的依据

预算执行要以经过权力机关依法定程序批准的预算为依据。

2. 预算收入和预算支出的组织执行

国家预算由预算收入和预算支出两部分组成，因而预算收入与预算支出的组织执行均为预算执行的重要内容。

在预算收入的组织执行方面，最基本的要求是预算收入的取得必须及时、足额。

各级政府财政部门在预算支出的组织执行方面的最基本的要求是：必须依照法律、行政法规和国务院财政部门的规定，及时、足额地拨付预算支出资金，加强对预算支出的管理和监督。各级政府、各部门、各单位的支出必须按照预算执行，不得虚假列支。同时，各级政府、各部门、各单位应当对预算支出情况开展绩效评价。

3. 预算执行的中间环节

国家实行国库集中收缴和集中支付制度，对政府全部收入和支出实行国库集中收付管理。国库是预算执行的中间环节，是国家进行预算收支活动的出纳机关。

（四）预算的调整

1. 预算调整的情况

预算是一种计划，确定后往往会受到主客观条件的影响和制约，原来预料不到的一些特殊情况也会出现，导致预算收支由原来的平衡变得不平衡，这时就必须依法进行预算调整。经全国人民代表大会批准的中央预算和经地方各级人民代表大会批准的地方各级预算，在执行中出现下列情况之一的，应当进行预算调整。

（1）需要增加或减少预算总支出的。
（2）需要调入预算稳定调节基金的。
（3）需要调减预算安排的重点支出数额的。
（4）需要增加举借债务数额的。

2．预算调整方案的编制

在预算执行过程中，各级政府一般不制定新的增加财政收入或支出的政策和措施，也不制定减少财政收入的政策和措施；必须做出并需要进行预算调整的，应当在预算调整方案中做出安排。对于必须进行的预算调整，各级政府应当编制预算调整方案。预算调整方案应当说明预算调整的理由、项目和数额。

七、决算

决算是国家管理预算活动的最后一道程序。它包括决算报表和文字说明两个部分。

（一）决算草案的编制

（1）决算草案的编制主体与时间：主体是各级政府、各部门和各单位；各级政府、各部门和各单位在每一预算年度终了以后按照国务院规定的时间编制。
（2）决算草案的编制原则：合法原则、真实准确完整原则、报送及时原则。
（3）决算草案的编制程序：一个自上而下、由部分到整体的过程。
（4）各级政府决算草案的形成：
我国《预算法》规定了各级政府决算草案的编制主体，通过这些主体对本级各部门决算草案的审核和汇总，才形成了各级政府的决算草案。

（二）决算草案的审查和批准

（1）决算草案的初审。
（2）决算草案的审批。
（3）决算的批复。

（三）决算的备案

地方各级政府应当将经批准的决算及下一级政府上报备案的决算汇总，报上一级政府备案。县级以上各级政府应当将下一级政府报送备案的决算汇总后，报本级人民代表大会常务委员会备案。

八、预决算的监督

预算监督是指国家各级权力机关依法对全部预算活动的监督。各级权力机关、政府及其财政审计部门依法切实地履行法律赋予的预算监督职责，是国家依法理财的有力保障。

任务检测

1. 知识检测

（1）填空题

① 政府预算管理体制的原则是________。

② 在我国财政法律体系中，____是我国第一部财政基本法律，是核心法、骨干法，是我国国家预算管理工作的根本性法律，是制定其他预算法规的基本依据。

③ 国家预算作为财政分配和宏观调控的主要手段，具有____、____和____职能。

④ 我国的国家预算根据国家政权结构和行政区划的不同，可以分____、____、____、____和____。

⑤ 我国的财政预算收入主要来源于________、________、________、________和其他收入。

⑥ 决算草案的编制程序：________________。

⑦ 我国的预算收入主要采取____形式，是社会主义经济的内部积累。

⑧ 国家预算作为财政分配和宏观调控的主要手段，具有____、____和监督职能。

⑨ 我国划分预算管理职权的原则是：____、____、____。

（2）单项选择题

①《预算法实施条例》是由（　　）制定的。

A．全国人民代表大会　　B．全国人民代表大会常务委员会

C．国务院　　D．财政部

② 下列关于部门预算与单位预算的关系表述中正确的是（　　）。

A．单位预算通常包括部门预算　　B．部门预算通常包括单位预算

C．单位预算与部门预算没关系　　D．单位预算和部门预算相并列

③ 预算年度一般为（　　）。

A．一年　　B．两年　　C．半年　　D．五年

（3）多项选择题

① 决算草案的编制原则有（　　）。

A．合法原则　　B．准确完整原则

C．报送及时原则　　D．合理原则

② 下列有关预决算管理的监督表述正确的是（　　）。

A．全国人民代表大会及其常务委员会对中央和地方预算、决算进行监督

B．县级以上地方各级人民代表大会及其常务委员会对本级和下级政府预算、决算进行监督

C．乡、民族乡、镇人民代表大会对本级预算、决算进行监督

D．各级政府审计部门对本级各部门、各单位和下级政府的预算执行、决算实行审计监督

③ 一般公共预算支出可分为（　　）形式。

A．公共服务支出
B．外交、公共安全、国防支出
C．农业、环境保护支出
D．教育、科学、文化、卫生、体育等事业发展支出
E．社会保障及就业支出

④ 我国的财政预算收入主要来源于（　　）。
A．税收收入　　B．行政事业性收费收入
C．国有资源（资产）有偿使用收入　　D．转移性收入

⑤ 其他收入是指上述各项收入以外的收入，主要包括（　　）。
A．规费收入　　B．罚没收入　　C．捐赠收入　　D．营业收入

⑥ 我国的国家预算根据国家政权结构和行政区划的不同，可以分为（　　）。
A．中央预算　　B．地方预算
C．各级总预算　　D．各部门预算、单位预算

⑦ 国家预算的构成有（　　）。
A．一般公共预算　　B．政府性基金预算
C．国有资本经营预算　　D．社会保障基金预算

⑧ 我国的国家预算实行一级政府一级预算，共分为五级预算，具体包括（　　）。
A．中央预算
B．省级（省、自治区、直辖市）预算
C．地市级（设区的市、自治州）预算
D．县市级（县、自治县、不设区的市、市辖区）预算
E．乡镇级（乡、民族乡、镇）预算

⑨ 国家预算的作用是国家预算职能在经济生活中的具体体现，它主要包括（　　）。
A．财力保证作用　　B．调节制约作用
C．反映监督作用　　D．管理作用

2．探讨和交流

新华集团为调动预算执行者的积极性，公司制定一系列激励政策，设立以下奖项：①经营者奖：根据分厂利润实际完成情况将实际完成利润额与利润预算的差额按一定比例奖罚分厂厂长。②效益奖：根据分厂利润实际完成情况，将实际完成利润额与利润预算的差额按一定比例奖罚员工。③节约奖：根据部门费用的实际支出与工作完成情况，集团公司按一定比例激励费用发给部门；物资购买方面，在相同质量情况下，将比预算降低部分按一定比例激励购买人。④改善提案奖：对员工提出的优秀改善性建议进行奖励，对每项改善提案按一年内所节约费用或所创利润的一定比例奖励提案人。以上奖励的实施、兑现全部以日常业绩考核为基础。通过预算和激励机制对人们由被动地提高劳动效率到积极、主动地提高劳动效率起到了积极作用。

大家一起探讨，以小组为单位进行讨论，政府预算离我们有多远？每组举出 3～5 个身边的财政实例，并进行展示。

运用所学知识回答下列问题：

① 我国的国家预算，根据预算对象不同分为（　　）。

A．总预算　　B．部门、单位预算

C．中央预算　　D．地方预算

② 预算管理的职权是（　　）。

A．各级人民代表大会　　B．各部门的职权

C．各级财政部门的职权　　D．各单位的职权

③ 预算组织的程序包括（　　）。

A．预算的编制　　B．预算的审批

C．预算的执行　　D．预算的调整

④ 根据《预算法》的规定，各单位的预算职权主要包括（　　）。

A．编制本单位预算　　B．决算草案

C．安排预算支出　　D．接受监督

⑤ 各部门、各单位的预算支出在特殊情况下可以经上级政府财政部门批准对其进行调整。（　　）

A．对　　B．错

第五章

金融概述

学习目标

了解金融的功能、作用，理解货币、货币制度及信用关系，掌握信用的基本特征及利率的种类和利息的计算，明确现代信用经济条件下信用的几种基本形式。

第一节　金融与金融活动

情景导入

生活中的金融现象

你留意过吗？你家的家庭收入在扣除日常开支之后，父母会用剩余的钱做什么呢？或许会存入银行，或许会购买理财产品，或许会投资股票，或许会为家人购买保险，做出这些选择的目的或者是为了获得利息、买卖差价收益，或者是为了获得风险保障。

金融会与你经常碰面，如持现金去银行办理储蓄存款，通过银行办理按揭贷款买房买车，手持信用卡去商场、超市购物，投资购买股票、基金、国债、黄金，企业会计持商业汇票办理贴现，企业办理银行贷款，企业发行股票等，都是金融现象。

无论是一家一户的日常生活，还是企业的存款、贷款、结算，甚至政府的宏观经济调控，都离不开金融，金融无处不在。

想一想

➢ 什么是金融？

知识准备

金融是商品经济的产物，在市场经济中，金融活动广泛渗透到社会经济和居民生活的每个领域。

一、金融的含义

金，即资金；融，即融通；现代金融是指资金的融通，其中融通的主要对象是货币和货币资金，融通的方式是有借有还的信用方式，而组织融通的机构则为银行及其他金融机构。

金融活动主要是通过金融机构的各种业务活动实现的。金融活动包括货币的发行与回笼、存款的吸收与提取、贷款的发放与回收、金银和外汇的买卖、有价证券的发行与转让、保险、信托、金融租赁，以及国内、国际的资金结算等。

从事金融活动的机构主要有银行、证券公司、保险公司、信托投资公司，还有信用合作社、财务公司、金融租赁公司及证券交易所等。

金融业是经营金融商品的特殊行业，包括银行业、保险业、信托业、证券业和金融租赁业等。

二、金融的功能

1. 供应货币

中央银行垄断发行货币，商业银行和中央银行共同创造“准货币”。货币流通分为现金流通和非现金流通，非现金流通是主要形式，主要是金融机构的转账结算。很难想象，如果不存在货币作为交易媒介和支付手段，社会经济能否正常运行。

2. 资源配置

金融业包括银行、证券（股票、债券等）、保险、信托基金等，其共同任务就是把分散的资金集中起来调动到有需要的地方去。例如，银行通过吸收个人、家庭的存款，再以贷款的形式发放给企业；企业通过发行股票向社会公众筹集资金。

3. 支付清算

金融体系为个人、家庭、企业和政府部门在购买产品和服务时提供支付和清算服务。例如，使用支票、信用卡、网上支付系统等不断更新的金融工具，不仅使交易顺利完结，而且日益便捷快速，现代的清算和支付活动建立在计算机网络系统上，即使相隔万里，或者在不同的国家，只要清算支付系统相互连接就可以轻松完成转账和结算。

4. 风险管理

金融机构体系和金融市场体系提供了风险管理的渠道，可以借助各种金融工具防范和分散风险。

案例 5-1

我们拿一个很浅显的例子来说，火灾保险是大家都很容易理解的金融形式。每个人都付一笔钱给保险公司购买火灾保险。如果有人不幸遭受火灾，则能拿到一笔钱，这笔钱远远超过他当初支付的钱，从而避免火灾带来的经济困境。

某航空公司善于做服务，但飞机肯定要耗油，石油的价格波动起伏难以预测，怎么办？作为主要的成本之一，完全无法预测，对财务规划是个彻彻底底的灾难。卖出去的票不能说涨价就涨价吧。这个时候航空公司去石油期货市场做多原油期货合约。如果石油上涨，那么虽然航空公司的燃油费用开销很大，但石油期货市场上赚的钱恰好能弥补这个额外的开支。而如果石油下跌，那么期货固然损失了，但燃油费用节省下来，恰好能让期货的亏损被弥补。这样，这家航空公司在期货市场建立头寸的那一刻，就已经确定了自己的油价成本，不用操心原油涨跌的问题。本质上，这家航空公司把预测油价的任务外包给了期货市场专业的风险承担者们。

资料来源：https://baijiahao.baidu.com/s?id=1564095412330079&wfr=spider&for=pc

三、现代金融的特征

1. 多样化

金融创新，改变了金融业的面貌，新的金融工具、金融市场和金融机构不断出现。

现代金融活动的主体之一的现代金融机构，其业务内容大大超出了古代金融机构单一的存贷汇兑业务。从组织形式分，现代金融有主要从事一般的货币储存、信贷和汇兑业务的银行类金融机构和专门从事特殊货币业务的证券公司、信托投资公司、财务公司、保险公司及典当行等非银行金融机构，而银行和非银行的金融机构又可根据其从事的特殊服务领域再各分为若干不同的种类。

随着科学技术的进步，金融的电子化、工程化和自由化的发展与深化，各种不同期限、不同流动性、不同成本、不同价格、不同风险、不同收益和不同效率的金融商品，特别是金融衍生商品层出不穷，达几千种之多，如信用贷款、抵押贷款、信托、投资、保险、金融租赁、债券、股票、汇兑、各种票据、电子货币、期货、期权、国际金融市场上的利率互换和货币互换等。

金融服务范围扩大，包括代发工资，代收房租、税金、水电费，代为保管财物，代办旅游，家庭理财，提供信息和咨询，家庭银行服务等众多项目。

2. 全球化

（1）资本流动全球化。当今，每天都有大量资本在跨国界流动，大量的资金转瞬间就可转移到世界的其他地方。

（2）货币体系国际化。全球贸易和资本流动需要全球货币体系（国际货币体系）。

（3）金融市场全球化。在业务上和地理上彼此分割的各国证券市场通过网络紧密地联系在一起，相互影响、相互促进，形成全球一体化的金融市场。

（4）金融机构全球化。国际上许多金融机构都把扩大规模、扩展业务以提高效益和增强抗风险的能力作为发展战略，使得超巨型跨国商业银行和投资银行不断出现。

（5）金融协调和监管的国际化。

知识链接

金融业起源于公元前 2000 年巴比伦寺庙和公元前 6 世纪希腊寺庙的货币保管和收取利息的放款业务。

公元前 5～公元前 3 世纪在雅典和罗马先后出现了银钱商和类似银行的商业机构。

在欧洲，最早出现的银行是意大利威尼斯的银行（1580 年）。1694 年英国建立了第一家股份制银行——英格兰银行，这为现代金融业的发展确立了最基本的组织形式。

知识链接

中国金融业可追溯到公元前 256 年以前周代出现的办理赊贷业务的机构，《周礼》称之为“泉府”。

南齐时（公元 479～502 年）出现了收取实物作为抵押进行放款的机构“质库”，即后来的当铺，当时由寺院经营，至唐代改由贵族垄断，宋代时出现了民营质库。

明朝末期，钱庄（北方称银号）曾是金融业的主体，后来又陆续出现了票号、官银钱号等其他金融机构。

四、金融在现代经济中的作用

1. 积极作用

金融机构利用自己庞大的分支机构和良好的信誉，把机关团体、企事业单位、居民个人手中零星、分散、闲置的资金集中起来，变成高效、稳定、长期的资金来源，通过借贷、投资等方式，按照信贷原则和产业、区域发展政策，又投入到急需资金的部门，支持国民经济的正常运行。

金融业通过发放贷款，代理发行股票、债券，向国民经济的基础行业和支柱产业提供了大量的资金，促进企业跨地区、跨行业联合，培育企业集团，为提高国民经济的专业化、社会化水平做出贡献，成为生产力的“催化剂”。

金融是宏观调控的重要“杠杆”。金融业与国民经济各部门有着密切的业务联系，它能够比较深入、全面地反映成千上万个企事业单位的经济活动，同时，利率、汇率、信贷、结算等金融手段又对微观经济主体有着直接的影响。国家可以根据宏观经济政策的需要，通过中央银行运用各种金融调控手段调节经济发展的规模、速度和结构，促进经济发展。

2. 金融风险

金融业是高风险的特殊行业，经营不善将加大金融风险，一旦风险失控，不仅会导致金融业的危机，而且可能引发经济危机。

想一想

➢ 金融在现代经济中居于一种什么地位？

知识拓展

美国老太太和中国老太太的故事

一位美国华侨老太太回中国看望她的姐姐，两人见面后激动不已，谈到阔别 40 多年的经历和心愿，身居美国的妹妹说：“我终于在退休之前还完了一套 150 平方米的住房贷款。”姐姐则说：“我终于在退休之前攒够钱，买了一套 150 平方米住房。”

议一议

➢ 大家一起探讨，这则故事给了你什么启示？

任务检测

1. 知识检测

（1）判断题

① 银行、证券、保险都属于金融的范畴。（　　）

② 金融是商品经济高度发达的产物。（　　）

③ 金融调控是国家宏观调控的方式之一。（　　）

（2）选择题

① 下列各项中，属于金融活动的是（　　）。

A．银行结算　　B．资金借贷

C．发行股票　　D．货币发行

② 下列各项中，属于金融的功能的是（　　）。

A．风险管理　　B．供应货币

C．资源配置　　D．支付清算

2. 探讨和交流

说一说金融业的发展为生活带来了哪些便利。

第二节　货币与货币制度

情景导入

没有货币的麻烦

19 世纪英国经济学家杰文斯在他的一本书中记载了这样一则有趣的故事：若干年前，巴黎一个著名歌剧院的歌手赛利小姐曾在太平洋的一个小岛上举办过一次演唱会。作为演出的报酬，赛利小姐得到门票 1/3 的收入。由于该岛不使用货币，经清点，她的报酬包括 3 头猪、23 只火鸡、44 只鸡、5 000 个椰子，还有很多香蕉、柠檬和橘子。在巴黎，这些家畜、家禽和水果可能值 4 000 法郎，这是 5 场演出的优厚报酬。然而在这个小岛上，货币是稀缺的。由于赛利小姐自己无法消耗掉这些收入，最后只好用水果去喂猪和家禽。

想一想

➢ 什么是货币？货币就是钞票吗？

知识准备

一、货币的产生和本质

（一）货币的产生

货币是商品交换长期发展的产物。货币的产生大致经历了四个阶段。

1．偶然的物物交换

原始社会末期，生产力极其低下，很少有剩余，发生在两个部落之间的交换，只能是偶然的多余产品的物物交换。例如，有时用 1 只羊换 2 把石斧，公式化表示即为：

1 只羊=2 把石斧

2．扩大的物物交换

随着生产力和社会分工的发展，物物交换不断扩大，参加交换的物品种类越来越多，一种物品可与多种物品相交换。例如，1 只羊不再是偶然的和 2 把石斧进行一次交换，而是可以经常地和 2 把石斧、1 袋粮食、几尺布等很多种物品进行频繁交换，公式化表示即为：

$$\text{1 只羊}\begin{cases}=\text{2 把石斧}\\=\text{10 尺布}\\=\text{15 斤米}\\=\cdots\cdots\end{cases}$$

3．一般等价物作为媒介的交换

物物交换往往颇费周折，如果甲需要乙的商品，乙却不需要甲的商品，两人就不能成交。这个缺点也随着商品交换范围的扩大而日益明显，经济学家萨缪尔森对没有货币交易的评价是：除非一个饿着肚子的裁缝恰巧找到一个持有食物而又想买条裤子的农夫，否则双方便不能成交。于是，在交换的过程中，人们就习惯用某种大家都比较容易接受的商品来充当商品交换的“中间人”的角色。这种“中间人”称为“一般等价物”。

一般等价物就是从其他商品中分离出来的，可以和其他一切商品相交换并表现其他一切商品价值的商品。

$$\left.\begin{array}{r}\text{2 把石斧}=\\\text{10 尺布}=\\\text{15 斤米}=\\\cdots\cdots=\end{array}\right\}\text{1 只羊}$$

4．一般等价物固定在金银上——货币产生

一般等价物由什么商品来充当，在各地区不同，在同一个地区的不同时期也不同。在历史上，牲畜、布帛、贝壳、粮食、食盐等都充当过一般等价物。

想一想

- 我国最早充当一般等价物的商品之一是贝壳，许多与商品交换有关的汉字，都有贝字作部首，如货、赔、赚、贩、购等。你能列举几个这样的文字呢？

许多充当一般等价物的商品本身存在着难以克服的缺点。

一般等价物既然作为交换媒介，就需要长久地流通，要经过无数人的手，有些人还把一般等价物作为储藏手段，长期保存，以备不时之需，而布帛、粮食、茶砖、可可等缺乏这种性能。

再如羊与羊之间有大小肥瘦之分，粮食与粮食、皮毛与皮毛之间也有质的差别，就是海贝、龟板也有大小不等的区别。如果用羊作为一般等价物换盐，至少要买值一头羊的盐，因为羊是不能任意分割的，如果一分割，活羊就成了死羊，而且羊的每一部分肉的品质也是不同的，布匹、皮革同样如此。海贝也不能一分为二，分开后就会失去其原来的价值，所以文字学家才创造了“分贝”为“贫”这个字。而金属可以任意分割，只要质量相等，它们的价值就相等，用其来表示商品量的多少既准确又方便，如果需要，还可以把小块金属熔化，重新铸成大块，恢复原先的形状。

正因为金属具有多种优点，当人们选择金属作为一般等价物时，一般等价物就相对稳定了。

一般等价物固定在金银上，是金银自身的自然属性决定的，即金银有许多适宜固定充当一般等价物的特征：体积小、价值大、便于携带、久藏不坏、质地均匀和容易分割等。所以，固定充当一般等价物的重任就自然落在了黄金、白银身上，金银一旦固定地充当一般等价物，货币就产生了。

$$\left.\begin{array}{r}\text{2 把石斧=}\\ \text{10 尺布=}\\ \text{15 斤米=}\\ \text{……=}\end{array}\right\}\text{1 克黄金}$$

（二）货币的本质

从货币的产生过程可以看出，货币是商品交换长期发展的产物；货币是从商品中分离出来，且固定地充当一般等价物的商品。

货币的本质就是一般等价物。

案例 5-2

战俘营里的货币

第二次世界大战期间，在纳粹的战俘集中营中流通着一种特殊的商品货币：香烟。当时的红十字会设法向战俘营提供了各种人道主义物品，如食物、衣服、香烟等。由于数量有限，这些物品只能根据某种平均主义的原则在战俘之间进行分配，而无法顾及每个战俘的特定偏好。但是人与人之间的偏好显然是有所不同的，有人喜欢巧克力，有人喜欢奶酪，还有人则可能更想得到一包香烟。因此这种分配显然是缺乏效率的，战俘们有进行交换的需要。但是即便在战俘营这样一个狭小的范围内，物物交换也显得非常不方便，因为它要求交易双方恰巧都想要对方的东西，也就是所谓的需求的双重巧合。为了使交换能够更加顺利地进行，需要有充当交易媒介的商品，即货币。那么，在战俘营中，究竟哪一种物品适合作为交易媒介呢？许多战俘营都不约而同地选择香烟来扮演这一角色。战俘们用香烟来进行计价和交易，如一根香肠值10根香烟，一件衬衣值80根香烟，替别人洗一件衣服则可以换得两根香烟。有了这样一种记账单位和交易媒介之后，战俘之间的交换就方便多了。

想一想

➢ 为什么香烟能成为战俘营中的“货币”呢？

分析：香烟之所以会成为战俘营中流行的“货币”，是和它自身的特点分不开的。它容易标准化，而且具有可分性，同时也不易变质，这些特点正和“货币”的要求一致。当然，并不是所有的战俘都吸烟，但是，只要香烟成了一种通用的交易媒介，用它可以换到自己想要的东西，自己吸不吸烟又有什么关系呢？我们现在愿意接受别人付给我们的钞票，也并不是因为我们对这些钞票本身有什么偏好，而仅仅是因为我们相信，当我们用它来买东西时，别人也愿意接受。

资料来源：https://wenku.baidu.com/view/b431c760effdc8d376eeaead1f34693daef1038.html

二、货币形式的演变

货币的形式是随着商品交换和商品经济的发展而不断变化和发展的，通常根据币材的变化来划分货币的形式。一般来讲，理想的货币条件：一是普遍可接受；二是易于分割，方便找零和大额支付；三是易于保存；四是体小价大，便于携带。

（一）实物货币

实物货币是指以某些物品来充当货币。在中国，大致在新石器时代晚期开始出现牲畜、龟背、农具等实物货币。夏商周时期是中国实物货币发展的鼎盛期，同时也是衰落期，这一时期的实物货币主要由布帛、天然贝壳等来充当。在世界历史上，牲畜（牛、羊和狗等）、贝壳和动物的牙齿及兽角、毛皮、盐巴、特殊的石块等都曾经先后充当过货币。荷马史诗中，经常用牛标示物品的价值；马可波罗游记中记载，中国吐蕃地区用盐块作为货币。

（二）金属货币

以金属（如铜、银、金等）作为材料的货币称为金属货币，如图5-1所示。

货币金属最初是贱金属，多数国家和地区使用的是铜。随着贵金属的开采和冶炼技术的提高，币材由铜向银和金过渡。

金属货币经历了从称量货币到铸币的演变。金属货币最初是以条块状流通的，每次交易时要称其质量估其成色，这时的货币称作称量货币。后来国家凭借政治权力，在货币金属上打上印记，规定质量和成色，铸成一定形状的货币，即铸币。

图 5-1　金属货币

（三）代用货币

代用货币通常作为可流通的金融货币的收据，一般指由政府或银行发行的纸币或银行券，代替金属货币加入流通领域中。代用货币虽然在市场上流通，作为交易媒介，但背后有充足的金银货币或等值的金银条（块）作为保证，代用货币持有者有权随时到政府或银行将其兑换为金银货币。因此，代用货币本身的价值虽然低于其面值，但是公众持有代用货币等于具有实质货币的要求权。

代用货币较金属货币的优越性主要有：

（1）成本低廉，印刷纸币的成本比铸造金属货币的成本要低。

（2）便于节省稀有金属，避免了金属货币在流通中的磨损。

（3）更易于携带和运输，克服了运送金属货币的成本与风险。

代用货币也存在一些缺点，如易损坏、易伪造等。

知识链接

代用货币最早出现在我国北宋年间。据《宋史》记载，当时四川地区商业发达，贸易往来频繁，原来使用的铁钱体积大，价值小，流通不方便，于是用树皮纸做成货币，即“交子”。交子的性质相当于存款收据，可以兑现，也可以流通，后来由于发行人的破产而无法兑现，于是改由政府发行。纸币在中国的广泛使用是在元朝。元、明、清三个朝代都发行过“宝钞”，因此，我国又把纸币叫作“钞票”。“交子”不但是我国最早的纸币，也是世界上最早的纸币。后来我国的纸币制度传入波斯、印度、日本等国家。纸币取代铸币是货币形式发生的第一次标志性变革。

（四）信用货币

从本质上讲，早期的代用货币实际上是代表一定金银数量的票据。随着代用货币的广泛使用，一部分货币在流通领域中沉淀下来，足值的金属准备开始变为部分准备方式，一些银行尝试超过其金属准备发行代用货币，可仍满足不了商品生产和交换的需要，最后演变为与贵金属脱钩，与贵金属脱钩后的代用货币就演化为信用货币。

信用货币是指由国家法律规定的、强制流通的、不以任何贵金属为基础的独立发挥货币职能的货币。目前，世界各国发行的货币基本上都属于信用货币。现代信用货币的主要存在形式是现金和银行存款。

信用货币具有以下特征：

（1）信用货币是货币的价值符号，与黄金已经完全脱离。

（2）信用货币是债务货币。

（3）信用货币具有强制性。

（4）国家对信用货币进行控制和管理。

议一议

➢ 人民币、美元是信用货币吗，为什么？

（五）电子货币

电子货币是指在零售支付机制中，通过销售终端、电子设备及网络执行支付的“储值”或“预付支付机制”。电子货币除具有货币的一般属性外，还具有一些特殊属性，主要体现在两个方面：发行主体的多元化；形态上的超物化。

三、货币的职能

（一）价值尺度

当货币表现和衡量其他商品的价值时，把各种商品的价值表现在一定量的货币上即价格上，它就执行着价值尺度职能。货币在执行价值尺度的职能时，并不需要有现实的货币，只需要是观念上的货币，如超市的冰激凌价格，标签标价每支 3.50 元。价值尺度职能是货币的最基本、最重要的职能。

（二）流通手段

在商品交换过程中，商品卖方把商品转化为货币，然后用货币去购买商品，在这里，货币发挥交换媒介的作用，执行流通手段的职能。以货币为媒介的商品交换就是商品流通，它由商品变为货币和由货币变为商品两个过程组成。货币作为流通手段时必须使用现实的货币，一手交钱一手交货，如在超市付现金 3.50 元购买一个冰激凌。流通手段也是货币的基本职能。

（三）储藏手段

储藏手段指货币退出流通领域充当独立的价值形式和社会财富的一般代表而储存起来的一种职能。货币能够执行储藏手段的职能，是因为它是一般等价物，可以用来购买一切商品，因而货币储藏就有必要了。

（四）支付手段

支付手段指货币作为独立的价值形式而进行的单方面转移，如清偿债务、缴纳税款、支付工资和租金等时所执行的职能。货币作为支付手段，开始是由商品的赊购、预付引起的，买方和卖方的关系不是简单的买卖关系，而是一种债权债务关系。在货币作为支付手段的职能中，产生了信用工具，如银行券、期票、汇票、支票等，货币作为支付手段的职能越来越大。

（五）世界货币

由于国际贸易的发生和发展，货币流通超出一国的范围，在世界市场上发挥作用，于是货币便有了世界货币的职能。世界货币的职能有：

（1）充当一般购买手段。

（2）作为一般支付手段，用以平衡国际贸易的差额，如偿付国际债务、支付利息等。

（3）充当国际间财富转移的手段，如支付战争赔款、输出货币资本等。

在当代，世界货币的主要职能是作为国际支付手段，用以平衡国际收支的差额。

议一议

➤ 下列现象体现了货币的哪种职能？

① 某手机在商场标价 2 999 元。

② 赵明花 2 999 元买了这款手机。

③ 赵明打算买这款手机，但选择的是分期付款。

④ 赵明没有买这款手机，而是把 2 999 元存入了银行。

⑤ 赵明用美元买这款手机。

⑥ 赵明领取一月份工资 3 500 元。

⑦ 张东欠赵明的 1 000 元已经还了。

四、货币制度

（一）货币制度及其构成要素

货币制度是国家以法律形式确定的货币流通的结构和组织形式。完善的货币制度能够保证货币和货币流通的稳定，保障货币正常发挥各项职能。货币制度一般包括以下内容。

1. 币材

货币材料简称币材，是指国家规定本国货币采用哪种或哪几种材料制成。币材的确定构成了货币制度的根本，不同币材所形成的不同货币制度有着各自不同的特点。在金属货币流通时，哪种或哪几种商品一旦被规定为币材，即称该货币制度为该种或该几种商品的本位制，如以金为币材时称为金本位，等等。

2. 货币单位

规定货币单位，即规定货币单位的名称和货币单位的“值”。多数国家货币单位的名称往往就是该国货币的名称。例如，美国的货币单位名称为“美元”；英国的货币单位名称是“英镑”；日本的货币单位名称为“日元”；我国有些特殊，货币的名称是“人民币”，货币单位的名称是“元”。

3．本位币（主币）和辅币

本位币就是主币，是一国货币制度中的基本通货，它是国家法定的计价、结算货币单位。主币的最小规格通常是 1 个货币单位，如 1 美元、1 英镑等。本位币具有无限清偿能力，在商品交易和一切经济交往中，每次支付的金额无论大小，用主币支付时，收款人都不能拒绝接受，主币在一国经济生活中起主导作用。

辅币，即辅助货币，是本位币单位以下的小额货币，是本位币的等分，其面值多为货币单位的 1%、2%、5%、10%、20%、50%几种，主要解决商品流通中不足 1 个货币单位的小额货币支付问题，供日常零星交易或找零之用。辅币有金属铸造的硬币，也有纸制的纸币。

4．货币发行准备制度

货币发行准备制度是指在货币发行时须以某种金属或某几种形式的资产作为其发行货币的准备。在金属货币制度下，货币发行以贵金属金或银作为准备；在现代信用货币制度下，货币发行的准备制度已经与贵金属脱钩，多数国家都以资产（主要是外汇资产）作为准备，也有的国家以物资作为准备，还有些国家的货币发行采取与某个国家的货币直接挂钩的方式，盯住美元、法郎或英镑等。

知识链接

英国以前的主币、辅币之间的比例关系与改革

英国货币的主币是英镑，辅币原有先令和便士两种，这些货币起源很早。英国这几种货币单位之间的比价，长期以来一直是 1 英镑=20 先令，1 先令=12 便士，即 1 英镑=240 便士。1971 年 2 月 15 日，政府宣布了一项关于货币的重大改革，规定 1 英镑=100 便士，几百年来沿用的先令随着这次改革而不再使用了。英国 1971 年的这次货币改革，是将原来的“三进制”改为“二进制”，实行国际通用的百位进制关系，取消了先令这一中间环节，简化了辅币的进位层次。

想一想

➢ 我国的货币名称、货币单位、主币、辅币是什么？

（二）货币制度的演变

货币制度存在两大类型——金属货币制度和不兑现信用货币制度。历史上金属货币制度占统治地位，有几千年的历史，尽管不同的国家在不同的时期有不同的货币制度，但共同的趋势是：货币制度与相应的经济发展水平和阶段相适应；随着经济的发展，逐渐摆脱金属货币（特别是贵金属货币）的束缚。目前，世界上主要国家都采用信用货币制度。

货币制度演变的基本形式是：银本位制——金银复位制——金本位制——不兑现的信用

货币制度。

1. 银本位制

这是最早的金属货币制度之一。以白银为本位币，银币为无限法偿货币，具有强制流通的能力，银币可以自由铸造、自由熔化，许多国家都实行过银本位制。但白银在货币史上的地位远不如黄金重要。

知识链接

我国用白银作为货币的时间很长，唐宋时期白银普遍流通，金、元、明时期确立了银两制度，白银是法定的主币。清宣统二年（1910 年）4 月清政府颁布了《币制则例》，宣布实行银本位制，实际是银圆和银两并行。1933 年 4 月国民党政府“废两改元”，颁布《银本位铸造条例》，同年 11 月实行法币改革，在我国废止了银本位制。

2. 金银复本位制

这是金、银两种铸币同时作为本位币的货币制度。在这种制度下，黄金、白银都可以自由铸造为金币和银币，二者都有无限法偿能力。金银复本位制在资本主义早期成为典型的货币制度与当时商品经济发展的客观情况有关，随着经济的进一步发展，这种货币制度被金本位制所取代。

知识链接

法国实行复本位制时，国内黄金和白银的铸造比例是 15.5:1，人们可以用 15.5 个单位的白银换取 1 个单位的黄金。但国外用 1 个单位的黄金却可以换取 16 个单位的白银，于是套利者纷纷进口 15.5 个单位的白银，然后在法国境内换成 1 个单位的黄金，再将其出口换成 16 个单位的白银。不考虑交易成本，通过套利不仅收回了投资，还额外获得了半个单位的白银。套利者输入白银，输出黄金，直到这个国家的金币全部输出到国外为止。

3. 金本位制

金本位制是指以黄金作为本位货币的货币制度，主要分为三种形式：金币本位制、金块本位制、金汇兑本位制。

金币本位制是以黄金为货币金属的一种典型的金本位制。单位货币规定为一定数量、一定成色的黄金，发行并流通于市场的是金币。金币有法定含金量，有无限法偿能力，大众可以无限制地提出请求用黄金铸造金币，只需负担少许铸造费用即可，并可无限制地熔毁金币，黄金可以自由输出/输入。

金块本位制是指没有金币的铸造和流通，而由中央银行发行以金块为准备的纸币流通的货币制度。其主要特点：纸币和银行券作为流通货币，不再铸造流通金币；规定纸币或银行券的含金量；纸币和银行券可以兑换为黄金，允许居民持有本位币的含金量达到一定数额后兑换金块；规定政府集中黄金储备。

金汇兑本位制又称虚金本位制。有些国家虽欲采取金币本位制或金块本位制，但苦于缺乏足够的黄金，该国将本国的货币单位与黄金固定联系，但不直接兑换黄金，而是可以直接兑换成某种可以兑换黄金的外国货币，然后以该国货币兑换该国黄金。具体地讲，它具有以下内容：规定纸币含金量，但不铸造金币，也不直接兑换黄金；确定本国货币单位与另一国的货币单位的固定比价，该国实行金币本位制或金块本位制，且经济发达。第二次世界大战结束以后，以美元为中心的布雷顿森林体系属于国际范围内的金汇兑本位制。

知识链接

布雷顿森林体系是指各国政府将本币与美元挂钩制定兑换比率，美元与黄金之间固定兑换比率的货币制度，从而使各国货币与黄金间接挂钩。在布雷顿森林体系下，美元相对于其他成员国货币处于等价于黄金的关键地位，因此，布雷顿森林体系又称为以美元为中心的国际货币制度。

金块本位制及金汇兑本位制都是不完善的金本位制。没有金币流通，不能自由兑换，货币发行受汇率影响和牵制，这些都削弱了金本位制，使其很不稳定。这种脆弱的制度经过 1929—1933 年的世界经济危机，终于全部瓦解。

议一议

➢ 黄金为什么会退出货币历史舞台？

4. 不兑现的信用货币制度

1929—1933 年经济危机之后，世界各国普遍实行了信用货币制度。在此制度下各国主要货币为中央银行发行的纸制的信用货币，这种纸质的信用货币是国家强制流通的价值符号，具有无限法偿能力。纸币本身没有价值，它代替金、银币执行货币职能。纸币不与任何金属保持固定联系，不能与任何金属币兑换，且其发行不以金、银作为保证，也不受金、银数量的限制，它主要由现金和银行存款构成。

（三）我国的货币制度

我国实行纸币流通制度，法定货币是人民币，人民币的主币单位为“元”，辅币单位为“角”“分”。1 元等于 10 角，1 角等于 10 分。

中国人民银行是人民币的主管机关，负责人民币的设计、印制和发行。人民币以¥为符号，取“元”的汉语拼音的第一个字母加两横而成。

人民币是不兑现的信用货币，不规定含金量。作为信用货币，在流通中起一般等价物的作用。

严禁伪造人民币和发行各种变相货币，违者予以法律制裁。

不准外币计价流通和私自买卖，国家按牌价兑换人民币，外币持有者可在国家银行办理外币存款。

知识拓展

中国历史上，自秦始皇统一中国以后，才真正统一了货币制度。但是这种统一只是货币单位的统一，货币铸造权和发行权并没有真正统一。秦统一币制的命令，可视为中国最早的货币立法。这种币制，属于什么本位，争论很大。因为此时的钱仍以金属铜的质量为单位，即“两”。值得一提的是，秦统一货币制度，对货币的形态进行改造和定型，即用圜钱统一刀、布、贝币等，这就是著名的外圆内方孔钱，这种货币形式曾影响过邻国，如日本、朝鲜、越南、印尼和缅甸都曾流通过。最重要的是秦半两钱的形态直到清朝仍在沿用。因为钱有方孔，所以，历史上称钱为“孔方兄”。

任务检测

1. 知识检测

（1）判断题

① 企业缴纳税款，体现了货币的支付手段职能。（　）

② 人民币制度是不兑现的信用货币制度。（　　）

③ 最早的货币形式是金属铸币。（　　）

（2）单项选择题

① 货币在（　　）时执行价值尺度职能。

A．商品买卖　　B．缴纳租金

C．支付工资　　D．给商品标价时

② 货币在（　　）时执行储藏手段的职能。

A．支付水电费　　B．购买商品

C．表现和衡量商品价值　　D．准备用于明年的购买

③ 目前世界各国实行的是（　　）。

A．银本位制　　B．金本位制

C．金银复本位制　　D．不兑现信用货币制度

（3）多项选择题

① 现代信用货币包括（　　）。

A．银行贷款　　B．商业合同　　C．国库券　　D．现金

E．银行存款

② 货币发挥支付手段的职能表现在（　　）。

A．税款缴纳　　B．贷款发放　　C．工资发放　　D．商品赊销

③ 货币的两个基本职能是（　　）。

A．流通手段　　B．支付手段　　C．储藏手段　　D．价值尺度

2. 探讨和交流

查一查世界主要国家货币的概况。

第三节 信用与信用形式

情景导入

全国首张个人征信牌照为诚信社会护航

2018年2月22日，中国人民银行在官网发布了一份“设立经营个人征信业务的机构许可信息公示表”，该公示表显示，百行征信有限公司（下称“信联”）申请设立个人征信机构已获得许可。信联将与央行征信系统形成交叉互补，打破数据孤岛，有效遏制多头借贷的发生。

目前，公众所熟知的个人征信系统，面向银行等传统金融机构提供公民个人信用记录的查询等服务，而信联主要为传统金融机构体系外的类金融机构提供征信数据，如一些民间借贷、消费公司或电商平台支付交易数据，信联的出现更好地整合了这些信息，与央行征信系统形成交叉互补。

信联的出现就是打破信息孤岛，让信用不好的人无论走到哪里，只要所有的不良记录就无法隐藏，这将避免现在现金贷平台诈骗借贷和多头借贷等乱象。这样一来，未来一个人在金融市场上所有的不良记录都将被记录在案。今后不管是向传统的银行贷款，还是向社会上的信贷公司、网络上的网贷平台进行贷款，或是做生意，甚至是谈恋爱，都可能会被生意对象、恋爱中的情侣查询到自己的信用分值，然后作为生意及感情是否持续的参考和依据。毕竟不管是在商场还是情场，都没有人愿意和一个具有不良信用记录的人打交道。

来源：东方网

想一想

➢ 什么是信用？什么是信用记录？

知识准备

一、信用

（一）信用的含义

从经济意义上看，信用是一种以偿还本金或商品并支付利息的借贷行为。偿还性和付息性是信用活动的基本特征，货币或商品的所有者将其货币或商品暂时转让给别人使用，借贷双方约定期限，按期归还，并由借方支付给贷方一定利息。

例如，李某因购车与A银行签订了借款合同，申请到了两年期的贷款10万元，年利率5.6%。两年后李某一次性偿还本息合计11.12万元。

（二）信用的构成要素

1．债权人和债务人

信用关系是一种债权和债务关系，至少具备两方当事人：债权人和债务人。债权人为授信人，是贷出物品或货币资金的一方；债务人为受信人，是接受物品或货币资金的一方。债权人通过授信取得一定的权利，即在一定时间内向债务人收回一定量货币和其他资产与服务的权利，而债务人则有偿还的义务。

➢ 上例中，谁是债权人？谁是债务人？

2．一定的时间间隔

信用交易需要一定的期限。一手交钱一手交货的商品交易不是信用交易。信用交易存在时间间隔，即借贷期限，期限越长，利息越多。

➢ 上例中，借贷期限为多久？

3．信用工具

无信用工具即无凭证。口头协议尽管简便、灵活，但容易引起争端，安全性较差，难以维护债权人的权利。因此，信用关系应以正式的书面凭证（信用工具）为依据。信用工具是表明权利义务关系的信用契约或书面凭证，是不同类型信用的重要表现形式，是信用关系的载体，如商业票据、银行票据、债券、协议或合同等。

➢ 上例中，信用工具是什么？

（三）信用的基本特征

1．信用以互相信任为基础

借贷双方的相互信任构成了信用关系的基础。如果借贷双方互不信任或出现信任危机，信用关系就不会发生，即使发生了，也不会长久维持下去。

2．信用以偿还本金支付利息为条件

信用资金的借贷不是无偿的，而是以偿还本金支付利息为条件。信用关系一旦建立，债务人就要承担还本付息的义务，债权人有按时收入本息的权利。而且利息的多少与本金数额大小及信用期限的长短密切相关，一般来说，本金越大，期限越长，需要支付的利息越多。

3．信用活动具有风险性

信用活动的风险性是指债务人到期不能按期足额归还债权人的本金和利息的可能性。债权人到期能否收回本金，在很大程度上取决于债务人的信誉和能力、国家法律制度的完善程度及社会道德规范，从而具有很大的不确定性。

知识链接

人类最早的高利贷信用

高利贷产生于原始社会末期。在奴隶社会和封建社会，它是信用的基本形式。

在古代的高利贷中，借钱10 000元，只能得到9 000元，但还款时要支付13 000元。

“驴打滚”多在放高利贷者和农民之间进行。借贷期限一般为1个月，到期不还，利息翻番，并将利息计入下月本金。依此类推，本金逐月增加，利息逐月成倍增长，像驴打滚一样。往往借几百元，过了一年半载才还，连本带利可能要还几万元。

“羊羔息”就是借一还二，如年初借100元，年末还200元。

二、信用形式

借贷关系特征的表现形式就是信用形式。按照在借贷关系中借方与贷方的不同，现代信用的主要形式有商业信用、银行信用、国家信用、消费信用、国际信用、租赁信用等。

（一）商业信用

商业信用是企业之间在买卖商品时，以延期付款或预付货款的形式提供的信用。它是以商品形态提供的信用，包括赊销赊购、分期付款、预付货款等多种不同的形式。它的主要工具是商业票据。

商业信用始终与商品交易相伴随，具有如下特点：

（1）商业信用的主体是工商企业，其债权人和债务人都是企业。

（2）商业信用是以商品形态提供的信用。

（3）商业信用同时包含买卖行为和信贷行为。

（4）商业信用期限比较短，只适用于短期借贷。

对授信的企业来说，顺利地实现了商品的销售；对受信的企业来说，解决了资金不足的困难。

想一想

某企业生产的手机要进入市场销售，而经销此产品的零售商因缺少资金而无法进行即期交易，企业决定将手机赊销给零售商，三个月后，零售商交付货款。

➢ 你能说一个商业信用的例子吗？

➢ 赊销商品、预付货款中的债权债务关系有什么不同？

（二）银行信用

银行信用是指银行及其他金融机构以货币形式，通过存款、贷款等业务提供的信用。它是现代信用经济中的重要形式，是在商业信用基础上产生并发展起来的，克服了商业信用的局限性。

银行信用具有以下特点：

（1）银行是银行信用的主要债权人，但债权人也包括其他金融机构；债务人主要是从事商品生产和流通的工商企业和个人。

（2）银行信用是以货币形态提供的。这一特点使得银行信用克服了商业信用在规模上、数量上和方向上的限制。银行信用的能力大大提高，作用范围也扩大了。

（3）银行信用具有期限上的灵活性。银行放贷的资金有短期、中期和长期等不同的期限，既可满足需求者短期的周转性资金需求，也可为企业或个人需要长期资金提供信用支持，这就克服了商业信用短期性的局限，从而具有期限上的灵活性。

（4）银行信用具有成本低、风险小的优势。

基于以上特点和优势，银行信用成为现代信用的主要形式。尽管如此，银行信用并不能完全代替商业信用，商业信用仍然是现代信用的基础。

（三）国家信用

国家信用是指以国家和地方政府为债务人而形成的一种信用形式。国家信用包括国内信用和国外信用两种。国家信用又称公共信用制度，是一种古老的信用形式，伴随着国家机器的形成或政府财政赤字的发生而产生。

国家信用具有以下特点：

（1）国家信用是以政府作为债务人的信用。国家信用的主体是中央政府、地方政府或政府机构，政府以债务人身份向国内外的经济主体发行政府债券，筹集财政资金，这时购买政府债券的债权人是全社会的经济实体和居民。

（2）国家信用的基本形式是发行政府债券，包括发行国内公债、国外公债、国库券等。债券因为其标准化和市场流通性好而受到国家和各经济主体的青睐，成为国家信用的最基本形式和主要形式。

（3）具有财政和信用双重性。国家信用既属于财政体系的范畴，又属于信用体系的范畴。

（4）用途具有一定的专一性。中长期国债多用于弥补政府预算赤字，所筹措的资金大多用于基础设施、公用事业建设等非生产性支出，还有军费支出和社会福利支出等。国库券多用于弥补财政短期失衡，以及用于中央银行在公开市场上调节货币供应量。

（5）安全性高和信用风险小。国家信用是以政府的信誉作为保证的，还本付息有未来的税收和收益作为来源，信用风险很小或无信用风险。国家债券的信誉好、风险小、流动性强、抵押代用率高，是最受投资者欢迎的金融资产之一，有“金边债券”之称。

国家信用是动员国民收入、弥补财政赤字的重要工具，是筹措中长期建设资金的重要手段，是政府调节经济的重要手段。

知识链接

我国国家信用的最早记载

周赧王五十九年（公元前 256 年），秦国出兵伐赵，并直逼周天子居住的洛阳。消息传来，周赧王又急又怕，最后听从大臣献计，以天子的名义诏令六国共同出兵讨伐秦国。为筹措军费，周赧王采纳大臣的意见，先向国内的商人、地主借了一笔钱，立了字据，说取胜回来连本带利一并归还。结果仗没打起来，周赧王借的钱却用完了。债主要债的时候，周赧王没钱还债，跑又没处跑，只好在城内筑起一座高台，躲到上边，眼不见为净。后人称此台为债台，并有了“债台高筑”的成语，形容欠债极多。

司马迁《史记》记载：“名负责（即债）于民，无以得归，乃上台避之，故周人名其台曰逃责台。”这是目前发现有资料记载最早的公债。

（四）消费信用

消费信用是指工商企业或金融机构向消费者个人提供的、用于满足其生活消费需要的信用。

现代经济中的消费信用与商品（特别是耐用消费品）的销售息息相关。消费信用的产生和发展是社会经济发展和人们消费水平提高的客观要求。随着人们生活水平的不断提高，价格比较高的商品（如住房、汽车、耐用消费品等）逐步进入人们生活必需品的行列，然而对于那些当前收入水平或财富水平不够高的家庭或个人来说，很难一次性付款购买这些价格高的消费品，于是消费信用就产生了。

消费信用方式一般有三种：赊销、分期付款、消费信贷。

赊销是凭信用先购物或享受劳务，当时记账，以后付款。

分期付款是商家向消费者提供的信用。

消费信贷是银行向消费者提供的信用，包括信用贷款和抵押贷款。信用贷款无须抵押品，而抵押贷款通常需要由消费者将其所购买的商品或其他商品作为担保品。

消费信用能启动新的消费热点，提高人们的生活质量；拓展银行的经营空间；促进消费品的生产和销售，进而促进经济增长；但也使消费者提前动用未来的收入，在一定条件下，会导致消费需求过高，制造虚假繁荣，其过度膨胀必然推动通货膨胀。因此，应对消费信用加以适当的控制和引导。

（五）国际信用

国际信用是指国际间相互提供的信用。

（1）国际商业信用：出口商以延期付款方式向进口商提供的信用。

（2）国际银行信用：进口国和出口国双方银行为进出口商提供的信用。其主要形式是出口信贷。

（3）国际间政府信用：国家政府间相互提供的信用。一般由政府和财政部门进行借贷，利率较低，期限较长，条件较优惠，具有友好往来的性质，但个别附有政治条件。

（4）国际金融机构信用：全球性或区域性国际金融机构为其成员国所提供的信用。国际金融机构贷款一般期限较长、利率较低、条件优惠，但审查较严格，它一般用于成员国弥补暂时性国际收支不平衡、基础设施建设和经济开发。

（六）租赁信用

租赁信用是指通过出租固定资产而收取租金的一种信用形式。在物品出租期间，物品所有权仍归出租人所有，承租人有使用权。租金一般高于同期银行利息。租赁期满承租人可以继续租赁，或归还所租设备，或作价购买所租设备。

（1）金融租赁：其做法是先由承租人选好所需设备，由租赁公司出资购买，并出租给承租人。

（2）经营租赁：一种以提供租赁设备或工具的短期使用权的租赁形式。经营租赁是一种由出租人提供维修、保养、管理服务，可撤销的、不完全支付的短期租赁形式。

（3）杠杆租赁：其做法是出租人自己承担20%～40%资金，其余部分向银行借入，将购买的设备租给承租人，出租人以出租的设备和租金作为担保向银行取得借款。

知识拓展

个人征信比你想象中的重要得多

某客户向某银行分行申请期限15年、金额50万元的住房贷款一笔。该客户申请资料显示其拥有私家车一辆，具有一定经济实力。经查询发现，该客户在其他银行办理的一笔汽车消费贷款已形成不良贷款，余额为7万元。

银行举措：判定该客户恶意拖欠贷款意图明显，信誉较差，故拒绝了其贷款申请。

个人征信是个人信用的身份证，个人办理信用卡要查询征信，办理贷款要查询征信，买车、买房要查询征信，出国要查询征信等，很多业务都要查询征信。每一笔信用都被记录在内，用来提醒人们保护自己的信用，避免陷入信用危机。

所以个人征信远比你想象中的重要得多。无论你现在是不是需要贷款，在日常生活中都需要小心维护，让诚信成为一种习惯，积极修复负面信用记录。平时日积月累的信用记录在以后的金融活动甚至日常生活中会起到至关重要的作用。

任务检测

1．知识检测

（1）判断题

① 银行信用是现代经济中主要的信用形式。（　　）

② 信用是以偿还本金和付息为基本特征的借贷行为。（　　）

③ 信用关系是一种债权和债务关系。（　　）

（2）单项选择题

① 信用是以偿还本金和支付利息为条件的（　　）行为。

A．贷款　　B．偿还　　C．支付　　D．资金借贷

② 工商企业之间以赊销方式提供的信用是（　　）。

A．商业信用　　B．银行信用　　C．消费信用　　D．国家信用

③ 为消费者提供的、用于满足其消费需求的信用形式是（　　）。

A．商业信用　　B．银行信用　　C．国家信用　　D．消费信用

（3）多项选择题

① 现代信用货币包括（　　）。

A．银行贷款　　B．商业合同　　C．国库券　　D．现金

E．银行存款

② 商业信用是现代信用的基本形式，它是指（　　）。

A．工商企业之间存在的信用

B．银行与企业之间的信用

C．以商品形式提供的信用

D．是买卖行为与借贷行为同时发生的信用

③ 消费信用的主要方式有（　　）。

A．赊销　　B．消费贷款　　C．发行债券　　D．分期付款

2．探讨和交流

查一查美国次贷危机、欧债危机、迪拜危机，说明信用在经济中的作用。

第四节　利息与利率

情景导入

财富秘密——复利的故事

一位国王棋艺高超，从未遇到过敌手，为了找到对手，他颁布了一份诏书，说不管是谁，只要下棋赢了国王，国王就会答应他的一个要求。一个年轻人来到皇宫，要求与国王下棋。

紧张激战后，年轻人赢了国王，国王问这个年轻人要什么奖赏，年轻人说他只要一点小奖赏：就是在他们下棋的棋盘上放上麦子，棋盘的第一个格子中放上一粒麦子，第二个格子中放进前一个格子数量的 2 倍麦子，接下来每一个格子中放的麦子数量都是前一个格子中的 2 倍，一直将棋盘每一个格子都摆满。

国王没有仔细思考，以为要求很小，于是欣然同意了。但很快国王就发现，即使将自己国库中所有的粮食都给他，也不够百分之一。因为从表面上看，年轻人的要求起点十分低，从一粒麦子开始，但是经过很多次的翻倍，迅速变成天文数字。

估计 4 万粒麦子约 1 公斤，换算成吨的话，他需要约 4 611 亿吨麦子，而我国 2017 年粮食产量约为 6.18 亿吨。

这个古老的故事，显示了复利的威力。

想一想

➢ 什么是利息？

知识准备

一、利息

利息是贷者由于借出货币使用权而从借款人那里获得的报酬。利息从属于信用的一个经济范畴，信用关系是利息产生的基础。

例如，李某因购车与A银行签订了借款合同，申请到了两年期的贷款10万元，年利率5.6%。两年后李某一次性偿还本息合计11.12万元。

在例子中，10万元为本金，1.12万元即为利息。

二、利率

利率是利息率的简称，是指一定时期内利息额同借贷资金额（本金）的比率。利率是衡量利息高低的指标。其公式表示如下：

利率=利息额÷本金

利率是一种体系，按照不同的标准可以划分为多种类型。

1. 年利率、月利率、日利率

根据计算利息的期限单位划分，利率可以分为年利率、月利率和日利率。

(1)年利率是以年为时间单位计息，年利率以本金的百分之几表示(%)；如“年息0.36%”。

(2)月利率是以月为时间单位计息，月利率以本金的千分之几表示(‰)；如“月息0.66‰”。

(3)日利率是以日为时间单位计息，日利率以本金的万分之几表示(‱)；如“日息0.2‱”。

习惯上无论是年利率、月利率，还是日利率，通常都以“厘”为计息单位。例如，年息5厘指年利率5%，若称月息5厘指月利率5‰。

小提示

利率换算：

年利率=月利率×12=日利率×360

月利率=日利率×30=年利率÷12

日利率=年利率÷360=月利率÷30

小测试

➢ 年利率为3.6%，月利率是多少？日利率是多少？

2．名义利率、实际利率

按照利率与通货膨胀的关系划分，利率可以分为名义利率、实际利率。

名义利率是以名义货币表示的利率。实际利率是名义利率扣除通货膨胀因素以后的真实利率。判断利率水平高低，必须以实际利率为依据，当通货膨胀率高于名义利率时，实际利率为负数，称为负利率。

实际利率=名义利率−通货膨胀率

案例 5-3

小明是水果批发商，两年前，小明卖了 100 个榴梿，赚得 10 000 元，存入银行定期 2 年，年利率为 5%，两年后存款到期，小明将共计 11 000 元的本息取出用于购进榴梿，这时，他发现 11 000 元只能买到 99 个榴梿。为什么小明将 1 万元存了整整两年，到头来却亏损了一个榴梿？

案例中，5%的利率实为名义利率，是账面上的利率，没有扣除通货膨胀率，扣除后，就是实际利率。在现实生活中，物价有涨有跌，小明之所以亏损了一个榴梿，就是因为这两年间榴梿价格上涨厉害。

3．短期利率、长期利率

按照期限划分，利率可以分为短期利率、长期利率。

短期利率是指融资时间在一年以内的利率。长期利率是指融资时间在一年以上的利率。利率高低与金融资产的借贷期限成正比，短期利率一般低于长期利率。

4．固定利率、浮动利率

固定利率是指在整个借款期内都固定不变的利率。固定利率一般适用于借款时间短、市场利率变化不大的借贷活动，如目前银行的定期存款利率是固定利率。

浮动利率是指在借贷期间可随市场利率的变化定期调整的利率。浮动利率一般适用于长期借贷，如房贷利率就是浮动利率。

想一想

- 小明某日存入 1 万元一年期银行定期存款，当时存款利率是 1.9%，存款到期时一年期定期存款利率是 2.2%。小明的存款到期时应以哪种利率计算利息？

三、利息的计算

1．单利

单利是指在计算利息时，不论期限长短，仅按原本金和规定利率计算利息，所生利息不再加入本金重复计算利息的计息方法。计算公式为：

利息=本金×利率×期限

例 1

小明借款 10 000 元，月利率为 3‰，借款期限 7 个月，按单利计息。问到期时小明应还款多少？

还款额=本金+利息= 10 000+10 000×3‰×7 = 10 210（元）

小提示

在计算利息时，应注意利率与借款期限的统一，若借款期限为年，应使用年利率；若借款期限为月，应使用月利率；若借款期限为天，应使用日利率。

2. 复利

复利是指在计算利息额时，按一定期限（如一年）将所生利息加入本金再计算下期利息，逐期滚算的计息方法，俗称利滚利。计算公式为：

$$本利和=本金\times（1+利率）^n \quad （n 为期数）$$

$$利息=本利和-本金$$

例 2

某人借款 10 000 元，如果年利率为 5%，两年到期后归还（期数为 2），按复利计算，到期时借款人应支付的利息为多少？

$$本利和=10\ 000\times(1+5\%)^2 = 11\ 025（元）$$

$$利息=11\ 025-10\ 000 = 1\ 025（元）$$

例 3

某人借款 10 000 元，如果年利率为 5%，5 年到期后归还，分别按单利和复利计算，比较到期时借款人应支付的利息。

$$单利利息 = 10\ 000\times5\%\times5 = 2\ 500（元）$$

$$复利利息 = 10\ 000\times(1+5\%)^5-10\ 000 =2\ 762.82（元）$$

知识链接

目前，银行的利息结算方式为少数是复利，大部分实行的都是单利。

我国银行活期储蓄存款每季度结息一次，结息日为每季度末月 20 日，利息并入本金起息，因此活期储蓄存款计息带有复利性质。

各项贷款按单利结息，在贷款期内不能按期支付的利息，计收复利，复利不是针对贷款本金收取的，而是针对利息收取的。

信用卡（贷记卡）透支按月计收复利，透支利率为日利率的万分之五，并根据中国人民银行此项利率的调整而调整。

小测试

➢ 小明家有 10 000 元钱，准备存入银行，爸爸要存三年期（年利率 2.75%），妈妈要存一年期（年利率 1.75%），并在每年到期时将本息续存一年期定期储蓄，这样共存三年。两人意见不统一，小明经过计算比较选择了一种更有利的方式。

比较哪种方式更有利？利息差额是多少？

四、影响利率的因素

1. 平均利润率（正相关）

决定利率的基本因素是平均利润率。从整个社会考察，在资本量一定时，平均利润率越高，利润总额越大，借贷双方可分割的总额越大，则利率越高。同时，平均利润率越高，投入生产和流通领域的资本量增大，借贷资本需求增大，使利率上升。在利润总量一定时，利率越高，贷者分割的利润越多。因此，平均利润率是利率水平的最高界限。

2. 借贷成本

银行的借贷成本主要有两部分：一是银行吸收存款或发行债券所支付的利息；二是业务费用。银行经营是为了取得营利，因此，从理论上讲，银行的存款利息支出与吸收存款业务费用之和必须小于贷款利息收入，否则就无利可图。

3. 资金供求状况

在平均利润率一定的情况下，决定利率高低的重要因素是借者和贷者之间的竞争。竞争的结果是由借贷资本供求状况决定的，若借贷资本的供给大于需求，则利率下降；若借贷资本的需求大于供给，则利率上升。

4. 借贷期限（正相关）

借贷资本使用时间的价格是利息，在一般情况下，借贷期限越短，贷者成本越低、风险越小，借者创造的可分割的利润越少，利率应该越低；反之，利率就越高。

5. 借贷风险（正相关）

借贷活动中存在借者到期不能还本付息的风险，为了弥补借贷风险发生后给贷者造成的损失，贷者在确定利率时必须考虑风险因素。贷款风险越小，利率越低；反之，则利率越高。

6．国家宏观经济政策

当前，世界各国普遍实行国家干预经济的政策，国家管理经济的重要工具是利率，国家宏观经济政策对利率具有重要影响。当经济衰退、商品过剩、价格下降时，国家就要实行扩张的货币政策，降低利率；当经济增长过热、物价上涨过快时，国家就要实行紧缩的货币政策，提高利率。

7．国际利率水平

国际利率水平对国内利率有重要影响。

（1）国际资本流动影响利率水平。当国内利率水平低于国际利率水平时，外国资本就会向国外流动；反之国内资本就会流向国内。国际资本流动会引起货币市场上资金供求变化，因而，必然引起国内利率水平的变化。

（2）利率变动会影响国际收支，影响本国通货的对外价值，进而影响本国的对外贸易。所以，一国政府在调整国内利率时，必须考虑国际利率水平。

任务检测

1．知识检测

（1）判断题

① 在通货膨胀条件下，实行固定利率会给债务人造成较大的经济损失。（　　）

② 一笔为期 5 年、年利率为 6%的 10 万元贷款，用单利计算法计算的到期本利和是 130 000 元。（　　）

③ 一般来说，长期利率比短期利率高。（　　）

（2）单项选择题

① 在利率体系中，实际利率是指（　　）的差额。

A．市场利率与官定利率　　B．存款利率与贷款利率

C．短期利率与长期利率　　D．名义利率与通货膨胀率

② 年息 6 厘、月息 4 厘、日息 2 厘，分别指（　　）。

A．年利率为 6%，月利率为 0.04%，日利率为 0.2%

B．年利率为 0.6%，月利率为 0.4%，日利率为 0.02%

C．年利率为 0.6%，月利率为 0.04%，日利率为 2%

D．年利率为 6%，月利率为 0.4%，日利率为 0.02%

③ 在借贷关系存续期内，利率水平可随市场利率变化的利率是（　　）。

A．固定利率　　B．浮动利率　　C．一般利率　　D．优惠利率

（3）多项选择题

① 从理论上讲，在下列各项中能导致利率降低的因素有（　　）。

A．平均利润率下降　　B．借贷期限延长

C．借贷风险降低　　D．借贷资本需求大于供给

② 考虑到通货膨胀因素的存在，利率可分为（　　）。

A．浮动利率　　B．一般利率　　C．名义利率　　D．实际利率

③ 利率按期限可以分为（　　）。

A．长期利率　　B．短期利率　　C．固定利率　　D．浮动利率

2．探讨和交流

① 一年期存款年利率为 8%，如果三年期存款利息按单利计算（利率是稳定不变的），那么，要使三年期存款有吸引力，利率应高于哪个数？

② 某人于 2016 年 1 月 5 日将 5 万元存入银行，选择了两年期的定期存款，将于 2018 年 1 月份到期。但在 2017 年 1 月 5 日由于急于购买住房，需要资金，鉴于定期存款未到期支取将视同活期存款，会损失很多利息收入，因此决定不将存款取出，而是先向商业银行申请一年期贷款，然后等存款到期时归还。上述决定是否合理？试阐述你的理由。（2016 年 1 月份两年期定期存款利率为 2.1%，2017 年 1 月活期存款利率为 0.35%，2017 年 1 月一年期贷款利率为 4.35%。）

第六章

货币供求与通货膨胀

学习目标

了解货币流通的形式和渠道，掌握货币流通规律。

第一节　货币流通

情景导入

货币过度超发是好事吗

也许，对于每个普通百姓而言，货币都是财富的象征，钱越多就越富有。但对整个经济来说，实体经济创造的资产和价值才是财富之源，而超发的货币不是。

日本已有前车之鉴。日本房产危机的形成主要为货币泛滥。

在20世纪80年代后期，日本货币超发严重，形成一股全民投资狂潮，各种资产价格猛增，1985年以后的4年时间中，东京地区商业土地价格猛涨了2倍，大阪地区猛涨了8倍，两地的住宅价格都上涨了2倍多。市场上资金极其充沛，大量资金并不如政府所希望的那样流入制造业和服务业，而是流入容易吸纳和“见效”的股市、楼市，造成股市、楼市价格双双飙升。然而90年代初，日本狂飙突进的经济泡沫破灭了，随后资产价格暴跌，楼市更是遭受了重创，多少人投资楼市血本无归。之后，日本经济进入大衰退，日本央行无奈实行负利率，企业也不敢贷款扩大生产，攒了钱就还债。

想一想

➢ 应如何确定整个社会经济需要发行的货币量呢？

知识准备

一、货币流通与商品流通

商品流通是指以货币为媒介的商品交换过程，其运动形式为商品—货币—商品。商品流通分为卖的过程（商品—货币）和买的过程（货币—商品）。

货币流通是由商品流通和资金流动引起的、作为流通手段和支付手段的货币运动。

商品流通是货币流通的基础。先有商品流通，后有货币流通，货币流通的前提是商品流通，并为商品流通服务，商品流通的规模越大、速度越快，货币流通的规模也随之越大、速度越快。

货币流通的范围可以超出商品流通的范围，如当货币用于清偿债务、支付工资等时，有货币流通却没有商品流通。

由于货币流通具有相对独立性，因此，它既可以促进商品流通，又能阻碍商品流通。

二、货币流通的形式与渠道

在现代信用货币制度下，货币流通由现金流通与存款货币流通两种形式共同构成。

（一）现金流通

现金流通是以纸币和铸币为流通手段和支付手段所进行的货币收付，主要适用于小额、零散的商品交易和支付。

人民币现金流通是以中国人民银行为中心，通过商业银行和其他金融机构进行的业务活动，经过不同渠道进入流通领域，并经过不同渠道回到各商业银行和其他金融机构，最后流回中国人民银行，退出流通。

人民币现金流通一般经历四个过程，如图 6-1 所示。

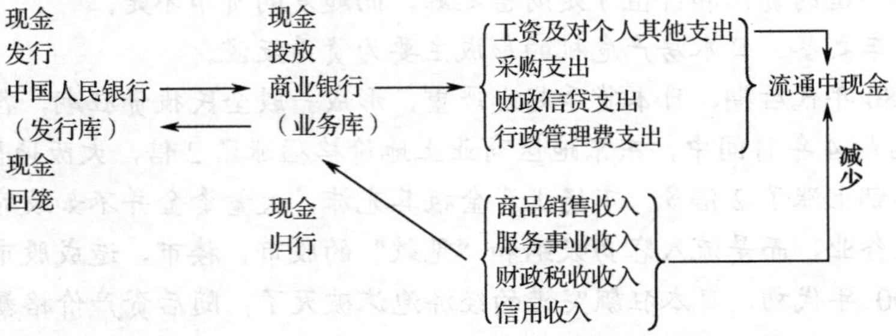

图 6-1　人民币现金流通的程序和渠道

1．现金发行

现金发行是指人民币从中国人民银行现金发行库直接进入商业银行和其他金融机构现金业务库的过程。

2．现金投放

现金投放是指人民币由商业银行和其他金融机构现金业务库通过不同渠道进入流通领域——形成企事业单位库存现金和居民手持现金的过程。现金投放的渠道有：

（1）工资及对个人其他支出（主要渠道）。

（2）采购支出。

（3）财政信贷支出。

（4）行政管理费支出。

3．现金归行

现金归行是指随着企事业单位和个人用现金进行各种支付，流通中的现金又流回商业银行和其他金融机构的过程。现金归行的渠道有：

（1）商品销售收入（主要渠道）。

（2）服务事业收入。

（3）财政税收收入。

（4）信用收入。

4．现金回笼

现金回笼是指商业银行和其他金融机构将超过其业务库存限额的现金送缴中国人民银行发行库的过程。

（二）存款货币流通

存款货币流通又称非现金流通，即银行转账结算引起的货币流通，具体表现为存款人在银行开立存款账户的基础上，通过在银行存款账户上划转款项的办法所进行的货币收付行为。

根据不同经济内容，存款货币流通渠道可分为：

（1）商品价款收付（商品交易结算）。

（2）劳务费用收付（劳务费用结算）。

（3）货币资金拨缴的收付（财政收支结算）。

（4）信贷资金的发放与回收（银行信贷结算）。

在现代信用货币制度下，货币流通是指现金流通与存款货币流通的有机统一。当借款人归还银行贷款时，如果用现金货币归还，则流通中的现金量减少；若用银行存款货币归还，则存款货币将减少。反之，当借款人从银行获得贷款时，若直接提取现金，则流通中的现金增加；若转入借款人在银行的存款账户，则存款货币增加。银行的其他信贷投放和回笼都有同样的规律。所以，银行信贷投放和回笼是存款货币和现金货币流通的总渠道。

三、货币流通规律

货币流通规律又称货币需要量规律，它是指一定时期内一个国家的商品流通过程中客观需要的货币量的规律。

（一）金属货币流通规律

在金属货币流通的情况下，由于金属货币本身具有价值，具有储藏手段的职能，能够自发地调节流通中的货币量，使之同实际需要量相适应，因而不可能出现通货膨胀或通货紧缩。

金属货币流通规律：流通中需要的货币量与待实现的商品价格总额成正比，与同一单位货币平均流通速度成反比。

货币平均流通速度是指单位货币在一定时期内的周转（或实现交换）次数。

例如，1 元货币 1 个月内平均执行 4 次流通手段或支付手段的职能，在这 1 个月中，这个 1 元货币就起了 4 元货币的作用，即流通了 4 次。

再如，在一定时间内，甲用 10 元向乙购买花生，乙用这 10 元向丙买布，丙又用它向丁购买衣服，这 10 元货币在一定时间内实现了 30 元的商品价值，其流通速度是 3 次。

作为流通手段的货币需要量=商品价格总额/同一单位货币平均流通次数

又如，在一定时期内待售商品价格总额为 600 万元，货币流通速度为 6 次，则执行流通手段职能时的货币量为 600/6=100 万元。如果货币流通速度加快到 10 次，则执行流通手段职能时的货币量为 600/10=60 万元。

货币除执行流通手段职能外，还执行支付手段的职能，于是便发生了赊购赊销、延期支付等情况，从而引起货币需要量的变化：赊销方式买卖商品并不需要货币，但赊销商品到期需要偿付货币，在到期要偿付的货币中，有些债权债务可以相互抵消，只需支付抵消后的差额。

作为流通手段和支付手段的货币需要量=（待销售商品价格总额-赊销商品价格总额+到期的支付总额-相互抵消的支付总额）/作为流通手段和支付手段的同一单位货币平均流通速度

设在一定时期内待销商品价格总额为 600 万元，赊销商品价格总额为 30 万元，到期应支付的总额为 10 万元，相互冲销的支付总额为 40 万元，货币流通速度为 6 次，货币需要量=（600-30+10-40）/6 = 90（万元）。

由此可见，货币的支付手段出现后，假如货币流通速度不变，货币需要量减少了，从原来的 100 万元减少到 90 万元，节约了现金的流通量。

（二）纸币流通规律

纸币流通与金属货币流通不同，金属货币是因为有价值才流通，纸币本身是没有价值的，它代表金属货币执行货币的职能，因此，不管流通中纸币数量有多少，它所代表的只是流通中所需金属货币需要量的价值。

流通中的纸币总量=流通中需要的金属货币量

单位纸币所代表的价值=流通中需要的金属货币量/流通中的纸币总量

当一个时期社会需要的金属货币量确定之后，客观上要求货币发行量必须与流通中对金属货币量的需要一致，只有这样，一个单位的纸币才能代表一定的金属或比例而流通。无论纸币发行量有多大，它所能代表的只是流通所必需的金属货币量，如果超出了这个商品世界的内在规律所决定的金属货币量，纸币就要贬值。

假定流通中所需金属货币量为 200 万元，则可以发行 200 万元的纸币，那么每 1 单位纸币代表 1 个单位的金属货币；但如果纸币发行量为 400 万元，则每 1 单位纸币代表 0.5 个单位的金属货币，也就是说，流通中的 1 元纸币只具有 0.5 元金属货币的购买力。纸币实际的价值低于名义的价值就是纸币的贬值。

纸币流通规律：流通中的商品价值量决定了流通中的纸币需要量，纸币实际代表的价值量由流通中的商品量和纸币发行量决定。假如纸币量超过了商品流通量，纸币的币值就有可能下降，商品价格水平就有可能上升；反之，如果实际流通的纸币量少于商品流通量，由于流通中货币量不足，将导致商品流通速度下降，纸币的币值就要上升，商品价格总水平就有可能下降。

实际上，在现代市场中，由于流通中的纸币量只是货币流通中的一部分，因而要影响纸币的币值和商品价格总水平的变动还需要信用货币的支持。也就是说，纸币发行量如果同信用货币流通量同时扩大，并且高于商品流通量的需要量，那么价格总水平才有可能普遍上升，也就会发生通货膨胀。

任务检测

1. 知识检测

（1）判断题

① 商品流通是货币流通的基础。（　　）

② 现金流通主要适用于小额、零散的商品交易和支付。（　　）

③ 货币流通由现金流通与存款货币流通两种形式共同构成。（　　）

（2）多项选择题

① 下面属于现金投放行为的有（　　）。

A．工资及对个人其他支出　　B．采购支出

C．财政信贷支出　　D．商品销售收入

② 执行流通手段的货币需要量取决于（　　）因素。

A．货币流通速度　　B．商品数量　　C．商品价格　　D．价格标准

2. 探讨和交流

说一说纸币是印得越多越好吗？违背货币流通规律会造成怎样的后果？

第二节　货币需求

情景导入

电子货币

电子货币，从字面上看就是采用电子形式的货币，它不具有实体性，而是电子载体所包含的信息，其价值以电子形式储存。1973 年 Roland Mornno 发明了 IC 卡作为电子货币，揭开了网络货币发展的序幕。19 世纪 80 年代，美国最早开始了电子货币的研究、试验。随后英、德等欧洲国家也相继研发电子货币。1993 年，我国政府开始组织实施金卡工程，即以电子货币应用为重点启动的各类卡基应用系统工程，旨在加强对经济的宏观调控、深化金融改革、加速金融商贸现代化建设。现在人们所称的“电子货币”，所含范围极广，如信用卡、储蓄卡、IC 卡、消费卡、电话卡、电子支票、电子钱包、智能卡等，几乎包括了所有与资金有关的电子化的支付工具和支付方式。

我国电子货币市场发展迅速，随着计算机、互联网的普及，使用电子货币、电子支付的人将会越来越多。电子货币将是 21 世纪的主要金融支付工具，也将是国家管理金融的重要基础，我们必须加快推广电子货币，加快制定电子货币的发展及管理办法，迎接电子商务时代的到来。

资料来源：《中国支付体系发展报告》

想一想

➢ 电子货币对货币需求产生了哪些影响？

知识准备

一、货币需求的概念

货币需求是一种派生需求，派生于人们对商品的需求。货币是固定充当一般等价物的特定商品，具有流通手段、支付手段和储藏手段等职能，能够满足商品生产和交换的需求，以及以货币形式持有财富的需求等。

所谓货币需求是指在一定时期内，社会各阶层（政府、企业单位、个人）愿意以货币形式持有财产的需要。经济学意义上的需求指的是有效需求，不单纯是一种心理上的欲望，而是一种能力和愿望的统一体。货币需求作为一种经济需求，理当是由货币需求能力和货币需求愿望共同决定的有效需求，这是一种客观需求。因此，货币需求必须同时包括两个基本要素：一是持有货币的愿望；二是持有货币的能力。

现实中的货币需求不仅包括对现金的需求，而且包括对存款货币的需求，即对货币的需求包括执行流通手段和支付手段职能的货币需求，也包括执行价值储藏手段职能的货币需求。例如，居民用货币来购买商品或支付服务费用、购买股票和债券、偿还债务，以及以货币形式保存财富等；企业以货币支付生产费用、支付股票和债券的息金、以货币形式持有资本等。

二、货币需求的种类

现代经济理论认为，居民、企业等持有货币均出于不同的动机，它包括交易性动机、预防性动机和投机性动机等。与此相对应，货币需求也可以分为交易性货币需求、预防性货币需求、投机性货币需求和安全需求等。

（一）交易性货币需求

交易性货币需求是居民和企业为了交易的目的而形成的对货币的需求。居民和企业为了顺利进行交易活动就必须持一定的货币量。交易性货币需求是由收入水平和利率水平共同作用的。

交易性货币需求主要是收入的函数，取决于收入水平并随收入的增减而增减。交易性货币需求也是利率的函数。由于持有货币相比于持有营利性资产要牺牲利息，因此人们的持币量会对利率变动做出反应，这主要取决于持有货币与持有营利性资产之间的交易成本。如果营利性资产能迅速变为现金并不受损失，人们更倾向于以营利性资产的持有来代替一大部分现金持有，这样既可获利又可应付交易需求。但事实上交易成本不可能为零，这样，人们在考虑以部分营利性资产的持有来应付交易需求时，通常会考虑以下三个因素。

（1）预期未来一定时间内的交易支出量。

（2）买卖营利性资产的交易费用。

（3）支付期内的利率，由此确定现金持有额，并使其净收益最大。

（二）预防性货币需求

预防性货币需求是指人们为了应付意外事故而形成的对货币的需求。预防性货币需求与利率有密切的关系：利率低，则持有的成本低，人们就会持有较多的货币以预防意外事件的发生；当市场利率足够高时，人们可能试图承担预防性货币减少的风险，将这种货币的一部分变为生息资本，以期获得较高的利息收益。

预防性货币需求是收入的正函数，收入越高，人们持有的货币余额越多，反之亦然。人们持有的货币越多，其预防意外事件的能力就越大，但也会放弃更多的收益。因此，预防性货币需求是否适量，关键还取决于持有预防性货币的边际收益，边际收益与边际成本的均衡点即为预防性货币需求量。

（1）边际收益是指增加 1 单位的货币持有量所避免的风险损失或利用其他资产的费用损失。

（2）边际成本是指增加 1 单位的货币持有量所要损失的利息收入。

故而，预防性货币需求与利率关系密切。

（三）投机性货币需求

投机性货币需求是由于未来利率的不确定，人们为了避免资本损失或增加资本利息，及时调整资产结构而形成的货币需求。货币需求分为在当前价格水平下的名义货币需求和剔除物价因素的实际货币需求两种形式。货币的“投机需求”并非是为了投机的资产，而是为了降低损失风险而以货币形式保值的资产，货币的“投机需求”也有机会成本。

持币者在当前价格水平下对货币的需求为名义货币需求，它以货币单位（如“元”）来表示；在名义货币需求基础上剔除物价因素，以货币实际对应的社会资源（商品和劳务）表示的货币需求为实际货币需求。

由于包含物价因素在内的名义货币需求不能直接反映公众的真实需要，所以人们更注重或更多地考察实际货币需求。

（四）安全需求

安全需求是指非银行金融机构为了进行不可预知的交易而需要的流动性货币。经济主体对未来的状况是不能准确预知的，收入越高，安全需求的实际范围就越大，即可预见的交易数额越大；另外，必需的更新购买和维修的不确定性也需要货币的安全需求。安全需求在模型中一般不是独立的，而是被简化并归入了“交易需求”。

三、货币需求的影响因素

（一）收入状况

收入状况是决定货币需求的首要因素，其对货币需求的影响表现在两个方面：收入水平的高低和取得收入的时间间隔。

一般情况下，货币需求量与收入水平和取得收入的时间间隔均成正比，当居民、企业等经济主体的收入增加时，他们对货币的需求也会增加；当其收入减少时，他们对货币的需求也会减少；如果人们取得收入的时间间隔延长，则整个社会的货币需求量就会增大；相反，如果人们取得收入的时间间隔缩短，则整个社会的货币需求量就会减少。

（二）市场利率

在市场经济中，市场利率是调节经济活动的重要杠杆。在正常情况下，市场利率上升，货币需求减少；市场利率下降，货币需求增加，即市场利率与货币需求呈负相关关系。

造成市场利率与货币需求呈负相关关系的原因是：

（1）货币市场利率提高，意味着人们持有货币的机会成本上升（因持有货币而放弃的利息收入），因此，货币需求趋于减少；相反，市场利率下降，持有货币的机会成本降低，货币需求趋于增加。

（2）市场利率与有价证券的价格呈反向变动，市场利率上升，有价证券的价格下跌；市场利率下降，有价证券价格上升，这样公众的持币愿望与市场利率成反比，与有价证券的价格成正比，公众的持币愿望是决定货币需求的重要因素。

（三）消费倾向

消费倾向是指消费支出在收入中所占的比重，可分为平均消费倾向和边际消费倾向。

平均消费倾向是指消费总额在收入总额中的比例，边际消费倾向是指消费增量在收入增量中的比例。在一般情况下，消费倾向与货币需求变动的方向一致，即呈正相关关系，若消费倾向大，则货币需求量也大；若消费倾向小，则货币需求量也小。

（四）信用发达程度

一般情况下，信用的发达程度与货币需求呈负相关的关系。

如果一个社会信用发达，信用制度健全，人们在需要货币的时候能很容易地获得现金或贷款，那么整个社会所必需的货币量相对于信用不发达、信用制度不健全的社会所必需的货币量就少些。

（五）货币流通速度、社会商品可供量、物价水平

货币流通速度是指一定时期内货币的转手次数，货币流通速度的加快会减少现实货币的需求量，因此货币流通速度同货币需求成反比。

在物价水平一定的情况下，社会商品可供量越大，货币需求量就越大；同理，在社会商品可供量既定的条件下，价格越高，货币需求量就越大。因此，社会商品可供量和物价水平均同货币需求成正比。

议一议

➢ 运用货币流通规律说明货币流通速度、社会商品可供量及物价水平与货币需求的关系。

（六）公众的预期和偏好

上述因素均为影响货币需求的客观因素。货币需求在相当程度上受到人们的主观意志和心理活动的影响。一般来说，人们的心理活动与货币需求有如下关系：

（1）当利率上升幅度较大时，人们的预期利率往往将下降，而有价证券价格将上升，于是人们将减少手持现金，增加有价证券的持有量，以期日后取得资本溢价收益；反之亦然。

（2）预期物价水平上升，则货币需求减少；预期物价水平下降，则货币需求增加。

（3）人们偏好货币，则货币需求增加；人们偏好其他金融资产，则货币需求减少。

四、货币需求的测量

研究货币需求常用的方法是构造货币需求函数，并对影响货币需求的各种因素进行计量分析，以此来确定一定时期内的社会货币需求量。

所谓货币需求函数，就是将决定或影响货币需求的各种因素作为自变量，将货币需求本身作为因变量而建立起来的数量变化关系。

货币需求函数的作用如下：

（1）分析各种因素对货币需求的不同影响。

（2）通过计量研究来验证货币需求理论的某一结论。

（3）在取得各种有关资料的基础上，利用货币需求函数来测算一定时期内全社会的货币需求量，以作为制定货币政策、控制货币供给的依据。

根据各种自变量的性质及其对货币需求的不同影响，可以把这些自变量大致分为规模变量、机会成本变量和其他变量三类，如表6-1所示。

表6-1　影响货币需求的自变量分类

种　类	说　明	举　例
规模变量	决定和制约货币需求总规模的变量	财富、收入
机会成本变量	一般来说，人们都力图把自己持有的货币量保持在最适当的水平，既不过多，也不过少，使持有人实现效用最大化及经济效益最大化	利率、物价变动率
其他变量	影响货币需求的其他一些因素	人口因素、制度因素、技术因素、心理因素等

知识拓展

货币需求理论发展

西方货币需求理论沿着货币持有动机和货币需求决定因素这一脉络，经历了传统货币数量说、凯恩斯的货币需求理论和货币主义学派理论的主流沿革。

西方早期的货币需求理论为传统货币数量说，主要研究货币数量对物价水平和货币价值的影响。代表性理论为：费雪的现金交易数量说和剑桥学派的现金余额数量论。两个理论的结论和方程式的形式基本相同，都认为货币数量决定物价水平。但是，两者分析的出发点不同，费雪认为货币需求仅包括交易媒介的货币，剑桥学派则提出货币需求是以人们手中保存的现金余额来表示，不仅包括交易媒介的货币，还包括储藏货币。因此，前者注重的是货币的交易功能，关心的是社会公众使用货币的数量和速度；后者强调的是货币的资产功能，把货币需求当成保存资产或财富的一种手段，所以货币需求量取决于货币资产的边际收益和其他资产边际收益的比较。另外，费雪认为应重视影响交易的货币流通速度的金融和经济制度等技术因素；剑桥学派则认为应重视资产的选择，即持有货币的成本与满足程度之间的比较，强调人的主观意志及心理因素的作用，这一观点和方法对后来的各学派经济学家都影响很大。传统货币数量说的缺陷是没有分析货币数量对产出量的影响，对影响货币持有量的效用和成本的因素没有进行详细分析。

凯恩斯的流动性偏好货币需求理论，沿着现金余额分析的思路，同样从货币作为一种资产的角度开始分析，指出货币需求就是人们特定时期能够而且愿意持有的货币量，这种货币需求量的大小取决于流动性偏好心理。而人们对流动性偏好来源于三种动机：交易动机、预防动机和投机动机。这三种动机可归结为 L1（交易动机）、L2（投机动机），L1 取决于收入，与收入成正比，L2 取决于市场利率，与市场利率成反比。由于短期内人们投机动机需求极不稳定，导致市场利率波动，进而影响投资，影响产出量和经济增长量。凯恩斯的货币需求理论虽然弥补了传统货币数量说认为的货币量不影响货币流通速度和产出量的理论局限，但由于过度强调需求管理而忽视了货币供给量变动对物价的影响。此外，凯恩斯的货币需求理论是短期分析，其中影响货币需求的收入和利率变量都是短期变量，进而得出货币需求是不稳定的结论。

凯恩斯的货币需求理论的发展：第一，鲍莫尔对交易性货币需求的修正，深入分析了交易性货币需求与利率之间的关系；第二，托宾对投机性货币需求的修正，托宾讨论了在利率预期不确定的前提下，作为风险回避者的投资者最优金融资产的组合，和人们的调整资产组合行为对货币投机需求的影响；第三，新剑桥学派对凯恩斯货币需求动机理论的发展，将凯恩斯的三大货币需求动机扩展为七个动机，进行具体化，并提出了公共权利动机，即政府实施扩张性需求政策所产生的扩张性货币需求动机。

货币主义学派的现代货币数量论。以弗里得曼为首的货币主义学派一方面沿用凯恩斯将货币作为一种资产的思想，采纳了相同的需求动机和影响因素的分析方法，并利用它把传统的货币数量论改写为货币需求函数（公式）；另一方面又基本肯定货币数量论的结论，即货币量的变动影响物价水平。但由于其把凯恩斯的短期分析变为长期分析，提出了有别于凯恩斯短期收入变量的恒久收入变量，并认为恒久收入是一个稳定的变量，同时用实证分析指出货币需求对利率缺乏弹性，从而其重要结论是，因为影响货币需求的各因素是稳定的变量，所以货币需求是一个稳定的函数。既然货币需求是稳定的，中央银行就能够客观准确地制定货币供应量增长目标，实施稳定的货币政策。他反对凯恩斯需求管理的政策主张，将管理的重点放在货币供给上，通过控制货币供给量使供给与需求相一致，以保证经济的稳定发展，控制通货膨胀。

任务检测

1. 知识检测

（1）判断题

① 货币需求是派生于人们对商品的需求。（　　）

② 货币需求就是持有货币的愿望。（　　）

③ 安全需求是指人们为了应付意外事故而形成对货币的需求。（　　）

④ 公众的预期和偏好是影响货币需求的客观因素。（　　）

（2）填空题

① 货币需求必须同时包括两个基本要素：一是__________，二是__________。

② 收入状况对货币需求的决定作用具体表现为两方面：一是__________，二是__________。

③ 交易性货币需求是由__________和__________共同作用的。

④ 货币需求函数中的自变量可分为__________、__________、__________三类。

2. 探讨和交流

尝试运用知识结构图或表格的形式，系统归纳影响货币需求的各因素与货币需求之间的关系。

第三节　货币供给

情景导入

2017年6月至2018年3月货币供应量（M0/M1/M2）研究统计

2017年6月货币和准货币（M2）供应量期末值为1 631 282.53亿元，同比增长9.4%。

2017年7月货币和准货币（M2）供应量期末值为1 628 996.63亿元，同比增长9.2%。

2017年8月货币和准货币（M2）供应量期末值为1 645 156.6亿元，同比增长8.9%。

2017年9月货币（M1）供应量期末值为517 863.04亿元，同比增长14%。

2017年10月货币（M1）供应量期末值为525 977.19亿元，同比增长13%。

2017年11月货币（M1）供应量期末值为535 565.05亿元，同比增长12.7%。

2017年12月货币（M1）供应量期末值为543 790.15亿元，同比增长11.8%。

2018年1月货币和准货币（M2）供应量期末值为1 720 814.46亿元，同比增长8.6%；货币（M1）供应量期末值为543 247.13亿元，同比增长15%；流通中现金（M0）供应量期末值为74 636.29亿元，同比增长-13.8%。

2018年2月货币和准货币（M2）供应量期末值为1 729 070.12亿元，同比增长8.8%；货币（M1）供应量期末值为517 035.99亿元，同比增长8.5%；流通中现金（M0）供应量期末值为81 424.24亿元，同比增长13.5%。

2018年3月货币和准货币（M2）供应量期末值为1 739 900亿元，同比增长8.2%；货币（M1）供应量期末值为523 500亿元，同比增长7.1%；流通中现金（M0）供应量期末值为72 700亿元，同比增长6%。

资料来源：中研网讯（国家统计局数据统计显示）

想一想

➢ 货币供应量对经济生活有哪些影响？

知识准备

一、货币供给与货币供应量

货币供给又称货币供应，是指某一国或货币区的银行系统向经济体中投入、创造、扩张（或收缩）货币的金融过程。货币供应量是指在某一时点上特定的经济体中，银行体系之外的所有公众所持有的货币总量。货币供给是形成货币供应量的过程，货币供应量是货币供给的结果。

货币供给问题历来受到各国中央银行和货币管理当局的高度重视，也是各国经济学家一直关注的重大课题。其原因皆在于货币供给是否适当会直接影响各国经济发展的状况，货币供给过多容易引起通货膨胀，货币供给不足又容易引起通货紧缩，无论是通货膨胀还是通货紧缩都不利于经济的可持续增长。在追求经济可持续增长和建设和谐社会时期，讨论货币供给的适度增长问题，有更加重要的现实意义。

二、货币供给的主体

货币供给形成的主体是中央银行和商业银行，两个主体各自创造相应的货币：中央银行创造基础货币，商业银行创造存款货币。

在这两个环节中，银行存款是货币供给量中最大的组成部分，但商业银行创造存款货币的基础是中央银行提供的基础货币，并且在创造过程中始终受制于中央银行，因此，中央银行在整个货币供给过程中始终居于核心地位。

中央银行对货币供应量的控制是通过基础货币进行的。

基础货币=通货+银行体系的准备金总额

基础货币具有以下四个方面的特征：

（1）其是中央银行的负债。

（2）流通性强，持有者可以自主运用，其是所有货币中最活跃的部分。

（3）其流通的结果能够产生数倍于自身的货币。

（4）中央银行通过对其的控制来实现货币供给的控制。

中央银行调控基础货币的三种途径如下：

（1）变动其储备资产，在外汇市场买卖外汇或贵金属。

（2）变动对政府的债权，进行公开市场操作，买卖政府债券。

（3）变动对商业银行的债权，对商业银行办理再贴现业务或发放再贷款。

三、货币供给的主要内容

货币供给的主要内容包括：货币层次的划分、货币创造过程和货币供给的决定因素等。

（一）货币层次的划分

在现代市场经济中，货币流通的范围和形式不断扩大，现金和活期存款普遍认为是货币，定期存款和某些可以随时转化为现金的信用工具（如公债、人寿保险单、信用卡）也被广泛认为具有货币性质。

我国现行对货币层次的划分是：

- M0=流通中现金
- M1（狭义货币）=M0+单位活期存款
- M2（广义货币）=M1+居民储蓄存款+单位定期存款+单位其他存款+证券公司客户保证金

另外，还有M3，是考虑到金融创新的现状而设立的，不常用。

M1 反映经济中的现实购买力；M2 不仅反映现实的购买力，还反映潜在的购买力。若M1 增速较快，则消费和终端市场活跃；若 M2 增速较快，则投资和中间市场活跃；M2 过高而 M1 过低，表明投资过热、需求不旺，有危机风险；M1 过高而 M2 过低，表明需求强劲、投资不足，有涨价风险。

议一议

➢ 分析为什么说①“M2 过高而 M1 过低，表明投资过热、需求不旺，有危机风险”？②“M1 过高而 M2 过低，表明需求强劲、投资不足，有涨价风险”？

知识链接

详解货币供给量的三兄弟——M0、M1和M2

M0、M1、M2指的是货币供应量的范畴，人们一般根据货币流动性的大小，将供应量划分为不同的层次加以测量、分析和调控。货币的层次是指将货币按照一定的标准（通常是流动标准）划分成不同的范围，主要是指货币的统计口径。现实生活中，除现钞外，银行存款和各种有价证券都有一定的流动性，正是根据这种流动性才把货币的供应量划分为不同的层次。目前，我国将货币供应量划分为以下三个层次。

M0：通货净额或现金。在西方，各国政府或中央银行发行的钞票最具有流动性，随时都可以作为支付的手段。但并非所有的现钞都可以计算在内，而要扣去各金融机构的库存现金，剩余部分计入货币供应的第一层次，即M0。在我国，它指的是流通中的现金，即在银行体系之外流通着的现金。

M1：银行体系以外的通货（通货净值）或现金加上商业银行的活期存款，是狭义的货币供应量。活期存款可以随时提取，流动性仅次于现金，有些国家将它视同现钞货币，是成本最低的交易媒介和支付手段。由于对货币的理解不同，世界各国对M1的定义也存在差异。我国的M1是指流通中的货币量加上商业银行的活期存款。

M2：银行体系以外流通的通货和商业银行体系各种存款的总和，是较为广义的货币供应量。有学者认为，货币不仅仅是交易媒介，更是一种资产，它的主要功能不是交易，而是价值储藏。从这个角度分析，商业银行的其他存款，如定期存款和储蓄存款显然也是货币，因此这些存款也应包括在货币供应量的范围之内。在我国，M2是指在M1的基础上再加上商业银行的定期存款和储蓄存款。

其实还存在M3，但因为是考虑到金融创新的现状而设立的，暂未测算，所以不常用。

M0、M1和M2“三兄弟”之间的关系可以用下列公式来表示：

M0=流通中的现金

M1=M0+商业银行的活期存款

M2=M1+商业银行的定期存款+储蓄存款

在我们的日常生活中，M0与消费密切相关，它的数值高则证明老百姓手头宽裕、富足；M1反映居民和企业资金松紧变化，是经济周期波动的现行指标，流动性仅次于M0；而M2流动性偏弱，反映的是社会总需求的变化和未来通货膨胀的压力状况。

资料来源：中国人寿资产管理

（二）货币创造过程

货币创造（供给）过程是指银行主体通过其货币经营活动而创造出货币的过程，它包括商业银行通过派生存款机制向流通供给货币的过程和中央银行通过调节基础货币量而影响货币供给的过程。

由于货币供应量包括通货与存款货币，货币供给的过程也分解为通货供给和存款货币供给两个环节。

1. 通货供给

通货供给通常包括以下三个步骤：

（1）由一国货币当局下属的印制部门（隶属于中央银行或隶属于财政部）印刷和铸造通货。

（2）商业银行因其业务经营活动而需要通货进行支付时，便按规定程序通知中央银行，由中央银行运出通货，并相应贷给商业银行账户。

（3）商业银行通过存款兑现方式对客户进行支付，将通货注入流通，供给到非银行部门手中。

特点如下：

（1）通货虽然由中央银行供给，但中央银行并不直接把通货送到非银行部门手中，而是以商业银行为中介，借助于存款兑现途径间接将通货送到非银行部门手中。

（2）由于通货供给在程序上是经由商业银行的客户兑现存款的途径实现的，因此通货的供给数量完全取决于非银行部门的通货持有意愿，非银行部门有权随时将所持存款兑现为通货，商业银行有义务随时满足非银行部门的存款兑现需求。如果非银行部门的通货持有意愿得不到满足，商业银行就会因其不能履行保证清偿的法定义务而被迫停业或破产。

上述通货供给是就扩张过程而言的，从收缩过程说明通货供给，程序正好相反。

2. 存款货币供给

商业银行的存款负债有多种类型，其中究竟哪些属于存款货币而应当归入货币供应量之中尚无定论，但公认活期存款属于存款货币。

在不兑现信用货币制度下，商业银行的活期存款与通货一样，充当完全的流通手段和支付手段，存款者可据以签发支票进行购买、支付和清偿债务。因此，客户在得到商业银行的贷款和投资以后，一般并不立即提现，而是把所得到的款项作为活期存款存入同自己有业务往来的商业银行之中，以便随时据以签发支票。这样，商业银行在对客户放款和投资时，就可以直接贷入客户的活期存款。所以，商业银行一旦获得相应的准备金，就可以通过账户的分录使自己的资产（放款与投资）和负债（活期存款）同时增加。从整个商业银行体系看，即使每家商业银行只能贷出它所收受的存款的一部分，全部商业银行却能把它们的贷款与投资扩大为其所收受的存款的许多倍。换言之，从整个商业银行体系看，一旦中央银行供给的基础货币被注入商业银行内，被某一商业银行收受为活期存款，在扣除相应的存款准备金之后，就会在各家商业银行之间辗转使用，从而最终被放大为多倍的活期存款。

（三）货币供给的决定因素

决定货币供给的因素包括中央银行增加货币发行、中央银行调节商业银行的可运用资金量、商业银行派生资金能力及经济发展状况、企业和居民的货币需求状况等。

知识拓展

长期以来，人们在讨论货币供给问题时，大多关注其结果，无论是凯恩斯学派的“相机抉择”主张，还是现代货币学派的“单一法则”主张，无论是货币供给“外生论”还是货币供给“内生论”，都非常重视控制货币供给的结果，以保持货币供给的适度性。弗里德曼、施瓦兹、卡甘、布伦纳、梅尔兹等货币供给理论的名家重点研究了影响货币供给结果的因素，他们在选择影响货币供给因素方面取得了重要的成果，这为后来的货币供给研究提供了重要的依据和指引。乔顿发展了弗里德曼等人的研究成果，提出了著名的乔顿模型。该模型集中反映了各个主要因素对货币供给的重要影响，并一直被奉为了解和研究货币供给的主要工具。随着货币与经济的关系日益复杂，也随着对货币供给问题研究的深入，人们需要更多地了解各个因素对货币供给影响的过程。后凯恩斯学派的学者大力主张货币“内生论”，认为货币供给是经济运行的一个应变量，不是货币管理当局能够任意改变的。英国当年的《拉德克利夫报告》及格利、肖、莫尔等人都对货币供给内生性问题进行了研究。

关于货币供给究竟是内生的还是外生的争论目前已有比较明确的看法，就一个经济体的运转起点而言，需要货币管理当局或政府投入一定量的货币，发挥货币的第一推动力作用，而在现存的信用货币体制下，一旦经济运转起来，大量的内生性需求必然导致大量的内生性货币供给。这种货币供给过程究竟是如何发生发展的，是一个值得关注和研究的重大课题，尤其是在我国经济体制发生重大变化的时期，研究这一问题不仅具有现实意义，还具有重要的理论建设意义。

任务检测

1. 知识检测

（1）判断题

① 货币供给是形成货币供应量的过程，货币供应量是货币供给的结果。（　　）

② 中央银行在整个货币供给过程中居于核心地位。（　　）

③ M1 是流通中的现金，反映经济中的现实购买力。（　　）

（2）填空题

① 货币供给形成的主体是________________和________________。

② 在货币供给过程中，中央银行创造________________，商业银行创造________________。

③ 货币供给的过程分为________________和________________两个环节。

2. 探讨和交流

货币供应量是越多（少）越好吗？货币供应量过多或过少会对经济生活产生哪些影响？

第四节 通货膨胀与通货紧缩

情景导入

第一次世界大战之后，协约国要求德国支付巨额赔款，德国经历了一次历史上最引人注目的超速通货膨胀。当时的德国政府面对巨额赔款苦不堪言，于是通过大量发行货币的方式来筹集赔款，使得从1922年1月开始到1924年年底德国的货币和物价都以惊人的速度飙升。就以报纸的价格来说，在1921年1月时是0.3马克，到1922年5月时涨到1马克，同年10月涨到了8马克，在1923年9月时，报纸的价格已经是1 000马克。

而后真正的超速膨胀开始了：报纸价格1923年10月1日是2 000马克，过了15天达到12万马克，又过了15天达到100万马克，又过了10天达到500万马克，直到11月17日售价已经是7 000万马克。德国马克的价值接连暴跌，已发展到无法控制的地步。1923年，德国的通货膨胀率每月上升2 500%，当时，工人们的工资一天要分两次发，傍晚一个面包的价格等于早上一幢房屋的价格。

想一想

➢ 什么是通货膨胀？造成案例中通货膨胀的原因是什么？

知识准备

一、通货膨胀的概念

通货膨胀的“货”是指“货币”。经济学界对于通货膨胀的解释并不完全一致，通常经济学家认可的概念是：在信用货币制度下，流通中的货币数量超过经济实际需要而引起的货币贬值和物价水平全面而持续的上涨的现象。通俗地讲，纸币的发行量超过流通中所需要的数量，从而引起纸币贬值，物价上涨，我们把这种现象称为通货膨胀。

这里的物价上涨不是指一种或几种商品的物价上升，也不是物价水平一时的上升，一般指物价水平在一定时期内持续普遍的上升过程，或者是说货币价值在一定时期内持续的下降过程。可见，通货膨胀不是指这种或那种商品及劳务的价格上涨，只有大多数商品和劳务的价格持续上升才是通货膨胀。

在凯恩斯主义经济学中，通货膨胀产生的原因为经济体中总供给与总需求的变化导致物价水平的变动；而在货币主义经济学中，其产生的原因为当市场上货币发行量超过流通中所需要的货币量，就会出现纸币贬值，物价上涨，导致购买力下降。

与货币贬值不同，整体通货膨胀为特定经济体内的货币价值的下降，而货币贬值为货币在经济体间的相对价值的降低。前者影响此货币在国内使用的价值，而后者影响此货币在国际市场上的价值。

知识链接

一般来说，通货膨胀必然引起物价上涨，但不能说凡是物价上涨都是通货膨胀。影响物价上涨的因素是多方面的。

（1）纸币的发行量必须以流通中所需要的数量为限度，如果纸币发行过多，引起纸币贬值，物价就会上涨。

（2）商品价格与商品价值成正比，商品价值量增加，商品的价格就会上涨。

（3）价格受供求关系影响，商品供不应求时，价格就会上涨。

（4）政策性调整，理顺价格关系会引起上涨。

（5）商品流通不畅，市场管理不善，乱收费、乱罚款，也会引起商品价格的上涨。

可见，只有在物价上涨是因为纸币发行过多而引起的情况下，才是通货膨胀。

二、通货膨胀的原因

纸币是国家或地区强制发行并使用的，在货币流通的条件下，如果纸币的发行量超过了流通中实际需要的数量，多余的部分继续在流通中流转，就会造成通货膨胀。

造成通货膨胀的直接原因是国家货币发行量的增加。政府通常为了弥补财政赤字，或刺激经济增长，或平衡汇率等原因增发货币。

通货膨胀可能会造成社会财富转移到富人阶层，但一般情况下的通货膨胀都是国家为了有效影响宏观经济运行而采取措施所无法避免的后果。许多经济学家认为，温和良性的通货膨胀有利于经济的发展。

通货膨胀是个复杂的经济现象，其成因也多种多样。

（一）直接原因

不论何种类型的通货膨胀，其直接原因只有一个，即货币供应过多。用过大的货币供应量与既定的商品和劳务量相对应，必然导致货币贬值、物价上涨，出现通货膨胀。

（二）深层原因

1. 需求拉动

由于经济运行中总需求过度增加，超过了既定价格水平下商品和劳务等方面的供给而引起通货膨胀。需求拉动型通货膨胀是指总需求过度增长所引起的通货膨胀，即“太多的货币追逐太少的货物”，按照凯恩斯的解释，如果总需求上升到大于总供给的地步，过度的需求会引起物价水平的普遍上升。在我国，财政赤字、信用膨胀、投资需求膨胀和消费需求膨胀常常会导致我国需求拉上型通货膨胀的出现。我国 1979 年至 1980 年的通货膨胀的成因即是由财政赤字而导致的需求拉上。所以，总需求增加的任何因素都可以是造成需求拉动的通货膨胀的具体原因。

2．成本推动

由成本或供给方面的原因导致的通货膨胀。成本推进型通货膨胀又称为供给型通货膨胀，是由厂商生产成本增加而引起的一般价格总水平的上涨。造成成本向上移动的原因大致有工资过度上涨、利润过度增加、进口商品价格上涨。

3．结构失调

由于一国的部门结构、产业结构等国民经济结构失调而引起通货膨胀。我国由于存在着较为严重的经济结构失调问题，因而结构失调型通货膨胀在我国也时有发生。

4．供给不足

在社会总需求不变的情况下，由于社会总供给相对不足而引起通货膨胀。“文化大革命”期间我国发生的隐蔽型通货膨胀很大一部分原因是社会生产力遭到严重破坏，商品供给严重匮乏而致。

5．预期不当

在持续通货膨胀情况下，由于人们对通货膨胀预期不当（对未来通货膨胀的走势过于悲观）而引起更严重的通货膨胀。

6．体制因素

由于体制不完善而引起通货膨胀。

以上是造成通货膨胀的几种主要成因。应该注意的是，对于某一次具体的通货膨胀，其成因往往不是单一的，而是多种原因综合在一起导致的，因此需要综合全面分析。

想一想

➢ 我国当前经济是否存在通货膨胀的现象？并分析造成通货膨胀的原因。

三、通货膨胀的种类

1．温和的或爬行的通货膨胀

这是一种使通货膨胀率基本保持在 2%～3%，并始终比较稳定的通货膨胀。一些经济学家认为，如果每年的物价上涨率在 2.5%以下，不能认为是发生了通货膨胀；当物价上涨率达到 2.5%时，叫作不知不觉的通货膨胀。

一些经济学家认为，在经济发展过程中，有一点儿温和的通货膨胀可以刺激经济的增长，这是因为提高物价可以使厂商多得一些利润，以刺激厂商投资的积极性；同时，温和的通货膨胀不会引起社会太大的动乱。温和的通货膨胀即将物价上涨控制在 1%～2%、最多 5%以内，则能像润滑油一样刺激经济的发展，这就是所谓的“润滑油政策”。

2．疾驰的或飞奔的通货膨胀

疾驰的或飞奔的通货膨胀又称奔腾的通货膨胀、急剧的通货膨胀，它是一种不稳定的、迅速恶化的、加速的通货膨胀。在该通货膨胀发生时，通货膨胀率较高（一般达到两位数以上），人们对货币的信心产生动摇，经济社会产生动荡，所以这是一种较危险的通货膨胀。

3．恶性的或脱缰的通货膨胀

恶性的或脱缰的通货膨胀又称极度的通货膨胀、超速的通货膨胀，一旦发生，通货膨胀率非常高（一般达到三位数以上），而且完全失去控制，其结果是导致社会物价持续飞速上涨，货币大幅度贬值，人们对货币彻底失去信心，这时整个社会金融体系处于一片混乱之中，正常的社会经济关系遭到破坏，最后容易导致社会崩溃，政府垮台。这种通货膨胀在经济发展史上是很少见的，通常发生于战争或社会大动乱之后。目前，公认的恶性通货膨胀在世界范围内只出现过三次：第一次发生在1923年的德国，第二次发生在1946年的匈牙利，第三次发生在1937年6月到1949年5月的中国。

4．隐蔽的通货膨胀

隐蔽的通货膨胀又称受抑制的（抑制型的）通货膨胀，是指社会经济中存在通货膨胀的压力或潜在的价格上升危机，但由于政府实施了严格的价格管制政策，使通货膨胀并没有真正发生。但是，一旦政府解除或放松价格管制措施，经济社会就会发生通货膨胀，所以这种通货膨胀并不是不存在，而是一种隐蔽的通货膨胀。

5．需求拉动型通货膨胀

需求拉动型通货膨胀是指由于总需求的增长而引起的商品平均价格的普遍上涨的现象。

6．成本推动型通货膨胀

成本推动型通货膨胀是指因商品和劳务的生产者主动提高价格而引起的商品平均价格的普遍上涨的现象。

7．结构性通货膨胀

结构性通货膨胀是指物价上涨是在总需求并不过多的情况下，而对某些部门的产品需求过多，造成部分产品的价格上涨的现象。在通货膨胀期间，需求、成本及结构三种因素同时起作用。

四、通货膨胀的影响

在存在通货膨胀的情况下，必将对社会经济生活产生影响。

如果社会的通货膨胀率是稳定的，人们可以完全预期，那么通货膨胀率对社会经济生活的影响很小。因为在这种可预期的通货膨胀之下，各种名义变量（如名义工资、名义利率等）都可以根据通货膨胀率进行调整，从而使实际变量（如实际工资、实际利率等）不变。这时通货膨胀对社会经济生活的唯一影响，是人们将减少他们所持有的现金量。但是，在通货膨胀率不能完全预期的情况下，通货膨胀将会影响社会收入分配及经济活动。因为这时人们无法准确地根据通货膨胀率来调整各种名义变量，以及他们应采取的经济行为。

通货膨胀率又称物价变化率，是货币超发部分与实际需要的货币量之比，用于反映通货膨胀、货币贬值的程度。在经济学上，通货膨胀率为物价平均水平的上升幅度（以通货膨胀为准）。

通货膨胀率（价格上涨率）=（已发行的货币量-流通中实际所需要的货币量）/流通中实际所需要的货币量×100%

1. 在债务人与债权人之间，通货膨胀将有利于债务人而不利于债权人

在通常情况下，借贷的债务契约都是根据签约时的通货膨胀率来确定名义利率的，所以当发生了未预期的通货膨胀之后，债务契约无法更改，从而使实际利率下降，债务人受益，而债权人受损。其结果是对贷款，特别是长期贷款带来不利的影响，使债权人不愿意发放贷款。贷款的减少会影响投资，最终使投资减少。

2. 在雇主与工人之间，通货膨胀将有利于雇主而不利于工人

因为在不可预期的通货膨胀之下，工资增长率不能迅速地根据通货膨胀率来调整，从而即使在名义工资不变或略有增长的情况下，使实际工资下降。实际工资下降会使利润增加，利润的增加有利于刺激投资，这正是一些经济学家主张以温和的通货膨胀来刺激经济发展的理由。

3. 在政府与公众之间，通货膨胀将有利于政府而不利于公众

由于在不可预期的通货膨胀之下，名义工资总会有所增加（尽管并不一定能保持原有的实际工资水平），随着名义工资的提高，达到纳税起征点的人增加了，同时也有许多人进入了更高的纳税等级，这样就使得政府的税收增加。公众纳税数额增加，实际收入却减少了，政府由这种通货膨胀中所得到的税收称为“通货膨胀税”。这种通货膨胀税的存在，既不利于储蓄的增加，也影响了私人与企业投资的积极性。

想一想

- 在通货膨胀情况下，老百姓是更利于储蓄还是更利于消费？

五、通货紧缩的概念和种类

（一）通货紧缩的概念

通货紧缩又称通货收缩，是一个与通货膨胀相反的概念。

通货紧缩是指货币供应量少于流通领域对货币的实际需求量而引起的货币升值，从而引起商品和劳务的货币价格总水平的持续下跌现象。通货紧缩，包括物价水平、货币供应量和经济增长率三者同时持续下降，它是当市场上的货币减少，购买能力下降，影响物价下跌所造成的。

通俗地讲，通货紧缩就是产能过剩或需求不足导致物价、工资、利率、粮食、能源等各类价格持续下跌。长期的通货紧缩会抑制投资与生产，导致失业率升高与经济衰退。

（二）通货紧缩的种类

（1）按通货紧缩持续的时间，通货紧缩分为长期性通货紧缩和短期性通货紧缩。

（2）按通货紧缩和经济增长的关系，通货紧缩分为伴随经济增长率减缓的通货紧缩和伴随经济增长率上升的通货紧缩。

（3）按通货紧缩和货币政策的关系，通货紧缩分为货币紧缩政策情况下的通货紧缩、货币扩张政策情况下的通货紧缩和中性货币政策情况下的通货紧缩。

六、通货紧缩的原因和影响

（一）通货紧缩的原因

1. 货币供给减少

由于政策时滞的原因，在通货膨胀时期的紧缩的货币政策和财政政策没有及时调整，导致投资和需求下降，进而影响社会有效供给。

2. 有效需求不足

当实际利率较高时，消费和投资就会出现大幅下降而导致有效需求不足，进而物价持续下跌；当金融机构贷款意愿下降和提高利率时，会减少社会总需求，导致物价下跌；制度变迁和转型等体制因素，导致居民消费行为发生变化，储蓄倾向上升，消费倾向下降，即期支出大量地转化为远期支出，也会引起有效需求不足，导致物价下降。

3. 供需结构不合理

由于经济中存在不合理的扩张和投资，造成了不合理的供给结构和过多的无效供给，当积累到一定程度时必然加剧供给之间的矛盾，导致供过于求，产品价格下跌。

4. 国际市场的冲击

对于开放度较高的国家，在国际经济不景气的情况下，国内市场也会受到很大的影响，主要表现在出口下降、外资流入减少，导致国内供给增加、需求减少，产品价格下降。

（二）通货紧缩的影响

1. 导致社会总投资减少

一方面，通货紧缩会使实际利率提高，社会投资的实际成本上升，会导致投资下降；另一方面，由于预期价格下降，投资预期收益减少，也会使企业投资意愿下降。

2. 减少消费需求

在通货紧缩过程中，物价下跌使货币实际购买力不断提高，人们会尽可能地推迟支付，导致消费支出的延迟和消费规模的减小。

3. 影响社会收入再分配

通货紧缩会使政府的收入向企业和个人转移（主要是通过降低所得税实现的），会使企业在价格下降中受到损失，使工人的实际工资增加，形成有利于债权人而不利于债务人的资金再分配。

知识链接

大降价其实不是好事——通货紧缩的恶果

如果你关心经济时事，平时看新闻、看报刊总会留意到通货膨胀。不知道你有没有疑问：为何大家总是提通货膨胀，没有人提通货紧缩呢？这是因为一个国家发生通货紧缩的概率不大，但是一旦发生，将给我们带来更大的伤害。

我们先理解相关概念：

通货膨胀是指一国内大范围而持续的物价上涨现象。

通货紧缩与通货膨胀相反，是指一国内大范围而持续的物价下跌现象。

通货紧缩比通货膨胀的危害更大，因此政府宁愿选择通货膨胀，也要极力避免发生通货紧缩。

那你可能会问了：既然物价下跌，对我们来说不是好事吗？我们能用更少的钱买到更多的东西，岂不是很爽？

当然不是你想象的那样。

我们看通货膨胀和通货紧缩，从字面上来理解应该是对仗关系。经济学家常说：温和的通货膨胀有利于经济发展。那么温和的通货紧缩也应该有利于经济发展。然而事实相反，不论是温和的通货紧缩还是严重的通货紧缩，都会给经济带来严重的伤害。

为什么这么说？

先来做个对比：

假设现在社会正发生温和的通货膨胀，那么每时每刻，无论是公司还是个人，我们都要确定现金如何分配。一方面，我们想赶紧把钱花出去或投资。从宏观上来说，无论是消费还是投资，都促进了经济中商品的交换，有利于经济发展。如果我们把钱都拿在手里，就会不断贬值。另一方面，我们又需要保留一定的现金，以备不时之需，因为现金的流动性是最高的，经济学称为流动性需求。

然而通货紧缩发生时，上面提到的分配就不复存在了。人们只要死死地攥着现金，以后就能买到更多东西，也就是说，持有现金本身就是一种投资。但是过分地持有现金，对社会来说有以下不利影响：

（1）既然持有现金相当于投资，而且这种投资是无风险的，旱涝保收，一般民众都会选择持有现金，那社会中很多需要融资的项目就无法得到资金了，尽管这些融资项目可能有较高的利率，但是也存在风险。社会的融资整体下降，企业没钱就无法开工，导致裁员。

（2）尽管看起来能用更少的钱买更多的东西了，但是人们会尽量少消费，以期在未来买更多东西，导致商品市场萧条。企业产品卖不出去，于是减少生产，裁员。

我们知道中央银行的作用是通过调节货币量（利率）来调节经济，但是在通货紧缩的情况下，中央银行的作用非常有限。

做个对比：在通货膨胀的情况下，中央银行通过提高利率来减少社会中的货币量，达到控制物价的目的；但是，在通货紧缩时，中央银行降低利率的办法并不能起到刺激经济的作用。例如，利率极接近0时，人们没必要把钱存银行了，可能会造成银行挤兑，而从银行流出去的钱并没有进入到社会当中流通，人们都把钱囤保险柜了。

所以说发生通货紧缩时，你可能一开始觉得很爽，不停买买买，还计划把更多的现金囤在保险柜里，然而过不久，老板就可能炒你鱿鱼了。

因此，当你看到周围的商品价格都下降时，不要高兴得太早，而是赶紧储备余粮，应对可能到来的经济危机。

资料来源：https://baijiahao.baidu.com/s?id=1608244759626191646&wfr=spider&for=pc

七、通货膨胀和通货紧缩的比较分析

（一）通货膨胀与通货紧缩的联系

（1）二者都是由社会总需求与社会总供给不平衡造成的，即流通中实际需要的货币量与发行量不平衡造成的。

（2）二者都会使价格信号失真，影响正常的经济生活和社会经济秩序，因此都必须采取有效的措施予以抑制。

（二）通货膨胀与通货紧缩的区别

通货膨胀与通货紧缩的区别如表6-2所示。

表6-2　通货膨胀与通货紧缩的区别

比较项目	通货膨胀	通货紧缩
含义	纸币的发行量超过流通中所需要的数量，从而引起纸币贬值、物价上涨的经济现象	在经济相对萎缩时期，物价总水平较长时间内持续下降，货币不断升值的经济现象
本质	社会总需求大于社会总供给	社会总需求持续小于社会总供给
表现	最直接的表现是纸币贬值，物价上涨，购买力降低	主要表现为物价低迷，大多数商品和劳务价格下跌，往往伴随着生产下降，市场萎缩，企业利润率降低，生产投资减少，以及失业增加、收入下降、经济增长乏力等现象
成因	社会总需求大于社会总供给，货币的发行量超过了流通中实际需要的货币量	社会总需求小于社会总供给，长期的产业结构不合理，形成买方市场及出口困难

续表

比较项目	通货膨胀	通货紧缩
危害性	直接使纸币贬值，如果居民的收入没有变化，生活水平就会下降，造成社会经济生活秩序混乱，不利于经济的发展 不过在一定时期内，适度的通货膨胀又可以刺激消费，扩大内需，推动经济发展	导致物价下降，在一定程度上对居民生活有好处 从长远看会严重影响投资者的信心和居民的消费心理，导致恶性的价格竞争，对经济的长远发展和人民的长远利益不利
治理措施	最根本的措施是发展生产，增加有效供给，同时要采取控制货币供应量，实行适度从紧的货币政策和量入为出的财政政策等措施	调整优化产业结构，综合运用投资、消费、出口等措施拉动经济增长，实行积极的财政政策、稳健的货币政策、正确的消费政策，坚持扩大内需的方针

知识拓展

在通货膨胀的时候，如何避免自己的钱贬值

现代金融社会，最厉害的小偷不是珠宝大盗，而是通货膨胀。

从过去到现在，通货膨胀一直存在于日常生活中。想知道解决方法，就要搞清楚究竟什么是通货膨胀。

通货膨胀与货币流通量相关。

通货膨胀的关键是，流通中的货币总量超过了实际所需量，从而引起了货币的贬值，物价也就随着上涨。举一个简单的例子，在一个小岛中，人们用钻石交换椰子，一颗钻石交换一个椰子。而此时，如果小岛上发现了全新的钻石矿脉，而从矿脉所开采出的钻石又全部进行流通的时候。假设椰子的产量没有明显变化，而流通的钻石变成了之前的五倍，此时五颗钻石才能换得一个椰子。这就是最简单的通货膨胀模型，换言之，钱变得不值钱了。

理财的首要目标：跑赢通货膨胀。

这基本是全世界人民都在焦虑的根源，如何让自己的资产跑赢通货膨胀，关键就在于，能不能让自己的资产收益率高于通货膨胀率。

1. 合理的资产配置是理财的第一步

不动产、人民币、外币、黄金都是可以选择的资产配置，不动产与黄金是对抗通货膨胀的有效手段，但其流通性较差，可以根据自己的实际情况进行配置选择。

2. 多种投资渠道，扩大收益的同时降低风险

银行定期存款、理财产品、货币基金、股票型基金、家庭保险等，需要根据不同家庭的实际需要和个人的收入进行选择，分散投资渠道不仅可以降低投资风险，比起单一的投资方法，可以取得更高的收益。

3. 投资理财不要盲目跟风，要提前预估风险

虽说“你不理财，财不理你”，但面对现在市场上众多的理财产品，不能盲目跟风投资，提前了解市场与产品说明是必要的，在任何情况下，保障本金安全都应放在第一位。

如果通货膨胀率在3%的话，其实保持每年4%的资产增值就能够赢过通货膨胀了。

普通投资者建议从最基础的资产投资组合开始，如配置定期存款与货币基金，再增加一部分中长期指数基金定投，虽然收益率不算高，但投资风险也相对较小。投资高收益理财产

品一定要先认清风险，对市场充分了解之后进场才是明智之举。

其实如果通货膨胀来临了，你只管做一件事，那就是加杠杆，通俗点说就是借钱，借银行的钱，借机构的钱，尽量用尽可能大的杠杆撬动尽可能大的资金。这样就足以保证跑赢通货膨胀，道理很简单，你现在借 10 万元，10 万元可以买辆车，约定五年后还 15 万元，五年通货膨胀过后，你还回去的 15 万元可能只能买辆摩托车了。

资料来源：https://baijiahao.baidu.com/s?id=1606854949447256924&wfr=spider&for=pc

任务检测

1. 知识检测

（1）判断题

① 凡是物价上涨就是通货膨胀。（　　）

② 造成通货膨胀的直接原因是国家货币发行量的增加。（　　）

③ 在经济发展过程中，有一点温和的通货膨胀可以刺激经济的增长。（　　）

④ 需求拉动型通货膨胀是由于总需求增长而引起的商品价格上涨的现象。（　　）

⑤ 通货膨胀会导致社会总投资减少。（　　）

⑥ 长期的货币紧缩会抑制投资与生产，导致失业率升高与经济衰退。（　　）

⑦ 通货紧缩有利于债务人而不利于债权人。（　　）

⑧ 通货膨胀和通货紧缩都是由社会总需求与社会总供给不平衡造成的。（　　）

（2）填空题

① 通货膨胀是流通中的货币数量超过经济实际需要而引起的__________和全面而__________上涨的现象。

② 造成通货膨胀的深层原因包括__________、__________、__________、__________、__________。

③ 在雇主与工人之间，通货膨胀有利于__________而不利于__________。

④ 通货紧缩包括__________、__________和__________三者同时持续下降。

⑤ 通货紧缩按____________________分为伴随经济增长率减缓的通货紧缩和伴随经济增长率上升的通货紧缩。

⑥ 通货紧缩产生的影响包括__________、__________和__________。

（3）多项选择题

① 通货紧缩是产能过剩或需求不足导致（　　）等各类价格持续下跌。

A．工资　　B．能源　　C．物价　　D．粮食

② 造成通货紧缩的原因包括（　　）。

A．供给结构不合理　　B．有效需求不足　　C．国际市场的冲击　　D．货币供给减少

2. 探讨和交流

尝试利用零花钱适当进行理财投资，以便防范通货膨胀可能带来的风险。

第七章

金融机构体系

学习目标

了解金融机构的产生；明确其含义、分类和基本功能；知道我国金融机构体系构成基本情况；掌握中央银行、政策性银行、商业银行及非银行金融机构的含义、性质与职能。

第一节 金融机构体系概述

情景导入

在整个世界加速科技化和数据化的浪潮中，大数据、云计算、物联网、区块链、人工智能、移动互联网等新兴技术正在中国各行业、各领域进行快速迭代和应用升级。大势所趋之下，中国金融业也朝着开放融合的方向迈进，金融机构的合作创新服务引人注目。

中意人寿与昆仑银行、昆仑信托、中意产险等中国石油资本旗下金融机构分别签订战略合作协议，此举标志着中国金融系统合作力度进一步加强，由此迈出新步伐。

2017年，中国石油集团金融工作会议强调，石油系统金融板块要全面深化产融结合，坚决防范业务风险，持续推进改革创新。在这样的新时代背景下，中国石油系统所属金融机构之间的紧密协同、合作共赢已成为大势所趋。会上同期举办了综合金融论坛。专家认为，随着时代的发展，中国的金融体系将步入“大金融”时代，“大金融”体系将带动多元化的金融主体的参与，并且为市场提供多样化的金融产品。而伴随互联网时代的来临，“大金融”也将对传统金融行业产生革命性影响，同时也带来无限机遇，要正确应对互联网金融的冲击和挑战，实现传统行业与新兴产业的共赢局面。未来中国金融机构间的合作将会不断加强。

在一个信用经济体系中，以中央银行为中心，商业银行为主体，各类银行和非银行金融中介机构并存，构成了现代世界各国的金融机构体系。

知识准备

一、金融机构的产生

近代银行业起源于文艺复兴时期的意大利，当时的意大利处于欧洲各国国际贸易的中心地位，成为银行的发源地。当时的银行除了买卖外汇以外，还经营活期存款和定期存款业务。银行一词的起源便来自意大利文（Banca），即商业交易所用的桌子或长凳。

商业发展到一定程度后，产生了各国间货币兑换的需要。为适应贸易的发展，渐渐从商人中分离出一种专门从事货币兑换的商人，单纯的货币兑换只收取手续费，并不办理信用业务。但随着货币兑换日益频繁和数量增加，货币兑换便逐渐转化为银行业。

16世纪，意大利就已经出现了银行业，例如，1580年成立的威尼斯银行，1593年成立的米兰银行等；以后，世界商业中心由意大利移至荷兰及欧洲北部，1609年荷兰成立了阿姆斯特丹银行，1621年德国成立了纽伦堡银行，1629年又成立了汉堡银行。

这些银行除了经营货币兑换、接受存款、划拨款项等业务外，也发放贷款。但这时它们所经营的贷款业务仍带有高利贷性质，而且贷款对象主要是政府和拥有特权的企业，大多数工商业资本家仍不能得到信用的支持。

早期银行的贷款大部分借给政府，并具有高利贷的性质。这对一般的工场手工业主和商人来说几乎没有获得贷款的可能，即使获得贷款也会因高额利息而无利可图，这一状况显然不能适应资本主义经济发展的需要。整个17世纪的欧洲各国对此呼声强烈，纷纷要求压低利率，使生息资本从属于商业资本和产业资本。

1694 年，英国国王威廉三世帮助商人们在英格兰建立起第一个现代银行——英格兰银行。英格兰银行以工商企业为主要业务对象，发放低于平均利润率的低利贷款，并为它们提供各种金融服务，适应了新兴资本主义工商企业发展的需要。英格兰银行的建立标志着现代银行业的兴起和高利贷在信用领域的垄断地位被打破，是发达的商品货币经济和社会化大生产的产物。

知识链接

1845 年，中国出现了第一家新式银行——丽如银行，它是由英国人开办的。由中国人自己出资开办的第一家银行是中国通商银行，成立于 1897 年，总行设在上海，它是受官僚买办集团控制的股份制银行。1904 年，中国成立了官商合办的户部银行（1903 年叫大清银行，1912 年改为中国银行）；1907 年，设立了交通银行。

二、金融机构的含义、分类和功能

（一）金融机构的含义

金融机构有狭义和广义之分。

狭义的金融机构是指金融活动的中介机构，即在间接融资领域中作为资金余缺双方交易的媒介，专门从事货币、信贷活动的机构，主要指银行和其他从事存、贷款业务的金融机构。

广义的金融机构是指所有从事金融活动的机构，包括直接融资领域中的金融机构、间接融资领域中的金融机构和各种提供金融服务的机构。

（二）金融机构的分类

金融机构的种类众多，从不同的角度出发和按照不同的标准，金融机构可以划分为不同的种类。

1．根据金融机构的业务性质划分

根据金融机构的业务性质划分，金融机构可分为商业性金融机构和政策性金融机构。

（1）商业性金融机构。商业性金融机构以追求利润最大化为经营目标，是自主经营、自负盈亏、自求平衡、自我发展的金融企业。

（2）政策性金融机构。政策性金融机构是一国政府为加强对经济的干预能力，保证国民经济持续、稳定、协调发展而设立的。这类机构大多是政府出资，以政府资本为主，不以营利为目的，所经营的业务与政府的产业政策密切配合。

2．根据是否属于银行系统划分

根据是否属于银行系统划分，金融机构分为银行金融机构和非银行金融机构。

（1）银行金融机构。银行金融机构以接受存款，从事转账结算业务为基础，具有信用创造功能。

银行金融机构体系又可进行多种分类。按照银行的地位和职能不同来划分，银行金融机构有中央银行、商业银行、政策性银行等；按照出资形式不同来划分，银行金融机构有独资银行、合资银行、股份制银行和合作银行；按照资本所有权归属不同来划分，银行金融机构有国有银行、私营银行和公私合营银行；按照业务范围的区域不同来划分，银行金融机构有全国性银行、地方性银行和跨国银行。

（2）非银行金融机构。非银行金融机构业务的资金来源是通过发行股票和债券等渠道筹集起来的，包括保险公司、信托公司、证券公司、租赁公司、财务公司等。

3. 根据是否能够接受公众存款划分

根据是否能够接受公众存款划分，金融机构分为存款类金融机构与非存款类金融机构。

（1）存款类金融机构。存款类金融机构主要通过存款形式向公众举债从而获得其资金来源，如商业银行、储蓄银行和信用合作社等。

（2）非存款类金融机构。非存款类金融机构则不得吸收公众的储蓄存款。

4. 根据从事金融活动的目的不同划分

根据从事金融活动的目的不同划分，金融机构分为金融管理机构和金融运行机构。

（1）金融管理机构。金融管理机构是指承担金融宏观调控、进行金融监管的重任，不以营利为目的的金融机构，如中央银行、证券业监督委员会、保险业监督委员会、银行业监督委员会等。

（2）金融运行机构。金融运行机构是指以营利为目的，向社会公众提供多种金融产品和服务的金融机构，如商业银行、保险公司、证券公司、基金管理公司、期货公司等。

此外，金融机构还有其他一些分类依据，如依据活动范围的不同，分为区域性金融机构和全球性金融机构；如依据行业规模，可分为大、中、小型金融机构等。

（三）金融机构的功能

1. 提供支付结算服务

提供支付结算服务是金融机构适应经济发展需求最早产生的功能，到目前为止，商业银行仍是最基本和最主要的提供支付结算的金融单位。随着经济一体化的发展，以及金融市场国际化发展，银行之间支付金额大幅增加，各经济活动参与者更加注重结算体系的效率性和安全性。

2. 融通资金

融通资金功能是所有金融机构所具有的，不同金融机构因发行的融资工具不同而使融资方式有所不同。在现实经济生活中，经济各部门经常会发生资金盈余或资金短缺现象，在经济利益的驱使下，资金会不断地从盈余的部门流向短缺的部门，从而形成了资金融通。资金融通的渠道有两种：一是直接融资，即资金短缺的部门直接从金融市场上发行某种凭证（金融工具）来筹集资金，当资金盈余的部门在市场上购买这种凭证时，资金就会从盈余的部门流向短缺的部门；二是间接融资，资金盈余的部门将资金存放到银行等金融中介机构中，再由金融中介机构以贷款或投资的方式转移到资金短缺的部门。资金融通提高了资金的使用效率，有利于促进经济增长。

3．降低交易成本并提供便利的金融服务

金融机构的种类繁多、分工各异，它们通过多种方式为公众和企业提供多样化的服务，满足企业和个人多样化、个性化的需要，为企业生产、个人生活等提供便利化、人性化的服务。

4．改善信息不对称状况

金融中介机构能利用自身的专业技能与信息优势，以较低的信息处理成本，及时收集、获取比较真实完整的信息，减少信息不对称程度，能在一定程度上合理配置资源，消除逆向选择与道德风险。

5．风险转移与管理

在经济生活中，由于多种不确定因素的存在，人们往往面临各种各样的风险，如意外事故造成人身伤害和财产损失的风险、商品价格和股票价格波动的风险、汇率波动的风险等，这些风险可能给当事人带来很大的经济损失。金融机构提供了转移风险、控制风险和管理风险的功能。例如，保险公司提供的保险产品，为顾客转移了意外事故等带来的经济损失风险；金融衍生品市场的各种金融衍生工具，为市场参与者提供了进行套期保值、转移和控制价格波动等金融风险的功能。

三、金融体系

（一）金融体系的含义

金融体系是由相互依存、相互作用的金融机构、金融市场、金融业务及进行金融调控监管的中央银行和其他金融监管机构共同构成的复杂系统，是金融要素的有机组合及资金集中、流动、分配和再分配的关联系统。因此，完整的金融体系包括金融机构体系、金融业务体系、金融市场体系和金融监管体系四个部分。

（二）金融体系的类型

世界各国的金融体系基本上可以分为两种类型。

（1）多元复合金融体系：以中央银行为核心，以商业银行为主体，多种金融机构并存的金融体系。

（2）一元金融体系：将中央银行的职能和商业银行的职能集中于单一的国家银行的金融体系。在这一体系中，一般会另外设立一些专业性银行。

四、我国的金融机构体系

（一）我国金融体系的发展

1．新中国金融体系的建立

新中国金融体系的诞生以中国人民银行的建立为标志，它的建立是通过组建中国人民银行、合并解放区银行、没收官僚资本银行、改造私人银行与钱庄，以及建立农村信用合作社等途径实现的。这种金融体系直到 1953 年以前，基本上是以中国人民银行为核心和骨干，但仍保存了几家专业银行和其他金融机构的体系格局。在当时特定的历史条件下，这种格局有利于国民经济的迅速恢复，并有力地支持了国有经济的发展。

2．“大一统”模式的金融体系

从 1953 年起，我国开始经济建设的第一个五年计划，参照苏联模式，逐步建立起高度统一的计划经济体制，并一直持续到 20 世纪 70 年代末。金融体制作为整个经济体制的重要部分，在这段时间也走向高度统一，建立起“大一统”的银行体系模式。

在当时高度集中的计划经济管理体制下，“大一统”的金融体制指挥协调容易，便于政策贯彻，利于全局控制。但问题是，高度集中的计划经济模式与社会生产力发展的要求不相适应，不能使社会主义制度的优越性得到应有的发挥，管得过多过死，忽视商品生产、价值规律和市场调节作用。在这种情况下，金融体制改革迫在眉睫。

3．1979 年以来金融体系的改革

党的十一届三中全会以来，在金融领域进行了一系列改革，其变革大致可以分为两个阶段。

（1）第一阶段，1979—1993 年，主要是突破过去高度集中型的金融体系，朝多元化体系方向改革。

（2）第二阶段的改革从 1994 年开始展开，围绕“分业经营，分业管理”原则，以建立适应社会主义市场经济发展需要的以中央银行为领导，政策性金融和商业性金融相分离，以国有独资商业银行为主体，多种金融机构并存的现代金融体系为改革目标。

（二）我国现代金融机构体系的现状

目前，我国金融机构体系是以中央人民银行为核心，国有商业银行为主体，多种金融机构并存。

1．中国人民银行

中国人民银行是 1948 年 12 月 1 日在华北银行、北海银行、西北农民银行的基础上合并组成的。

中国人民银行是我国的中央银行，是国务院的组成部门，是领导和管理全国金融事务的国家机关。它是在国务院领导下制定和执行货币政策、维护金融稳定、提供金融服务的宏观调控部门。中国人民银行不对企业和个人办理信贷业务。

2. 政策性银行

1994 年，我国相继建立了国家开发银行、中国进出口银行和中国农业发展银行三家政策性银行，它们在从事业务活动中均不以营利为目的，实行自主经营与保本微利的基本原则。

3. 商业银行

我国金融机构体系中占主体地位的是四家国有控股商业银行：中国工商银行、中国农业银行、中国银行和中国建设银行。无论在人员、机构网点数量上，还是在资产规模及市场占有份额上，均处于我国整个金融领域绝对举足轻重的地位，在世界上的大银行排序中也处于较前列的位置。

1986 年，国家决定重新组建股份制商业银行——交通银行。在四家国有控股大商业银行之外，陆续建立了一批商业银行：兴业银行、中国光大银行、华夏银行、中信银行、中国民生银行、广东发展银行、深圳发展银行、招商银行、上海浦东发展银行等。

4. 其他非银行金融机构

我国的非银行金融机构主要包括保险公司、信托投资公司、证券公司、财务公司、金融租赁公司等。

任务检测

知识检测

（1）判断题

① 我国目前金融机构体系是以中央人民银行为核心，国有商业银行为主体，多种金融机构并存。(　　)

② 完整的金融体系包括金融机构体系、金融业务体系、金融市场体系和金融监管体系四个部分。(　　)

③ 中国工商银行是我国的中央银行，是国务院的组成部门，是领导和管理全国金融事务的国家机关。(　　)

④ 中国人民银行是 1949 年 10 月 1 日在华北银行、北海银行、西北农民银行的基础上合并组成的。(　　)

（2）简答题

① 金融机构有几种分类方式？分别分为什么类别？

② 金融机构的功能是什么？

（3）名词解释

① 金融机构

② 非银行金融机构

③ 金融体系

④ 多元复合金融体系

第二节 中央银行

情景导入

2017 年 9 月 30 日央行宣布定向降准 50 个基点，几乎覆盖了绝大多数银行机构，基本相当于全面降准了，市场估计将释放超过 8 000 亿元。这必然对楼市、股市和债市产生一系列影响。

这次定向降准来的既凶猛又快速，仅在 28 日国务院会议定调之后三天内，就以特急文件方式得到快速落实，而且此次创新了形式，对于满足考核要求的金融机构将再次定向降准 100 个基点。

虽然央行强调此举不改变稳健货币政策的总体取向，但是范围之广，策略之高已大大超乎市场预期。回顾历次降准来看，定向降准一般在经济出现一定下滑压力时使用。上一次央行频繁使用定向降准是在 2014 年，并在当年 11 月降息，2015 年 2 月全面降准。

8 月经济数据全面回落，工业生产大幅放缓已成事实。9 月数据还没有出来的情况下，出台全面降准措施，可以预见 9 月份数据会进一步回落。这些都需要央行用全面降准举措发出货币政策的前瞻性和灵活性，及时适当下调存款准备金率以防止经济超预期回落和利率进一步上行。

央行已经强调了，这次是创新调控方式，给予了市场一个延迟降准，在 3 个月后，央行在年度测评时看金融机构表现情况——其向普惠金融的贷款需要达到存量或增量的 10%，表现优秀的金融机构可以再另外给予 100 个基点的额外降准。

知识准备

一、中国的中央银行产生过程

（一）旧中国的中央银行

1．清政府的中央银行

1905 年（光绪三十一年），清政府在北京设立“户部银行”，这是我国最早由官方开办的国家银行。1908 年 2 月，户部银行改称“大清银行”（即“京师总行”）。1912 年 2 月 5 日，南京“中华民国”将大清银行改为“中国银行”，在上海大清银行旧址开始营业，大清银行历史结束。

2．国民政府时期的中央银行

1926 年 12 月，孙中山在武汉建立中央银行；1928 年 11 月 1 日，蒋介石政府在上海建立中央银行。当时，在蒋介石的操纵下，形成了蒋介石、宋子文、孔祥熙、陈果夫（陈立夫）

四大家族垄断资本集团，垄断了全国的金融活动。

（二）社会主义中央银行制度的建立

1．中国人民银行的创建（1948—1952 年）

1948 年 12 月 1 日，中国人民银行在河北石家庄成立。

2．计划经济时期的中国人民银行（1953—1978 年）

“大一统”模式下，中国人民银行一身兼二任，是中央银行和专业银行融合为一体的独家垄断的银行。

3．现代中央银行制度形成（1979—1995 年）

1979 年以后，随着金融机构多元化和金融业务多样化的发展，人民银行的双重职能开始逐步剥离。1983 年 9 月 17 日，国务院做出决定，由中国人民银行专门行使中央银行的职能。1986 年 1 月 7 日，《中华人民共和国银行管理暂行条例》首次以法规形式规定了中国人民银行作为中央银行的性质、地位与职能。

4．强化和完善现代中央银行制度（1995 年至今）

1995 年 3 月 18 日，《中华人民共和国中国人民银行法》确立了中国人民银行作为中央银行的地位。1998 年，我国撤销 31 个省、市、自治区分行，成立跨省、市、自治区的 9 大分行，以利于货币政策的独立实施。2003 年 12 月 27 日，我国通过了《中华人民共和国中国人民银行法（修正案）》，规定由银监会监管银行类金融机构。

二、中央银行制度的基本类型

（一）单一的中央银行制度

单一的中央银行制度是指国家建立一个单独的中央银行机构，全面行使中央银行职能并对金融业进行监督和管理的制度。

单一的中央银行制度又分为一元式和二元式中央银行制度，如表 7-1 所示。

表 7-1　一元式和二元式中央银行制度对比

分　类	含　义	典型代表	特　点
一元式	一国只设一家中央银行	英国、法国、日本、中国	权力集中统一、职能完善、有较多的分支机构
二元式	中央银行体系由中央和地方两级相对独立的中央银行机构共同组成	美国、加拿大	中央级和地方级中央银行在货币政策方面是统一的，地方级中央银行在其辖区内有一定的独立性

（二）复合型中央银行制度

复合型中央银行制度是指在一个国家内，没有单独设立中央银行，而是把中央银行的业务和职能与商业银行的业务和职能集于一家银行来执行。此种类型的中央银行又可分为两种形式：一体式中央银行制几乎集中了中央银行和商业银行的全部业务和职能于一身；混合式中央银行制既设中央银行，又设专业银行，中央银行兼办一部分专业银行业务，另一部分业务由专业银行办理。

（三）准中央银行制度

准中央银行制度是指部分国家或地区只设立类似中央银行的金融管理机构执行部分中央银行的职能，并授权若干商业银行也执行部分中央银行职能，如中国香港。

（四）跨国中央银行制度

跨国中央银行制度是指由若干国家联合组建一家中央银行，由这家中央银行在其成员国范围内行使全部或部分中央银行职能的中央银行制度。例如，西非货币联盟设立的西非国家中央银行、中非货币联盟设立的中非国家银行、1998 年成立的欧洲中央银行等。

三、中央银行的性质和职能

（一）中央银行的性质

中央银行既是为商业银行等金融机构和政府提供金融服务的特殊金融机构，又是制定和实施货币政策、监督管理金融业、规范和维护金融秩序、调控金融和经济的宏观管理部门。

（二）中央银行的职能

1. 发行的银行

中央银行是“发行的银行”，即指国家赋予中央银行集中与垄断货币发行的特权，成为国家唯一的货币发行机构，统一全国货币发行。

2. 政府的银行

中央银行是“政府的银行”，也称国家的银行，是指中央银行向政府提供信用，经营国家金库业务，贯彻执行国家金融政策，监督金融机构，代表国家参加国际金融活动，并管理国家的黄金和外汇储备。中央银行承担政府的银行职能时，具体表现在以下方面。

（1）代理国库、代理国债的发行。
（2）为政府融通资金，持有和经营管理国际储备。
（3）制定和实施货币政策。
（4）对金融业实施监督管理。
（5）代表政府参加国际金融组织和各种国际金融活动。
（6）为政府提供经济、金融情报和决策建议。

3. 银行的银行

中央银行是“银行的银行”，是指中央银行的业务对象一般仅限于银行、其他金融机构和政府机构，它不经营一般商业银行业务，不与企业或居民直接发生关系。

作为银行的银行，中国人民银行的主要职能体现在以下方面。

（1）为银行和其他金融机构开立存款账户，接受它们的法定准备存款和超额准备金存款。

（2）为银行和其他金融机构办理融通资金业务，成为银行最后贷者。

（3）主持全国的清算事宜，是全国票据清算中心。

任务检测

知识检测

（1）判断题

① 中央银行是“银行的银行”，是指中央银行的业务对象除了一般商业银行业务之外，还与企业或居民直接发生关系。（ ）

② 复合型中央银行制度是指在一个国家内，不单独设立中央银行，而是把中央银行的业务和职能与商业银行的业务和职能集于一家银行来执行。（ ）

③ 中央银行制度分为一元式和二元式银行制度。（ ）

④ 我国的中央银行是中国银行。（ ）

（2）简答题

① 我国中央银行的性质和职能是什么？

② 社会主义中央银行的发展历程是什么？

（3）名词解释

① 单一的中央银行制度

② 复合型中央银行制度

③ 准中央银行制度

第三节 政策性银行

情景导入

2017年，针对云南省委、省政府提出的“年内实现29个贫困县摘帽、1 100个贫困村出列、100万贫困人口脱贫”目标，农业发展银行云南省分行充分发挥整体合力，引导各类资源、各项优惠政策、各方力量向服务脱贫攻坚聚合，全力支持精准扶贫、稳定脱贫，服务云南同步小康。一方面，在执行好全省易地扶贫搬迁政策和“资金精准管理”的基础上，“一县一策”加快资金支付，切实做到分账管理，并行支付，精准使用。另一方面，积极做好产业扶贫。要立足贫困地区资源禀赋，大力支持特色优势产业和农产品加工，以增加贫困人口就业渠道和收入来源，推动实现稳定脱贫；支持贫困村提升工程，培育壮大集体经济和合作经济，并加大对旅游扶贫、网络扶贫、教育扶贫、基础设施扶贫等方面的产品创新和信贷支持力度，重点支持国家政策层面有支撑、社会民生效应好、补助资金有来源的项目，全力支持建档立卡贫困户的住房、教育、医疗卫生等建设项目。

2017年，农业发展银行积极搭建政策性金融扶贫平台，主动提供融资、融智、融力、融商支持，推进政策性金融扶贫实验示范区建设，促进东西部协作及“万企帮万村”精准扶贫工作取得实质效果。年内，该行贷款业务确保增长15%，精准扶贫贷款投放量不低于总投放量的60%。

知识准备

一、政策性银行的概念

政策性银行，是指由政府发起、出资成立，为贯彻和配合政府特定经济政策和意图而进行融资和信用活动的机构。

政策性银行不以营利为目的，专门为贯彻、配合政府社会经济政策或意图，在特定的业务领域内，直接或间接地从事政策性融资活动，充当政府发展经济、促进社会进步、进行宏观经济管理的工具。

根据党的十四届三中全会精神和《国务院关于金融体制改革的决定》，我国于1994年相继设立了国家开发银行（1994年3月17日）、中国进出口银行（1994年7月1日）、中国农业发展银行（1994年11月8日）三大政策性银行，均直属国务院领导，三家银行各有分工。

二、我国的政策性银行

（一）国家开发银行

1. 国家开发银行的基本情况

国家开发银行成立于1994年，是直属中国国务院领导的政策性金融机构。2008年12月改制为国家开发银行股份有限公司。2015年3月，国务院明确国家开发银行定位为开发性金融机构。

国家开发银行注册资本为4 212.48亿元，股东是中华人民共和国财政部、中央汇金投资有限责任公司、梧桐树投资平台有限公司和全国社会保障基金理事会，持股比例分别为36.54%、34.68%、27.19%和1.59%。

目前，国家开发银行在中国内地设有37家一级分行和3家二级分行，另外设有中国香港分行，境外设有开罗、莫斯科、里约热内卢、加拉加斯、伦敦、万象6家代表处。全行员工近9 000人。旗下拥有国开金融、国开证券、国银租赁和中非基金等子公司。

2. 国家开发银行主要支持的领域

国家开发银行以“增强国力，改善民生”为使命，紧紧围绕服务国家经济重大中长期发展战略，发挥中长期投融资和综合金融服务优势，筹集、引导和配置社会资金。其主要支持以下领域：

（1）基础设施、基础产业、支柱产业、公共服务和管理等经济社会发展的领域。

（2）新型城镇化、城乡一体化及区域协调发展的领域。

（3）传统产业转型升级和结构调整，以及节能环保、高端装备制造等提升国家竞争力的领域。

（4）保障性安居工程、扶贫开发、助学贷款、普惠金融等增进人民福祉的领域。

（5）科技、文化、人文交流等国家战略需要的领域。

（6）“一带一路”建设、国际产能和装备制造合作、基础设施互联互通，能源资源、中资企业“走出去”等国际合作领域。

（7）配合国家发展需要和国家经济金融改革的相关领域。

（8）符合国家发展战略和政策导向的其他领域。

3．国家开发银行的改革

国家开发银行深化改革的目标，是紧紧围绕服务国家经济重大中长期发展战略，建立市场化运行、约束机制，努力把国家开发银行建设成为资本充足、治理规范、内控严密、运营安全、服务优质、资产优良的开发性金融机构，进一步发挥开发性金融在重点领域、薄弱环节、关键时期的功能和作用，促进国民经济持续健康发展。

国家开发银行深化改革的主要内容：一是明确国家开发银行的开发性金融机构的功能定位。二是明确国家开发银行主要从事开发性业务，如新型城镇化、保障性安居工程、“两基一支”、支持“走出去”及科技、文化和人文交流等。三是完善组织架构和治理结构。四是明确资金来源的政策支持。国家开发银行所发行的债券，国家继续给予信用支持，风险权重为零。五是提高资本充足率。国家为国家开发银行注资以补充资本金。六是建立以资本充足率为核心的资本约束机制。七是加强内部管控和外部监管。建立与开发性业务相适应的风险管理体系。监管部门研究制定对国家开发银行的审慎性监管规定并实施监管。八是按照突出服务国家战略、侧重风险控制、兼顾利润回报为导向对国家开发银行进行绩效评价。九是修订和完善章程。条件成熟时，考虑制定国家开发银行条例，以此作为内部运营和外部监管的法定依据。

（二）中国进出口银行

1．中国进出口银行的基本情况

中国进出口银行成立于 1994 年，是由国家出资设立、直属国务院领导、支持中国对外经济贸易投资发展与国际经济合作、具有独立法人地位的国有政策性银行。截至 2016 年年末，在国内设有 29 家营业性分支机构和香港代表处；在海外设有巴黎分行、东南非代表处、圣彼得堡代表处、西北非代表处。

中国进出口银行依托国家信用支持，积极发挥稳增长、调结构、支持外贸发展、实施“走出去”战略等方面的重要作用，加大对重点领域和薄弱环节的支持力度，促进经济社会持续健康发展。

2．中国进出口银行的主要支持领域

中国进出口银行主要支持领域包括外经贸发展和跨境投资，“一带一路”建设、国际产

能和装备制造合作，科技、文化及中小企业“走出去”和开放型经济建设等。其具体业务范围如下：

（1）经批准办理配合国家对外贸易和“走出去”领域的短期、中期和长期贷款，含出口信贷、进口信贷、对外承包工程贷款、境外投资贷款、中国政府援外优惠贷款和优惠出口买方信贷等。

（2）办理国务院指定的特种贷款。

（3）办理外国政府和国际金融机构转贷款（转赠款）业务中的三类项目及人民币配套贷款。

（4）吸收授信客户项下存款。

（5）发行金融债券。

（6）办理国内外结算和结售汇业务。

（7）办理保函、信用证、福费廷等其他方式的贸易融资业务。

（8）办理与对外贸易相关的委托贷款业务。

（9）办理与对外贸易相关的担保业务。

（10）办理经批准的外汇业务。

（11）买卖、代理买卖和承销债券。

（12）从事同业拆借、存放业务。

（13）办理与金融业务相关的资信调查、咨询、评估、见证业务。

（14）办理票据承兑与贴现。

（15）代理收付款项及代理保险业务。

（16）买卖、代理买卖金融衍生产品。

（17）资产证券化业务。

（18）企业财务顾问服务。

（19）组织或参加银团贷款。

（20）海外分支机构在进出口银行授权范围内经营当地法律许可的银行业务。

（21）按程序经批准后以子公司形式开展股权投资及租赁业务。

（22）经国务院银行业监督管理机构批准的其他业务。

（三）中国农业发展银行

1．中国农业发展银行的基本情况

中国农业发展银行是直属国务院领导的我国唯一的一家农业政策性银行，于 1994 年 11 月成立。目前，共有 31 个省级分行、300 多个二级分行和 1 800 多个县域营业机构，服务网络遍布中国大陆地区。

2．中国农业发展银行的主要支持领域

中国农业发展银行主要支持领域包括：支持粮棉油等重要农产品收购、储备、调控和调销，配合国家重要战略物资储备、调控，保障和维护国家粮食安全的领域；支持现代农业发

展、农业综合开发、农业农村基础设施和水利建设，促进农业转型升级和可持续发展，推进农村产业融合，改善农业农村公共服务的领域；推动城乡发展一体化，改善农民生产生活水平，促进“三农”发展的领域；支持易地扶贫搬迁、贫困地区基础设施建设、特色产业发展及专项扶贫，增强贫困地区内生动力和发展活力的领域；符合国家发展战略和政策导向的其他领域。

其具体业务范围包括：办理粮食、棉花、油料、食糖、猪肉、化肥等重要农产品收购、储备、调控和调销贷款，办理农业农村基础设施和水利建设、流通体系建设贷款，办理农业综合开发、生产资料和农业科技贷款，办理棚户区改造和农民集中住房建设贷款，办理易地扶贫搬迁、贫困地区基础设施、特色产业发展及专项扶贫贷款，办理县域城镇建设、土地收储类贷款，办理农业小企业、产业化龙头企业贷款，组织或参加银团贷款，办理票据承兑和贴现等信贷业务；吸收业务范围内开户企事业单位的存款，吸收居民储蓄存款以外的县域公众存款，吸收财政存款，发行金融债券；办理结算、结售汇和代客外汇买卖业务，按规定设立财政支农资金专户并代理拨付有关财政支农资金，买卖、代理买卖和承销债券，从事同业拆借、存放，代理收付款项及代理保险，资产证券化，企业财务顾问服务，经批准后可与租赁公司、涉农担保公司和涉农股权投资公司合作等方式开展涉农业务；经国务院银行业监督管理机构批准的其他业务。

任务检测

知识检测

（1）判断题

① 政策性银行以营利为目的，专门为贯彻、配合政府社会经济政策或意图，在特定的业务领域内，直接或间接地从事政策性融资活动，充当政府发展经济、促进社会进步、进行微观经济管理的工具。（ ）

② 国家开发银行成立于 2004 年，是直属中国国务院领导的政策性金融机构。（ ）

③ 中国进出口银行以“增强国力，改善民生”为使命，支持领域主要包括外经贸发展和跨境投资，“一带一路”建设、国际产能和装备制造合作，科技、文化及中小企业“走出去”和开放型经济建设等。（ ）

④ 中国农业发展银行是直属国务院领导的我国唯一的一家农业政策性银行，于 1994 年 11 月成立。（ ）

（2）简答题

① 国家开发银行的主要支持领域有哪些？

② 中国农业发展银行的主要支持领域有哪些？

（3）名词解释

① 政策性银行

② 中国进出口银行

第四节 商业银行

情景导入

银监会公布的“银行业监管统计指标月度情况表（2017 年）”显示，截至 2017 年 11 月月底，银行业金融机构总资产规模达约 244.44 万亿元，同比增长 10.0%，同期总负债达约 225.37 万亿元，同比增长 10.0%。

商业银行依然占据整个银行业金融机构的绝对权重。截至 2017 年 11 月月底，商业银行总资产规模合计达约 189.45 万亿元，占银行业金融机构的比例为 77.5%；总负债达约 175.11 万亿元，占银行业金融机构的比例为 77.7%。

在商业银行中，大型商业银行总体资产规模最大，合计总资产达约 86.50 万亿元，占银行业金融机构的比例为 35.4%；总负债达约 79.45 万亿元，占银行业金融机构的比例为 35.3%。股份行、城商行总资产规模占银行业金融机构的比例分别为 18.2%、12.9%，总负债占银行业金融机构的比例分别为 18.4%、13.0%。

知识准备

一、商业银行的产生

（一）银行业的起源

十四五世纪的欧洲，商业交往频繁，金属货币的成色、质量存在差异，要进行贸易就必须兑换成当地的货币。人们需要一个安全的处所来存放自己的货币，因而出现了货币的保管业务。为了避免长途携带货币所产生的风险，就需要汇兑业务。货币的兑换、保管、汇兑给钱币业主带来了服务费收入。当集中了大量货币资金，钱币业主开始发放贷款，获取利息收入。货币兑换商从原先被动地接受客户委托保管货币到积极主动地揽存货币保管业务，并降低保管费或不收保管费甚至给客户一定的好处，货币保管业务逐渐演变为存款业务。可以说，银行起源于货币兑换和银钱业。

银行业最早的发源地是意大利，1580 年建立了威尼斯银行。

（二）现代商业银行的产生

随着资本主义生产方式的产生与发展到一定阶段，早期银行难以满足资本主义工商业的需求，客观上要求建立能使工商企业有利可图、利率适度、贷款规模大，能真正发挥中介作用的现代商业银行。

现代资本主义商业银行的产生基本上通过三条途径：一是旧的高利贷性质的银行逐渐适应新的经济条件，变为资本主义银行；二是新兴的资产阶级按照资本主义原则组织的股份制银行，该途径是主要的；三是由国家作为主要出资者组建。

世界上第一家股份银行是 1694 年在英国伦敦成立的英格兰银行。英格兰银行的成立标志着现代银行制度的建立，也意味着高利贷在信用领域的垄断地位已经被动摇。欧洲其他国家也先后按英格兰银行的组建模式建立了自己的现代商业银行。商业银行逐渐在世界范围内得到普及。

二、商业银行的性质和职能

（一）商业银行的性质

商业银行是以追逐利润为目标，以经营存款和对工商业发放贷款为主要业务，向客户提供多功能、综合性服务的金融机构。它是银行体系的主体，是历史最悠久、服务体系最全面、影响最广泛的金融机构。

1．商业银行具有一般企业的特征

例如，拥有一定的自有资本；独立核算、自负盈亏，利润最大化，等等。

2．商业银行是一种特殊的企业

商业银行经营的不是一般的商品，而是货币资金。

3．商业银行是一种特殊的金融企业

商业银行与中央银行和其他金融机构相比又有所不同。

在我国，中国工商银行、中国银行、中国农业银行、交通银行、招商银行、北京银行等都是商业银行。

（二）商业银行的职能

1．信用中介职能

信用中介职能是指商业银行通过负债业务，将社会上的各种闲置资金集中起来，再通过资产业务，将所集中的资金运用到国民经济各部门中去。商业银行通过充当资金供应者和资金需求者的中介，实现了资金的顺利融通，同时也形成了商业银行利润的重要来源。

通过执行信用中介职能，把短期货币资本转化为长期资本，在营利性原则的支配下，还可以使资本从效益低的部门向效益高的部门转移，从而优化经济结构。

2．支付中介职能

支付中介职能是指商业银行利用活期存款账户，为客户办理各种货币结算、货币收付、货币兑换和转移存款等业务行为。

商业银行通过该职能成为企业、团体或个人的货币保管者、出纳者和支付代理人，商业银行也因此成为经济过程中无始无终的支付链条和债权债务关系。

3．信用创造职能

信用创造职能是指商业银行利用其吸收活期存款的有利条件，通过发放贷款、从事投资业务而衍生出更多的存款，从而扩大货币供应量。

整个信用创造过程是中央银行和商业银行共同创造完成的。商业银行通过创造流通工具和支付手段，可节约现金使用，节约流通费用，同时又可满足社会经济发展对流通和支付手段的需要。

4．金融服务职能

金融服务职能是指商业银行利用其在国民经济活动中的特殊地位，凭借联系面广，信息灵通，特别是电子计算机的广泛应用，为客户提供更好的多种金融服务。

目前，商业银行可以为客户提供财务咨询、信托、租赁、计算机服务和现金管理等金融业务。社会化大生产和货币流通专业化程度的提高，使得企业将一些原本属于自己的货币业务也转交给商业银行代为办理，如发工资、代理支付费用等。

三、商业银行的类型和组织形式

（一）商业银行的类型

1．分离型银行制度

分离型银行制度形成于20世纪30年代资本主义经济大萧条时期，主要存在于实行分业经营体制的国家。分离型银行制度在资金严重不足而又急需发展的国家，对于财力的有效集中和重点使用，促进工业化，带动整个社会经济的发展卓有成效；但是也大大限制了银行的扩张能力、创新能力和竞争能力，降低了金融业的运行效率，不利于微观金融的活跃。

2．全能型银行制度

全能型银行制度形成于 19 世纪七八十年代，以德国最为典型。其特点是法律允许商业银行可以混业经营。全能型银行制度适用于资本市场发育成熟、金融风险防范严密、监管体制完善、金融机构内控约束强的金融环境，能形成规划效益，服务范围广，竞争力较强，风险分散。

（二）商业银行的组织形式

1．单一银行制

单一银行制是指所有银行业务通过一个营业所提供而不设任何分支机构的制度。

单一银行制典型的国家是美国。其优点曾得到许多经济学家的肯定，但由于难以取得规模经济效益、银行组织和运用资金的能力有限、承担风险能力较弱，与当今经济金融电子化、一体化、全球化发展趋势相矛盾，其局限性也突显出来，因此该银行组织结构也正在逐渐发生变化。

2．分支行制

分支行制又称总分行制，是允许银行在总行之外，在国内外各地普遍设立分支机构的一种组织形式。

世界上绝大多数国家采取该组织形式，我国商业银行也实行总分行制。

3．银行控股公司制

银行控股公司制是指由一个集团设立一家控股公司，再由该公司控制或收购若干金融子公司的组织形式。

银行控股公司制在美国最为流行，已成为美国商业银行最基本的组织形式。

4．连锁银行制

连锁银行制是指由某一个人或某一个集团拥有若干银行的股份以取得对这些银行控制权的一种组织形式。在法律上，这些银行保持独立，然而经营上实际由某个人或某个集团所控制。

5．代理银行制

代理银行制也称往来银行制，是指银行相互之间签订代理协议，委托对方银行代办指定业务的一种组织形式。被委托的银行称为委托银行的代理行，两者相互之间的关系称为代理行关系。

在国际上，代理银行制非常普遍，但在一国国内，代理银行制最为发达的是美国。

四、商业银行的主要业务

（一）吸收公众存款

吸收公众存款是商业银行最为传统的业务，这项业务的特点在于：第一，向公众吸收存款。公众包括本地的居民在本地的外国人、企业和事业单位组成的客户。第二，商业银行吸收的“存款”是特指的活期存款。定期存款除了商业银行可以吸收，其他非银行金融机构也可以吸收。例如，信托公司可以吸收定期的信托存款。一些海外的接受存款公司也不是商业银行，但可以接受一定条件下的定期存款。所以，单在定期存款方面，还难以将商业银行与非银行金融机构区别开来。

（二）发放短期、中期和长期贷款

我国的商业银行是综合性业务银行，综合了商业银行和储蓄银行的功能，不另设储蓄银行。在经济体制改革之前，我国的长期贷款即国家基本项目贷款，主要由中国建设银行承办，中短期贷款原先是由中国人民银行办理，1984 年中国工商银行成立以后，中短期贷款由中国工商银行承担。经济体制改革之后，专业银行之间的业务划分开始融合，20 世纪 80 年代以后设立的商业银行在业务上没有限制，所以我国的商业银行可以做任何期限的贷款业务，也包括长期贷款业务。这也是我国商业银行的业务特点之一。

（三）办理国内外结算

办理国内外结算是我国商业银行的主要服务性业务之一，也是商业银行的特有业务之一，其他非银行金融机构不从事结算业务。我国的中国人民银行作为国家的中央银行，负责维护金融业务的支付与清算系统的正常运作，不能直接接触公众客户，所以，日常的结算服务工作主要由商业银行和商业银行委托的信用社来承办。商业银行办理客户的日常转账结算业务既是一项权利，也是一项法律义务。

（四）办理票据贴现

商业银行贷款有多种方式，其中一种就是办理票据贴现。银行票据或商业票据经过银行承兑之后，该票据就具有了到期付款的保证。在到期之前，当客户需要资金周转时，可以将尚未到期的票据交给自己的开户银行办理贴现，提前提取大部分票据资金。

商业银行因为贴现票据占用了自己的资金，当本行资金周转也需要他人帮助时，商业银行可以向中央银行办理票据的再贴现，从中央银行得到贷款，也可以向其他商业银行办理转贴现，获得资金的流动与周转。

（五）发行金融债券

商业银行发行金融债券是银行筹资的一种方式，是商业银行除了存款负债经营之外的另一种负债经营方式。金融债券可以向投资人直接募股，并且可以在证券市场上流通转让。金融债券的信誉比一般企业债券高，主要是银行的信誉高于一般企业的缘故。我国的专业银行先后发行过金融债券，并且取得了低成本、高筹资的效果。发放金融债券也要严格符合国家法律的规定，发行规模、发行时间、利率、偿还时间等都要得到国家的批准。

（六）代理发行、代理兑付、承销政府债券

我国商业银行根据法律的规定，只能代理发行、代理兑付和承销政府债券，而不能代理发行、代理兑付和承销企业债券。这种规定是一种限制，限制商业银行参加资本市场活动的范围，为的是限制商业银行的资金投入资本市场，引起商业银行流动性质量下降，最终影响到存款人的利益。

政府债券是没有风险的债券。当政府债券投资的项目万一周转不良时，政府也可以通过税收来应急到期的债券本金和利息，这也是其他企业所不具有的特殊条件。商业银行经营没有风险的政府债券，才符合法律关于保障存款人利益的规定，符合银行稳健运作的原则。

（七）买卖政府债券

商业银行还可以买卖政府债券来调节本行的资金头寸。由于政府债券没有风险，法律允许商业银行经营这种债券的买卖。通过债券买卖，商业银行可以较为灵活地调节资金头寸。政府债券没有风险，在市场上买卖还可以获得一些利润，这就使银行拥有剩余资金。同时，政府债券的行情较好时，可以购进一部分政府债券用于保值和获利。虽然公司股票的利润高，但风险也是非常高的，所以，商业银行不能自己或代理他人买卖公司的股票和企业的债券。

（八）从事同业拆借

商业银行之间互相借贷的业务是商业银行的特有业务。我国《商业银行法》将我国商业银行的同业拆借限制在用于解决临时资金流动，而不能作为固定贷款的资金来源。这一特点是我国独有的。在市场经济下，国家和地区的商业银行之间的同业拆借并没有该限制，而且在国际金融中心所在地的同业拆借市场，外国银行分行在当地没有足够的分行网络时，往往通过同业拆借市场获得成本较低的资金，再转贷给客户。因此，在国际金融中心国家和地区的外国银行分行的贷款余额多数会超过存款余额。

（九）买卖、代理买卖外汇

商业银行自己买卖或代理客户买卖外汇是银行的一项普通业务。1987 年 12 月 13 日，国务院批准了《金融机构代客户办理即期和远期外汇买卖管理规定》，根据该规定，银行代客户办理即期和远期外汇买卖的目的是使客户能够防范汇率风险，稳定进出口贸易成本。银行自己买卖外汇的目的是保值营利。

（十）提供信用证服务及担保

商业银行为进出口企业提供信用证服务及担保服务也是银行日常的一项业务。由于有了银行的信用证才使得国际贸易变得安全与快捷。担保业务在贷款方面和其他方面都有较大的作用。银行开办的信用卡业务，使得商业消费变得更方便与快捷，银行的信用担保，使得银行与生产企业之间的资金融通既安全又方便，使得不同国家的企业与金融机构之间的交往更安全与规范化，交易的过程与结果都受到保护。银行在提供了信用证服务和担保服务的同时，也获得了合理的利润。

（十一）代理收付款项及代理保险业务

由于商业银行的营业网络广泛，所以，商业银行也有代理其他企业收付款项和代理保险的业务。被代理者主要是城市的公共设施及服务部门，如代收城市的燃气费、水费、取暖费和公共的房租等，这些部门多通过银行的营业所代理收款。代理付款方面更加广泛，如代理企业和事业部门发放工资、代理公司付账和贸易合同的付款等。

保险公司的网络不如商业银行多，每个有工作的人都可能在银行存款，但不一定都买保险。所以，银行可以利用容易接触客户的方便条件，代理保险公司办理保险业务，银行从中收取一定的代理费。这种代理既可以是代理收取保险费，也可以是代理支付保险费。

（十二）提供保管箱服务

银行为客户提供保管箱服务，让客户将重要的文书、珠宝、所有权证书、商业契约和重要的书信等存放在银行的保管箱内，避免遗失和被侵害。银行的保管箱服务为广大客户提供了其他任何机构都不能提供的便利。

（十三）经中国人民银行批准的其他业务

任务检测

知识检测

（1）判断题

① 商业银行是以追逐利润为目标，以经营存款和对工商业发放贷款为主要业务，向客户提供多功能、非综合性服务的金融机构。

② 银行业最早的发源地是英国，1580 年建立了威尼斯银行。

③ 支付中介职能是指商业银行利用活期存款账户，为客户办理各种货币结算、货币收付、货币兑换和转移存款等业务行为。

④ 分支行制又称总分行制，是指由一个集团设立一家控股公司，再由该公司控制或收购若干金融子公司的组织形式。

（2）简答题

① 简述商业银行的性质和职能。

② 简述商业银行的主要业务。

（3）名词解释

① 单一银行制

② 分支行制

③ 信用中介职能

④ 信用创造职能

第五节　非银行金融机构

情景导入

2017 年，四大上市保险公司合计原保费收入 15 053.02 亿元，较 2016 年增长 20.79%。

中国平安 2017 年保费合计收入 6 046.26 亿元，同比增长 28.87%。其中，平安产险、平安人寿、平安养老及平安健康分别实现原保费收入约 2 159.84 亿元、3 689.34 亿元、175.60 亿元及 21.47 亿元。新华保险 2017 年原保费收入 1 092.94 亿元，同比下降 2.9%。中国人寿 2016 年原保费为 5 123 亿元，同比增长 18.97%。中国太保 2016 年原保费收入为 2 790.82 亿元，同比增长 19.5%。其中，太保寿险与太保财险收入分别约 1 739.82 亿元、1 051 亿元。

作为上市公司，优异的基本面吸引了不少价值投资资金的关注。2018 年 1 月 15 日，A 股保险板块发生异动，四大上市保险公司均录得不错的涨幅，中国平安当日涨幅 4.35%、中国人寿当日涨幅 3.46%、新华保险当日涨幅 4.58%、中国太保当日涨幅 5.23%。2018 年 1 月 17 日，保险板块集体拉升，截至当日收盘，保险板块涨幅 1.11%。

资金动向方面，1 月 15 日至 1 月 17 日，除中国太保外，其他三大上市保险公司均呈净流入状态。其中，中国平安 3 日资金净流入 5.44 亿元、中国人寿 3 日资金净流入 1.53 亿元、新华保险3日资金净流入3.86亿元。

知识准备

一、非银行金融机构的含义

随着商品经济不断发展和经济体制改革的深化，非银行金融机构在金融总资产中比重逐渐增大，对经济发展的推动日益凸现。

在西方国家，非银行金融机构主要指契约型储蓄机构和投资性金融中介机构，其中契约型储蓄机构包括保险公司和养老基金、投资性金融中介机构包括互助基金和金融公司。

在我国，非银行金融机构是指除中央银行、商业银行、政策性银行以外，经中国人民银行批准成立、本质尚不具备信用创造功能、从事金融性业务的企业组织，包括保险公司、证券公司、信托投资公司、融资租赁公司、财务公司等。

非银行金融机构实行独立核算、自主经营、自负盈亏、自我完善与发展的原则；在业务上，受中国人民银行的领导和监督；在资金来源方面，采取国家投资和地方财政与企业集资相结合的方式，有些还采取向个人集资的股份制形式。

二、证券公司

证券公司是依照《公司法》和《证券法》规定的从事证券经营业务的有限责任公司和股份有限公司。证券公司在不同国家有不同的称谓，在美国称为投资银行。

证券公司属于非银行金融机构，是资本市场的金融中介。证券公司包括以下主要业务。

（一）证券经纪业务

证券经纪业务又称代理买卖证券业务，是指证券公司接受客户委托代客户买卖有价证券的业务。在证券经纪业务中，证券公司只收取一定比例的佣金作为业务收入。

目前，我国公开发行并上市的股票、公司债券及权证等证券，在交易所以公开的集中交易方式进行，证券公司从事经纪业务以通过证券交易所代理客户买卖证券为主。

（二）证券自营业务

证券自营业务是指证券公司以自己的名义，以自有资金或依法筹集的资金，为本公司买卖在境内证券交易所上市交易的证券，在境内银行间市场交易的政府债券、国际开发机构人民币债券、央行票据、金融债券、短期融资券、公司债券、中期票据和企业债券，以及经证监会批准或备案发行并在境内金融机构柜台交易的证券，以获取营利的行为。

（三）资产管理业务

资产管理业务是指证券公司作为资产管理人，根据有关法律、法规和与投资者签订的资产管理合同，按照资产管理合同约定的方式、条件、要求和限制，为投资者提供证券及其他金融产品的投资管理服务，以实现资产收益最大化的行为。

（四）投资银行业务

国内证券公司从事的投资银行业务主要是证券承销业务，也称证券代理发行业务，是指证券公司接受发行人的委托，借助自己在证券市场上的信誉和营业网点，根据与发行人确定的发售方式，在规定的发行有效期限内代理发行人发行证券的活动。承销又可分为代销和包销两种方式。

（五）融资融券业务

融资融券业务是指证券公司向客户出借资金供其买入证券或出具证券供其卖出证券的业务。由融资融券业务产生的证券交易称为融资融券交易。融资融券交易分为融资交易和融券交易两类，客户向证券公司借资金买证券叫作融资交易，客户向证券公司借证券卖出叫作融券交易。

（六）证券投资咨询业务

证券投资咨询业务是指从事证券投资咨询业务的机构及其咨询人员为证券投资人或客户提供证券投资分析、预测或建议等直接或间接有偿咨询服务的活动。

（七）中间介绍业务

证券公司中间介绍业务是指证券公司接受期货经纪商的委托，为期货经纪商介绍客户参与期货交易并提供其他相关服务的业务活动。

（八）创新业务

创新业务是指创新试点证券公司根据现行法律、法规的规定，旨在开展未纳入中国证监会行政许可或审批范围的证券业务产品创新。证券公司证券业务产品创新主要指证券公司根据自身业务发展需要和行业发展趋势变化，改进或变革现有业务或产品的创新行为，包括投资银行业务、资产管理业务、经纪业务等方面的创新。

三、保险公司

保险公司是专门经营各种保险业务、提供保险保障的组织或机构。保险公司通过与投保人订阅保险合同，收取保险费，建立保险基金，实现其对被保险人的损失赔偿或给付保险金的责任。

按照保险范围划分，保险公司分为财产保险公司和人寿保险公司；按照业务承保方式划分，保险公司分为原保险公司和再保险公司；按照经营目的划分，保险公司分为商业性保险公司和社会保险机构。

保险公司的主要保险业务包括以下几方面。

（一）财产保险

财产保险是以各种物质财产为保险标的的保险，保险人对物质财产或物质财产利益的损失负赔偿责任，如火灾保险、海上保险、货物运输保险、工程保险、盗窃保险、农业保险等。

（二）人身保险

人身保险是以人的身体或生命作为保险标的的保险，保险人承担被保险人保险期间遭受到人身伤亡，或者保险期满被保险人伤亡或生存时，给付保险金的责任。人身保险除了包括人寿保险外，还有健康保险和人身意外伤害险。

（三）责任保险

责任保险是一种以被保险人的民事损害赔偿责任作为保险对象的保险。不论企业、团体、家庭或个人，在进行各项生产业务活动或在日常生活中，由于疏忽、过失等行为造成对他人的损害，根据法律或契约对受害人承担的经济赔偿责任，都可以在投保有关责任保险之后由保险公司负责赔偿，如公众责任保险、产品责任保险、职业责任保险、雇主责任保险等。

（四）信用保证保险

信用保证保险是保险人为被保证人向权利人提供担保的保险。信用保险以订立合同的一方要求保险人承担合同的对方的信用风险为内容的保险。保证保险以义务人为被保证人按照合同规定要求保险人担保对权利人应履行义务的保险。

（五）其他

除了以上业务，保险公司还办理投资理财型人寿保险等。

四、信托投资公司

信托投资公司是以接受客户信任和委托，根据客户的不同需要和约定，代理客户管理、经营各种金融资产和财产为主要内容的金融机构。

一个典型的依托行为要涉及三方关系人，即委托人、受托人和受益人。委托人是信托资金、财产的所有者，是他委托受托人代为管理和运用依托资产。受托人即为信托公司，它是接受委托人的委托，按委托人的意愿，为受益人的利益或特定的目的，对信托资金或财产进行管理、运用或处分。受益人是指享有信托行为受益权的自然人、法人或其他组织。委托人和受益人可以是一个人，也可以是不同人。

信托投资公司的主要业务包括个人信托业务和法人信托业务。个人信托业务是指信托投资公司以自然人为服务对象的信托业务，其主要目的是信托投资公司为自然人提供财产管理服务。法人信托是指信托投资公司以法人为服务对象，为其提供专业的财产或事务管理服务的信托业务。对于一般的财产管理，法人信托和个人信托并无很大的差异，比较有特色的法人信托业务主要有抵押公司债信托、商务管理信托等。

五、金融租赁公司

金融租赁是由出租人根据承租人的请求，按双方事先的合同约定，向承租人指定的出卖人购买承租人指定的固定资产，在出租人拥有该固定资产所有权的前提下，以承租人支付所有租金为条件，将一个时期的该固定资产的占有、使用和收益权让渡给承租人。这种租赁具有融资和融物双重功能。

金融租赁公司的主要业务模式有以下几种。

（一）直接融资租赁

直接融资租赁是指由承租人选择需要购买的租赁物，出租人通过对租赁项目风险评估后出租租赁物给承租人使用。在整个租赁期间承租人没有所有权但享有使用权，并负责维修和保养租赁物。它适用于固定资产、大型设备等。

（二）售后回租

售后回租是指承租人将自制或外购的资产出售给出租人，然后向出租人租回并使用的租赁模式。租赁期间，租赁资产的所有权发生转移，承租人只拥有租赁资产的使用权。双方可以约定在租赁期满时，由承租人继续租赁或以约定价格由承租人回购租赁资产。它适用于流动资金不足的企业、具有新投资项目但自有资金不足的企业等。

（三）杠杆租赁

杠杆租赁是指由出租人本身拿出部分资金，然后加上贷者提供的资金，以便购买承租人所欲使用的资产，并交由承租人使用；而承租人使用租赁资产后，应定期支付租赁费用。通常出租人仅提供其中20%～40%的资金，贷者则提供60%～80%的资金。

（四）委托租赁

委托租赁是指拥有资金或设备的人委托非银行金融机构从事融资租赁，第一出租人同时是委托人，第二出租人同时是受托人。出租人接受委托人的资金或租赁物，根据委托人的书面委托，向委托人指定的承租人办理融资租赁业务。这种租赁的一大特点就是让没有租赁经营权的企业，可以“借权”经营。

（五）转租赁

转租赁是指以同一物件为标的物的融资租赁业务。在转租赁业务中，上一租赁合同的承租人同时是下一租赁合同的出租人，称为转租人。转租人从其他出租人处租入租赁物再转租给第三人，转租人以收取租金差为目的，租赁物的所有权归第一出租方。

（六）风险租赁

风险租赁是指出租人以租赁债权和投资方式将设备出租给承租人，以获得租金和股东权益收益作为投资回报的租赁交易。

（七）其他

除了上述业务模式外，还有结构化共享式租赁、捆绑式租赁、融资性经营租赁、项目融资租赁、销售式租赁等。

六、财务公司

财务公司也称金融公司，是指为企业技术改造、新产品开发及产品销售提供金融服务，以中长期金融业务为主的非银行金融机构。其多数是商业银行的附属机构，主要吸收存款。在我国，财务公司是“企业集团财务公司”的简称，是指一类由大型企业集团内部成员单位出资组建并为各成员单位提供金融服务的非银行金融机构，不是商业银行的附属机构。其宗旨是支持国家重点集团或重点行业的发展。

财务公司的主要业务范围：吸收成员单位三个月以上定期存款；发行财务公司债券；办理同业拆借；对成员单位办理借款及融资租赁；办理集团成员单位产品的消费借贷、卖方借贷及融资租赁；办理成员单位商业汇票的承兑及贴现，委托贷款及委托投资；办理有价证券、金融机构股权及成员单位股权投资；承销成员单位的企业债券；对成员单位办理理财顾问、信用鉴证及其他咨询代理服务；对成员机构提供担保；境外外汇借款；经中国人民银行批准的其他业务。

知识拓展

2018年6月月底，央行就已经发布了关于非银行支付机构开展大额交易报告工作有关要求的通知，从2019年1月1日起正式施行。这说明受到监管的不仅仅是支付宝。除了支付宝以外，其他的非银行支付机构也要履行监测、上报大额交易报告的义务，而大家一直觉得受到优待的“亲儿子”银行早在几年前就已经遵守央行相关的规定，每日监测大额交易及可疑交易，将符合条件的大额交易与可疑交易上报给人行反洗钱中心，这是维护金融秩序安全稳定的必要措施。

任务检测

知识检测

（1）判断题

① 融资融券业务是指证券公司向客户出借资金供其买入证券或出具证券供其卖出证券的业务。（　　）

② 按照保险范围划分，保险公司分为财产保险公司和商业保险公司。（　　）

③ 信托受益人是指委托人。（　　）

④ 非银行金融机构实行独立核算、自主经营、自负盈亏、自我完善与发展的原则。（　　）

（2）简答题

① 简述金融租赁公司的主要业务模式。

② 简述保险公司的主要保险业务。

（3）名词解释

① 证券公司

② 人身保险

③ 财务公司

④ 信托投资公司

第八章 金融市场

学习目标

熟知金融市场的概念和功能；熟悉金融市场的特点；掌握金融市场的构成要素和分类；了解主要金融工具的内容；学会区分货币市场、资本市场、外汇市场和黄金市场。

第一节　金融市场概述

情景导入

张某某有一笔长期闲置不用的资金想用于投资理财，但又对相关知识不甚了解，通过和朋友聊天，他决定先上网自学一些金融市场方面的相关知识，为将来的投资理财做一些知识储备。那么，他都学到了什么呢？这些知识对他有帮助吗？让我们去看一下。

知识准备

一、金融市场的概念和特点

（一）金融市场的概念

“金”是指资金，“融”是指融通。

金融市场是指货币资金的借贷、各种票据和有价证券的买卖等融资活动的场所。

金融市场的存在，使资金供应者和需求者通过各种交易方式，运用各种金融工具，实现了资金的融通与调剂，满足了供求双方各自的需求。

（二）金融市场的特点

金融市场具有以下特点。

（1）经营的商品：货币资金等金融产品，属特殊商品。

（2）营业的市场：可以是有形市场，也可以是无形市场。

（3）交易的价格：主要受市场供求状况的影响。

（4）融资的形式：可以是直接融资，更多的是间接融资。

查一查

➢ 对比一下金融市场和商品市场有何不同？

二、金融市场的构成要素

金融市场的构成要素主要包括市场参与者、交易对象、交易组织形式和交易价格等。

（一）市场参与者

金融市场的参与者是市场交易的主体，具体来说有个人、企业、金融机构、经纪人、证券公司及政府机构等。其交易采用书面契约形式的金融工具。其中，中央银行既是市场资金的供求者，也是市场稳定的调控者。商业银行是市场最大的资金供应者。

（二）交易对象

金融市场的交易对象是金融资产，它可以是原生性的，也可以是衍生性的。它不同于商品市场，其主要交易对象是商品。

金融市场的交易具有流动性、收益性和风险性。

（三）交易组织形式

金融市场交易组织形式如表 8-1 所示。

表 8-1　金融市场交易组织形式

交易组织形式	交 易 地 点	交 易 特 点
交易所交易	交易所	竞价方式
柜台交易	金融机构柜台	面议协商（交易灵活、成本低、对象广泛）
场外交易（第三、第四市场）	无规定，可任何地方	电信及计算机网络方式等（成本低、成交快、隐蔽性强）

（四）交易价格

在金融市场上，其交易价格有利率和汇率两个。利率是指一定借贷期间，贷款的利息额和贷款本金间的比率。汇率是指两种不同货币间交换的比率。

在金融市场上，交易价格的高低主要取决于资金供求双方的状况。

想一想

➢ 现在办理金融业务还是必须要去银行吗？为什么？

三、金融市场的功能

（一）聚敛功能

金融市场的聚敛功能是指金融市场引导众多分散的小额资金汇聚，成为可以投入社会再生产的资金集合功能。

（二）配置功能

金融市场能将资源从低效利用部门转移到高效利用部门，实现资金的合理流动，提高和促进稀缺资源的合理配置和运用效率。

（三）调节功能

金融市场是连接资金供应者和需求者的桥梁，其运行机制通过对其双方的影响而发挥直接和自发调节作用。

金融市场的存在客观上对微观经济部门产生影响，进而影响宏观经济活动，并为政府实施对宏观经济活动的间接调控创造了条件。

（四）反映功能

金融市场是反映微观经济运行状况的指示器，它通过资金的流向和价格等反映经济活动的大致走势和发展动态，使人们可以在尽可能短的时间内了解各地经济发展和变化等情况。因此，金融市场被称为国民经济的“晴雨表”和“气象台”，是公认的国民经济信号系统。

（五）其他功能

除了以上功能外，金融市场的存在，金融工具的不断创新，也促使居民的金融资产向多样化和风险分散化转移。

查一查

➢ 结合我国现状，谈一谈你对金融市场功能的看法。

四、金融市场的分类

金融市场的种类可以从以下方面进行划分。

（一）按业务活动期限划分

按业务活动期限划分，金融市场可分为货币市场和资本市场。

货币市场是指融资期限在一年及一年以内的金融市场。该市场具有时间短、金额小、风险小和流动性强等特点。其主要包括国库券市场、同业拆借市场、票据贴现市场、票据承兑市场等。

资本市场是指融资期限在一年以上的金融市场。与货币市场相比，它具有时间长、金额大、风险大和流动性较差等特点。其主要包括证券市场、长期抵押放款市场等。

（二）按成交后是否立即交割划分

按成交后是否立即交割划分，金融市场可分为现货市场和期货市场。

现货市场可以理解为即期市场，是指在交易成交后，立即或在两个营业日内办理交割的市场。

期货市场可以理解为远期市场，是指在交易成交后，按合约规定在将来确定的时间办理交割市场。

期货市场和现货市场的主要区别是成交和交割时间不同。期货市场会出现所谓买空、卖空的投机行为，当然投资者也可以利用时间和价格差进行交易，达到保护自身投资利益的目的。

（三）按交易模式划分

按交易模式划分，金融市场可分为一级市场和二级市场。

一级市场也称证券发行市场，是指股票或债券等金融工具首次发行市场。它可以再次划分为新发市场和增发市场。

二级市场也称证券流通市场，是指已发行的股票或债券等金融工具进行流通转让的交易市场。

另外，按地域范围划分，金融市场还可以分为地方性、国内性、国际性金融市场；按中介特征划分，金融市场可以分为直接金融市场与间接金融市场；按标的物性质划分，金融市场可以分为外汇市场、黄金市场和保险市场。

查一查

➢ 什么是信贷市场、股票市场、票据贴现市场？

知识拓展

看好医药长牛行情“金牛公司”华安基金推出首只医药主题基金

新冠疫情催化医药行情，从中长期来看，医药行业保持较高增速，估值合理，投资价值明确。“金牛基金公司”华安基金投资管理实力出色，看好医药行业的长牛行情，近期推出了旗下第一只医药主题基金——华安医疗创新。该基金聚焦医疗创新主题机遇，目前正在发行，投资者不妨适当关注。

医药属于高精尖行业，投资研究难度大。作为新产品管理人，华安基金曾43次荣获“金牛奖”，长期以来权益投资实力有目共睹。目前，华安基金已构建起强大的投研平台，主动股票投研团队超50人，主动管理权益基金经理平均从业近11年，研究部人员平均从业超8年，均拥有丰富的投资研究经验。多年来，团队持续深耕“科技创新类新经济”，重点覆盖创新药、人工智能、云计算、5G等新兴领域，能够更好地理解医药等科技创新企业的发展，了解核心技术优势，这将为华安医疗创新提供有力的投研支持。

从长期投资业绩来看，海通证券数据显示，截至2019年年底，华安基金旗下权益类基金近1年、近2年、近3年收益率均排名行业前10。

此次发行的新产品是一只医药主题基金，对于为什么选择布局医药领域，华安基金表示，医药是最优质的长期赛道之一。医药行业不断在制度、管理、技术、模式等方面进行了深入改革和创新，在此过程中也涌现出诸多优秀的上市公司，有着较好的长期投资价值。WIND数据显示，截至2020年3月11日，A股过去20年、过去10年涨幅排名前20的个股中有25%来自医药行业。

华安基金分析，目前来看，有四大因素支撑着医药行业长牛：一是持续的刚需需求，我国人口老龄化持续加深，老年人口占比预计在2031年超过21%，这将催生大量的医药保健需求。同时，随着我国人均可支配收入的增长，以及医疗保健意识的增强，也将带动医疗健康消费需求的不断升级。二是技术创新持续创造供给，医疗行业创新发展非常快，创新药、新型诊断、治疗技术不断进步，能够持续创造新的供给。三是进入壁垒高，从法律监管、专利、客户转换成本、规模效应等方面来看，医疗都是一个进入门槛非常高的行业。四是生意属性好，医疗行业的优秀公司大都具备高净资产收益率（ROE），且主要来自较高的盈利能力，这些公司现金流良好、资产较轻，因此能带来良好的长期股东回报。

为帮助投资者充分把握医药行业机会，华安医疗创新股票仓位 60%～95%，且投资于医疗创新主题相关证券不低于非现金基金资产的 80%。该基金一方面将关注传统医疗健康产业，包括医疗卫生服务、生命健康、医疗器械、制药、养老医疗等行业；另一方面也将积极挖掘医疗创新领域的机会，如生物医药、医疗服务创新、医药商业、移动医疗、医疗互联网等，通过精选优质医疗个股，分享上市公司长期发展成果。

值得一提的是，华安医疗创新将由资深基金经理谢昌旭管理。从专业背景来看，他从医药行业研究员起步，拥有 8 年投资研究和管理经验，在医药健康领域具有深厚的研究积淀和丰硕的投资成果。投资中，他注重以承担较低的风险来获取相对更高的投资回报，追求投资的“非对称性”，投资风格偏向稳健成长。WIND 数据显示，截至 2020 年 3 月 11 日，谢昌旭管理的华安新丝路主题以医疗为长期核心资产，其任职以来收益率为 75.72%，排名同类前 1/3，且获得了 50%的超额收益。

资料来源：新浪财经

议一议

➢ 企业与金融市场的关系是什么？

任务检测

1. 知识检测

（1）判断题

① 利率是指一定借贷期间，贷款的利息额和贷款本金间的比率。（　　）

② 期货市场是指在交易成交后，按合约规定在两个营业日内办理交割的市场。（　　）

③ 金融市场的交易具有流动性和收益性，交易者不用承担市场风险。（　　）

④ 证券流通市场是指已发行的股票或债券等金融工具进行流通转让的交易市场，也称为一级市场。（　　）

⑤ 资本市场具有时间长、金额大、风险大和流动性较差等特点。其主要包括证券市场、长期抵押放款市场等。（　　）

（2）简答题

① 简述金融市场的特点和构成。

② 你认为金融市场的功能是什么？

③ 一级市场和二级市场的异同点有哪些？

④ 货币市场和资本市场有何不同？

⑤ 金融市场的主要种类划分有哪些？

（3）名词解释

① 金融市场

② 货币市场

③ 一级市场

④ 现货市场

2. 探讨和交流

张某有一笔闲置期为半年左右的资金，李某有一笔大额的 3～5 年内无须动用的资金。两个人均想将闲置资金进行有效利用。

根据你所学的知识，请帮助他们设计一下使用资金的大致方向，并简单说出理由。

第二节 金融工具

情景导入

通过学习，张某对金融市场的特点、构成要素和分类等有了初步了解。但他还想进一步知道如果进行理财或融资，都有哪些金融工具可以使用。于是，他决定继续上网学习关于金融工具的相关知识。那么，这次他都学到了什么呢？让我们去看一下。

知识准备

一、金融工具的概念和特点

（一）金融工具的概念

金融工具是融资行为所需要的载体，是用来证明交易双方融资中权利义务的书面证明和法律凭证。

金融工具可以是公开进行交易的标准化产品，如股票、期货；也可以是不可公开交易的非标准化产品，如存款、远期合约等。金融工具有时也称为金融产品。

（二）金融工具的特点

1. 偿还期

多数金融工具从交易开始到最终结束（债权债务清算结束）都存在一定的期限（如 5 年、10 年、30 年等），即偿还期。但也有极端现象，其偿还期限无法确定，如活期存款和股票。

2. 流动性

这里指的是金融资产转换成货币的能力，以及转换时价值不受损失的能力。一种金融工具如果具有时间短和到期能够及时偿还的特点，则就具有较高的流动性。

3. 风险性

投资意味着在想要获利的同时也要承担亏损的风险。通常，风险来源于两个方面：交易一方违约风险和市场风险。同时，风险的大小与金融工具的流动性和偿还期长短呈一定比例。

4. 收益性

投资的目的是要获取收益。金融工具的收益大小主要通过名义收益率、实际收益率等收益率指标来进行衡量。

查一查

➢ 说明什么是名义收益率和实际收益率。

二、金融工具的分类

（一）按照融资形式划分

按照融资形式划分，金融工具分为直接融资工具和间接融资工具。

直接融资工具包括商业票据、股票、债券，间接融资工具包括银行债券、人寿保单等。

直接融资是指双方通过一定的金融工具直接形成债权债务关系的融资形式，而间接融资是指双方通过金融中介机构实现的融资方式。

（二）按照期限划分

按照期限划分，金融工具分为货币市场工具和资本市场工具。

货币市场工具包括商业票据、短期公债、CD、回购协议，资本市场工具包括股票、公司债券、中长期公债等。

（三）按照权利义务关系划分

按照权利义务关系划分，金融工具分为所有权凭证和债券凭证。

所有权凭证是指股票，债券凭证是指除了股票以外的金融工具。

（四）按照信用关系的不同划分

按照信用关系的不同划分，金融工具分为原生性金融工具和衍生性金融工具。

原生性金融工具包括股票、债券、基金、商业票据，衍生性金融工具包括期货、期权、互换等。

查一查

➢ 对比一下股票和债券的异同。

知识拓展

花呗将在培训教育、健康保障和绿色出行领域提供分期免息补贴

新的一年里，补贴大战难消停。

2019 年 12 月 26 日，花呗宣布将加大补贴，为民生领域的刚性支出提供免息服务。继春运买票全民免息之后，花呗推出“1 年 1 万家机构”计划，为用户在培训教育、健康保障和绿色出行三大民生领域提供分期免息补贴。

“花呗应该是用户改善生活、提升自我的好帮手。”近日，蚂蚁金服花呗事业部总经理邵文澜在花呗五周年的内部会议中说。“明年至少完成 1 万家分期免息的补贴，这只是开始，以后会更多。”她说，“花呗要让春节回家时买票负担轻一些，自我充电时学费负担轻一些，体检看病时负担轻一些，在变成更好的自己的同时，更快乐，更省心。”

据悉，目前，花呗的用户群体已破亿，仅春运补贴分期买火车票的预算就达 10 亿元，未来在三大民生领域的分期免息补贴将是一个不小的数字。

不过，有人发出这样的疑惑：500 元的火车票有必要分期支付吗？对此，花呗内部一位运营人员对记者透露，从近两年春节买票的情况看，在务工群体中，领取免息分期购票的价格在 500 元以下的量占比超过 70%，减少支出或免费推迟支出，都是刚需。

事实上，不少用户选择分期支付，并不是因为支付不起才选择分期，而是在能负担的消费额度内，尽可能减少现有资金占用，用于理财，更有效地利用资金。近期南都大数据研究院的调研报告也印证了这一点，受访者学历越高，使用分期消费的比例越高。大部分受访者的分期行为体现出自主性、自发性，不仅仅是因为无法支付订单而不得不分期。

资料来源：国际金融报

议一议

➢ 花呗的做法在金融业务和市场消费的意义是什么？

任务检测

知识检测

（1）判断题

① 间接融资是指双方通过一定的金融工具直接形成债权债务关系的融资形式。（ ）

② 原生性金融工具包括股票、债券、基金、期货和期权等。（ ）

③ 资本市场工具主要包括股票、公司债券、中长期公债等。（　　）

④ 金融工具收益大小主要是通过名义收益率、实际收益率等收益率指标来进行衡量的。（　　）

⑤ 金融工具主要具有流动性、收益性、风险性和无偿性的特点。（　　）

（2）简答题

① 简述金融工具的特点。

② 简述金融工具的种类划分。

③ 简述直接融资与间接融资的主要异同。

（3）名词解释

① 金融工具

② 直接融资

③ 实际收益率

④ 名义收益率

第三节　货币市场

情景导入

通过对金融工具的学习，张某知道金融工具有货币市场工具和资本市场工具之分。于是，他想把自己闲置的资金分别进行投资。但投资之前，他还想具体了解一下关于货币市场的相关知识内容，于是他再次在网上进行了学习。这次，他又学到了什么呢？让我们去看一下。

知识准备

一、货币市场的概念和特点

（一）货币市场的概念

货币市场是期限在一年以内（包括一年）短期金融资产融资活动的交易市场，又称短期资金市场。

货币市场的交易工具主要是政府、银行及工商企业发行的短期信用工具，如票据、国库券等。

（二）货币市场的特点

货币市场具有以下特点。

（1）交易期限：时间短，最长不超过一年。

（2）交易目的：一般用于短期资金临时周转需要。

（3）交易风险：短期金融工具流动性强，可随时兑现，交易风险较小。

二、货币市场的分类

按投资工具的不同，货币市场分为同业拆借市场、票据贴现市场、可转让大额定期存单市场、回购协议和短期政府债券市场等。

（一）同业拆借市场

同业拆借是金融机构之间相互融通短期资金的一种金融业务。它包括银行与银行之间、银行与其他机构之间短期资金拆出和拆入。

银行同业拆借市场有利于弥补金融机构资金流动不足和有效进行资产负债管理。

查一查

➢ 银行同业拆借市场的特点有哪些？

（二）票据贴现市场

票据贴现是指持票人在需要资金时，将持有的未到期的商业票据经背书转让给商业银行或其他金融机构，银行或其他金融机构扣除利息后，将票款余额支付给持票人。

贴现涉及的票据有带息和不带息两种，我国一般属于后者。

（三）可转让大额定期存单市场

可转让大额定期存单是银行或储蓄机构发行的一种证明文件。

对投资者来说，可转让大额定期存单的好处是不仅可以获得较高存款利率，还可以在市场上进行出售转让。

（四）回购协议

回购协议是指按照交易双方的协议，由卖方将一定数额证券临时售予买方，并承诺在日后将该证券如数赎回。该协议实际包括出售和购回两个内容，其实质可以理解为有抵押品（或担保品）的短期资金融通。

回购协议是在 20 世纪 70 年代从美国发展起来的一种信用工具。

（五）短期政府债券市场

短期政府债券主要指国库券的发行和交易市场，以此来满足政府临时财政需要。

政府债券具有风险低、信用度高、流动性强和免税等特点。

查一查

➢ 我国国库券市场的现状。

知识拓展

票据中介代理贴现引起的纠纷案例分析

这是一起票据中介代理前手“贴现”，贴现机构向该前手划付票款后，票据中介又否认委托代理关系，以票据权利人身份要求贴现机构“再付一次”的案件。

案情简介

原告：许某实际控制的上海某钢铁贸易公司（票据中介）

被告：上海某金融服务公司

涉事方：上海某公司（本案例中的票据收款人），许某及其实际控制的上海某钢铁贸易公司（票据中介）

上海某公司（以下简称“上海公司”）是一张 300 万元的电子银行承兑汇票的收款人，该票据出票日为 2014 年 11 月 4 日，到期日为 2015 年 11 月 4 日。上海公司取得票据后，委托票据中介许某找人贴现，并将票据背书给许某实际控制的上海某钢铁贸易公司（以下简称“钢贸公司”）。许某经他人介绍，最终找到了专门从事票据贴现的上海某金融服务公司（以下简称“金融公司”）并将票据背书给了金融公司。金融公司看到电子背书后，按照许某的指令，将 293.5 万元贴现款直接打给了票据上记载的收款人——上海公司，将 3 000 元中介费直接打到了许某的个人卡上，交易完成。

2015 年 6 月，许某实际控制的钢贸公司以“返还不当得利”为由，将金融公司告上法庭。诉称“因公司财务人员工作失误，在支付货款时，误将电子票据背书给了金融公司，其与金融公司既无交易关系也无债权债务关系，要求返还票据，如果不能返还票据则要求返还票据款 300 万元”。

金融公司辩称“许某和上海公司（收款人）之间是委托代理关系，许某（及其钢贸公司）只是一个‘票据中介’，真正的票据权利人是收款人——上海公司，因此，票据款打给上海公司并没有错”。

为了证明存在这种“委托代理关系”，金融公司提供了许某的手机短信，短信载明许某要求将贴现款打给收款人和将中介费打给其个人账户。

法庭审理

在庭审中，金融公司要求追加收款人上海公司为共同被告，法院以“不是一个法律关系为由”驳回，告知金融公司“对上海公司另行起诉”。

法院经审理认为，金融公司的“委托代理关系”之抗辩没有证据证明：在双方交易时，票据权利人为钢贸公司而不是上海公司，金融公司取得票据权利没有向权利人支付对价，属于不当得利，依法应当返还。

资料来源：百度，电商新时代

议一议

➢ 票据贴现纠纷案例中给我们的启示是什么？

任务检测

1. 知识检测

（1）判断题

① 可转让大额定期存单是银行或储蓄机构发行的一种证明文件。（　　）

② 回购协议包括出售和购回两个内容，其实质可以理解为有抵押品（或担保品）的短期资金融通。（　　）

③ 政府债券就是国库券，它具有风险低、信用度高、流动性强和免税等特点。（　　）

④ 同业拆借仅指银行与银行之间短期资金拆出和拆入。（　　）

⑤ 票据贴现是一种资金融通形式，有带息和不带息贴现两种。（　　）

（2）简答题

① 简述货币市场的特点。

② 简述货币市场的分类。

（3）名词解释

① 货币市场

② 回购协议

③ 可转让大额定期存单

④ 票据贴现

⑤ 同业拆借

2. 探讨和交流

张某有一笔闲置期为一年且金额较大的资金，他想将闲置资金进行有效利用。

根据你所学的知识，请帮助他设计一下使用资金的方向，并简单说出理由。

第四节　资本市场

情景导入

在学习了货币市场相关知识后，张某并没有满足，他还想学习更多金融市场知识，以便于将来的工作和资金投资。于是，他开始了对资本市场的学习。这次，他又学到了什么呢？让我们去看一下。

知识准备

一、资本市场的概念和特点

（一）资本市场的概念

资本市场是指期限在一年以上中长期金融资产融资活动的交易市场。其主要包括股票市场、债券市场、基金市场和中长期信贷市场等。

资本市场融通的资金主要作为扩大再生产的资本使用。

（二）资本市场的特点

资本市场具有以下特点。

（1）交易期限：融资期限长，至少在一年以上。

（2）交易目的：解决中长期性投资的资金需要。

（3）交易风险：交易时间长，变现能力差，收益高，但风险较高。

（4）交易工具：特殊，主要是中长期信用工具，如股票、债券等。

查一查

➢ 对比一下资本市场与货币市场有何不同？

二、资本市场的分类

资本市场可以分为股票市场、债券市场、投资基金市场、中长期贷款市场等。

（一）股票市场

股票市场是指进行股票发行和流通转让的市场。

股票是股份公司发给股东作为入股凭证，借以取得股息收入的一种有价证券。股票是资本市场流通的一种重要的有价凭证。

按募集对象，发行股票分为公募发行和私募发行两种。按发行价格，发行股票分为面值发行（平价发行）、溢价发行和折价发行。按股权性质，发行股票分为国家股、法人股和个人股等。

查一查

➢ 什么是平价、溢价和折价？

（二）债券市场

债券市场是通过债券发行与交易完成融资行为的资本市场。

债券是债务人按照法定程序发行，承诺按约定利率和日期支付利息并偿还本金的一种书面债务凭证。交易双方是债权债务关系。

债券发行方式有公募发行和私募发行两种。债券的发行价格有面值发行（平价发行）、溢价发行和折价发行。

我国债券一般采用面值发行、到期一次还本付息方式。我国不允许折价发行债券。

（三）投资基金市场

投资基金是通过发行基金单位集中投资者的资金，由托管人托管并由管理人管理和运用，从事有价证券等金融工具投资并进行投资利益分配的一种投资方式。

我国投资基金根据规定只采用公募方式发行。

（四）中长期贷款市场

中长期贷款一般用于技术改造或建设类项目，如建设机场、公路、电站及购置生产设备等。

中长期贷款市场具有金额大、时间长和风险大等特点。

查一查

➢ 对比一下股票与债券有何不同？

知识拓展

2020年国债发行时间表及利率最新公告 记账式国债和储蓄国债哪个好？

国债是一种理财产品，风险较小，属于稳健型理财产品，每年国债发行的时间会有细微差异。2020年国债发行时间表及利率最新公告是什么？国债买几年合适？记账式国债和储蓄国债哪个好？下面，我们一起来看看吧。

一、2020年国债发行时间及利率最新公告

中国人民银行公告显示，2020年4月10日、6月10日、7月10日、8月10日、10月10日的是电子式国债发行时间，5月10日、9月10日、11月10日是凭证式国债发行时间。

2020年第一批储蓄国债将从3月10日开始发行，票面利率较2019年同期不变，分为3年期和5年期，3年期票面年利率为4.0%，5年期票面年利率为4.27%。

二、国债买几年合适

1. 流动性需求角度

虽然5年的利率水平更高，但是5年期国债的时间太长，流动性较低。对于一些不知道是否用到钱的购买者来说选择3年期国债比较好，毕竟3年期国债利率与5年期国债的利率相差不是特别大。

2. 安全性需求角度

这里的安全性需求是从利率变化考虑的。一般国债价格经常会调整，而付息是根据购买时的利息支付的。如果储户觉得未来利率会涨，那么就选择3年期国债；而如果储户觉得未来利率还会降，则5年期优势更大，可以避免未来利率下跌收益下降的风险。

3. 收益性需求角度

通胀情况对国债的影响很大，因为国债持有期并不短，如果持有期间通胀情况严重，那么期限短的更有利，更容易调整策略；如果物价波动不大，那选择更长周期会更好，可获得更高的利率。

这样对比来看，3年期的流动性和收益风险更小；虽然5年期利率更高，但其收益似乎弥补不了其流动性风险和通胀风险带来的问题。

三、记账式国债和储蓄国债哪个好

储蓄国债和记账式国债各具优势，记账式国债可以在二级市场上市流通，在证券交易所进行买入和卖出，其价格也往往会受到市场的影响；而储蓄国债只能在发行期进行认购，不可上市流通，同样地，价格也不会受到市场的影响，提取兑取收益是可预知的，最终收益情况一般不会低于发行面值。如果想要安全稳健一点儿，那就选择储蓄国债，如果偏好风险的话，那就选择记账式国债。

资料来源：百度，高管职业说

议一议

➢ 为什么很多人都愿意投资国债？

任务检测

1. 知识检测

（1）判断题

① 资本市场是指期限在一年以内金融资产融资活动的交易市场。其主要包括股票市场、债券市场、基金市场和中长期信贷市场等。（　　）

② 资本市场的交易风险主要表现在交易时间长，变现能力差，收益高，但风险较高。（　　）

③ 我国投资基金根据规定可以采用公募方式发行，也可以采用私募方式发行。（　　）

④ 资本市场融通的资金主要作为扩大再生产的资本使用，也可以作为临时生产资金周转使用。（　　）

⑤ 在我国，债券一般采用面值或折价、到期一次还本付息方式发行。（　　）

（2）简答题

① 简述资本市场的特点。

② 简述资本市场主要种类划分。

③ 简述股票和债券的主要异同。

（3）名词解释

① 资本市场

② 股票

③ 债券

④ 溢价

⑤ 折价

2. 探讨和交流

张某有一笔闲置期为半年左右的资金，李某有一笔大额的 3～5 年内无须动用的资金。两个人均想将闲置资金进行有效利用。

根据你所学的知识，请详细帮助他们设计一下使用资金的方向，并简单说明理由。

第五节 外汇市场和黄金市场

情景导入

某日，张先生和朋友聊天说到黄金和外汇，人人都希望持有它，但又知道不能随便用于市场支付，那持有的意义何在？它能给我们带来利益吗？带着这些疑问，他们上网查阅了关于黄金和外汇的一些知识。那么，他们都查到了什么呢？这些知识对他们有帮助吗？让我们去看一下。

知识准备

一、外汇市场

（一）外汇市场的概念

外汇市场是指进行外汇买卖、借贷、头寸调剂等交易行为的市场。

（二）外汇市场的作用

（1）实现购买力的国际转移：国际经济交往中，交易双方的结算或购买力的支付转移是通过外汇市场实现的。

（2）调节外汇资金的余缺：外汇市场的存在方便了外汇买卖、国际借贷和国际投资活动的进行。

（3）提供外汇投机和避免外汇风险的场所：前者的结果主要是避免或减少了外汇风险，而后者是承受汇率风险，获利或亏损。

（三）外汇市场的主要构成

外汇市场由主体和客体两部分构成。

主体主要指外汇市场的参与者，包括外汇银行、外汇经纪人、顾客和中央银行。

客体即外汇市场的交易对象，主要包括各种可自由交换的外国货币、外币有价证券及外币支付凭证等。

查一查

➢ 外汇市场有哪些分类方法？

二、黄金市场

（一）黄金市场的概念

黄金市场是指集中进行黄金买卖和金币兑换的交易市场。

（二）黄金市场的作用

黄金市场的存在对国家经济和金融发展具有重要作用，是重要的金融市场组成部分。

（1）它是重要的投资和融资场所。

（2）具有转移风险套期保值功能。

（3）对一国的国际储备具有重大意义。

（三）黄金市场的分类

（1）按交易类型和方式不同，黄金市场分为现货交易市场和衍生品交易市场。后者是在现货交易的基础上产生而来的，是对现货交易市场的补充。

（2）按有无固定场所不同，黄金市场分为无形市场和有形市场。前者主要是网络交易市场，如伦敦黄金市场；后者如纽约黄金市场等。

（四）黄金市场的主要构成

（1）市场交易服务机构和场所。

（2）市场买卖参与者，如金融机构、法人机构、经纪公司和个人等。

（3）市场监督和管理机构。

（4）行业自律组织。

查一查

➢ 我国对黄金市场管理的现状如何？

知识拓展

中国黄金行业发展现状与趋势

一、黄金行业概况

黄金是化学元素金的单质形式，是一种软的、金黄色的、抗腐蚀的贵金属。金是较稀有、较珍贵和极被人看重的金属之一。国际上一般以“盎司”作为黄金的单位，在中国古代黄金的单位则是“两”。黄金是一种非常重要的金属，不仅是用于储备和投资的特殊通货，同时又是首饰业、电子、现代通信、航天航空等部门的重要材料。

黄金行业的上游主要为金矿粉、金精矿原材料，下游主要应用在黄金制品、黄金首饰、工业用黄金等方面，如图 8-1 所示。

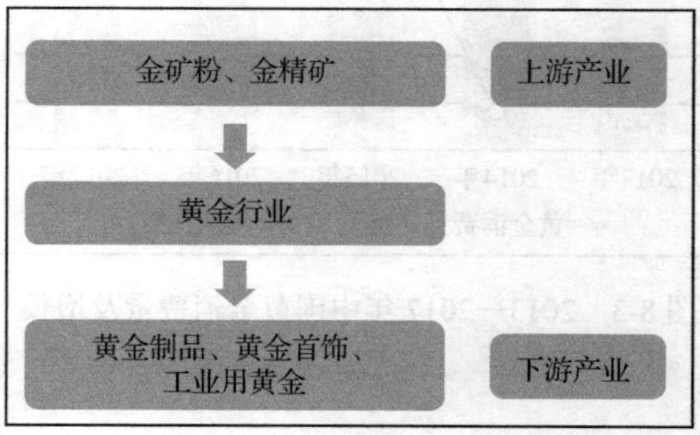

图 8-1 黄金行业产业链示意图

资料来源：公开资料整理

二、中国黄金行业发展现状分析

2017 年，中国黄金产量连续 11 年保持世界第一位。2017 年，国内累计生产黄金 426.14 吨，与 2016 年相比，减产 27.35 吨，同比下降 6.03%，如图 8-2 所示。其中，黄金矿产金完成 369.168 吨，有色副产金完成 56.974 吨。除此之外，国外进口原料产金 91.35 吨，同比增长 11.45%，全国累计生产黄金（含进口原料生产）517.490 吨，同比下降 3.35%。

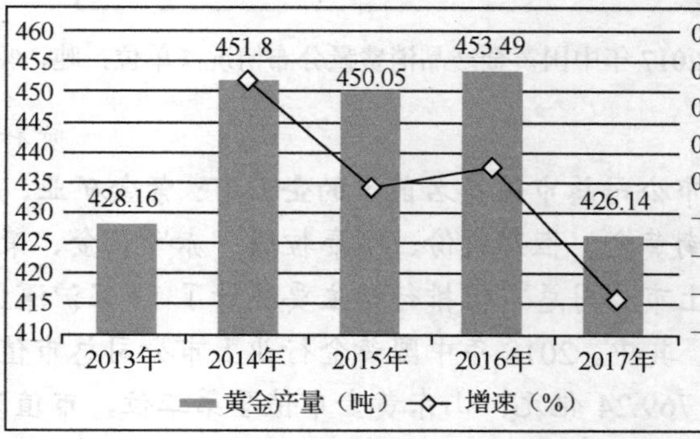

图 8-2 2013—2017 年中国黄金产量及增长

资料来源：公开资料整理

2017 年，黄金消费量逐渐回暖。一方面，随着国内高端消费的持续复苏、二三线城市消费需求的崛起，国内黄金首饰销售继续回暖。另一方面，受房地产、证券市场等金融市场波动的影响，实物黄金投资产品需求增加。

2017 年，全国黄金消费量连续 5 年保持世界第一位。

2017 年，全国黄金实际消费量 1 089.07 吨，同比增长 9.41%，如图 8-3 所示。其中，以黄金首饰和金条消费量为主。黄金首饰 696.50 吨，同比增长 10.35%；金条 276.39 吨，同比增长 7.28%；金币 26 吨，同比下降 16.64%；工业及其他 90.18 吨，同比增长 19.63%，如图 8-4 所示。黄金首饰、金条销售和工业用金量继续保持增长趋势，仅金币销售量出现了下跌。

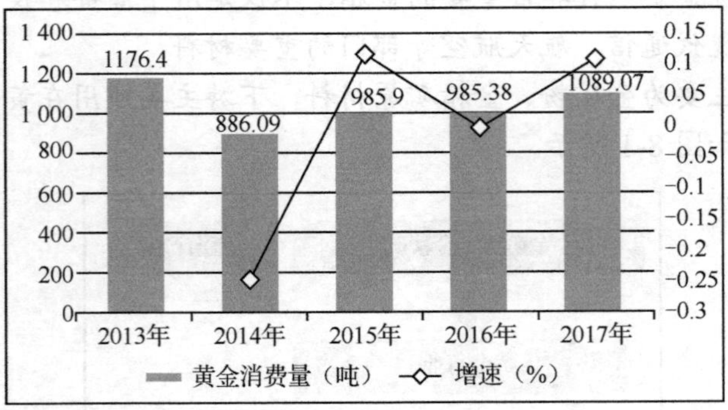

图 8-3　2013—2017 年中国黄金消费量及增长

资料来源：公开资料整理

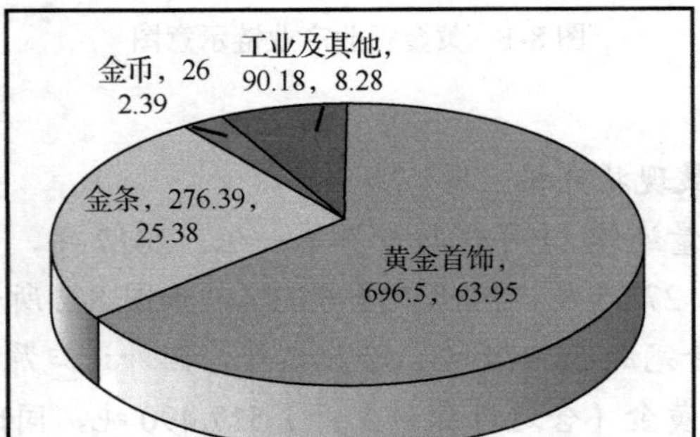

图 8-4　2017 年中国黄金产品消费量分布情况（单位：吨，%）

资料来源：公开资料整理

2018 年，中国行业上市公司总市值排名前十的企业有：紫金矿业、山东黄金、中金黄金、银泰资源、西部黄金、湖南黄金、恒邦股份、刚泰控股、赤峰黄金、荣华实业。值得关注的是，2018 年中国黄金行业上市公司总市值排行榜主要统计了 13 家沪深上市企业的市值排名，市值超过百亿元的仅 4 家。其中，2018 年中国黄金行业上市公司总市值居第一位的是来自福建省的紫金矿业，市值达 769.24 亿元；山东黄金市值居第二位，市值为 669.74 亿元；中金黄金市值居第三位，市值为 296.11 亿元，如表 8-2 所示。

表 8-2　2018 年中国黄金行业上市公司总市值排行 TOP10

排　名	名　称	总市值/亿元	省　份
1	紫金矿业	769.24	福建省
2	山东黄金	669.74	山东省
3	中金黄金	296.11	北京市
4	银泰资源	202.11	内蒙古自治区
5	西部黄金	94.57	新疆
6	湖南黄金	94.36	湖南
7	恒邦股份	76.29	山东省
8	刚泰控股	61.78	甘肃
9	赤峰黄金	56.91	内蒙古自治区
10	荣华实业	25.16	甘肃省

资料来源：公开资料整理

三、中国黄金交易细分市场分布情况分析

黄金产品有多种分类方法。从产品性质来看，中国黄金市场投资品大致可分为五类：实物黄金销售类、投资交易类、衍生品类、融资类和理财类。

投资交易类产品按是否提取现货细分为实物交易类和账户交易类。2017 年，实物交易类累计成交黄金 8 162.9 吨，同比增长 6.13%，如图 8-5 所示。其中，金交所现货实盘成交 6 649.02 吨，占 81.45%；“上海金”集中定价 1 262.74 吨，占 15.47%；商业银行黄金积存和定投成交 201.85 吨，占 2.47%；黄金 ETF 成交 49.29 吨，占 0.6%，如图 8-6 所示。2017 年，商业银行账户类黄金累计交易 2 130.8 吨，交易金额为 5 835.1 亿元，比 2016 年分别下降 1.34%和 3.49%。

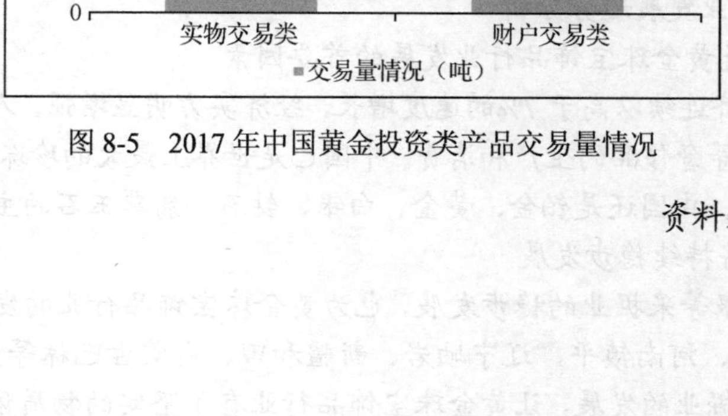

图 8-5　2017 年中国黄金投资类产品交易量情况

资料来源：公开资料整理

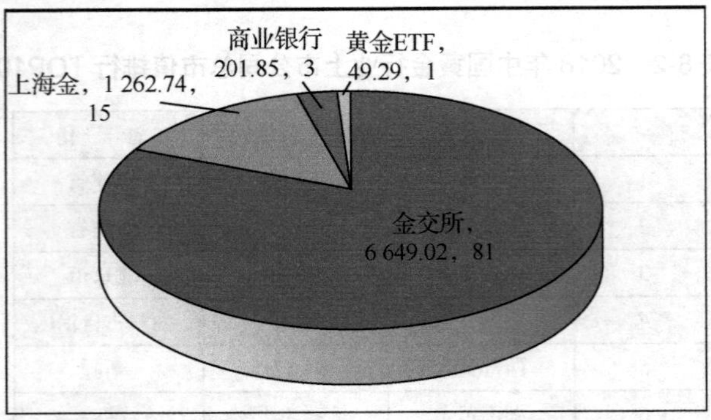

图 8-6　2017 年中国黄金投资类实物交易量分布情况（单位：吨，%）

资料来源：公开资料整理

黄金衍生品现已初步形成横跨境内外的产品体系。其中，上海期货交易所的黄金期货和上海黄金交易所的黄金延期为主力品种。2017 年，上海黄金交易所询价交易 112.29 万吨，同比增长 29.28%，形成与竞价交易互为补充、快速发展的态势。

除此之外，2017 年，商业银行在境内交易的各类黄金衍生品 2 437.72 吨，在境外交易的黄金衍生品 9 034.92 吨。无论是境内还是境外，黄金远期都是主要交易品种，其次是黄金掉期；黄金期权和黄金期货交易量较少，如图 8-7 所示。

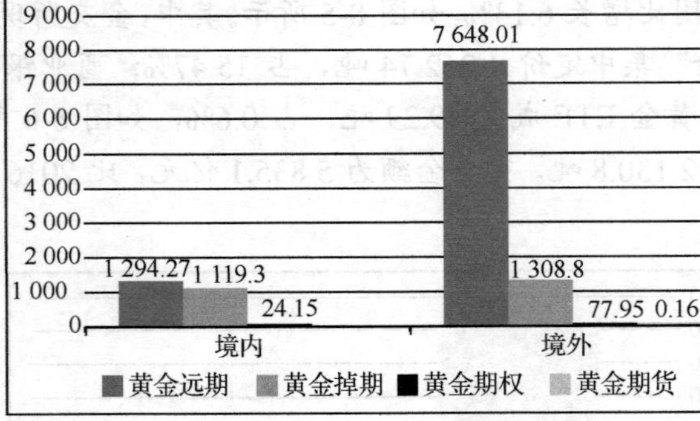

图 8-7　2017 年中国商业银行境内外黄金衍生品交易量情况（单位：吨）

资料来源：公开资料整理

四、中国黄金行业发展趋势分析

1. 经济的发展是黄金珠宝饰品行业发展的首要因素

多年来，中国经济连续以高于 7%的速度增长，经济实力明显增强。人民生活水平的提高，带动了黄金珠宝饰品等奢侈品的生产和消费。中国已是世界上最大的珍珠生产国，珍珠产量占世界产量的 90%以上。中国还是铂金、黄金、白银、钻石、翡翠玉石的主要生产和消费国。

2. 黄金采掘业将持续稳步发展

黄金、玉石、白银等采掘业的稳步发展，也为黄金珠宝饰品行业的发展提供了物质基础。中国出现了山东昌乐、河南镇平、辽宁岫岩、新疆和田、内蒙古巴林等宝玉石产地，黄金开采更是蔚为壮观。采掘业的发展，让黄金珠宝饰品行业有了坚实的物质依托，发展后劲十足。

3. 国际贸易市场的繁荣

国内市场的发展，国际贸易市场的繁荣，推动了黄金珠宝饰品行业的快速发展。强大的国内需求使黄金珠宝饰品行业有了强劲的动力，而廉价的劳动力使中国黄金珠宝饰品的出口具有不可比拟的价格优势。中国黄金珠宝饰品行业在国际贸易发展的快车道上，正在驶出自己的特快专列。

资料来源：华经情报网

议一议

➢ 你认为黄金市场存在的意义和作用是什么？

任务检测

知识检测

（1）判断题

① 外汇市场的客体主要指外汇市场的参与者，包括外汇银行、外汇经纪人、顾客和中央银行。（ ）

② 外汇市场是指进行外汇买卖、借贷、头寸调剂等交易行为的市场。（ ）

③ 按交易类型和方式不同，黄金市场分为有形市场和无形市场。（ ）

④ 外汇市场的作用之一是调剂外汇资金的余缺。（ ）

⑤ 黄金市场的存在具有转移风险套期保值的功能。（ ）

（2）简答题

① 外汇市场的作用有哪些？

② 黄金市场的组成主要有哪些？

③ 黄金市场的作用有哪些？

（3）名词解释

① 外汇市场

② 衍生品交易市场

第九章

国际金融

学习目标

熟知外汇、汇率和国际收支的基本理论知识；熟悉不同货币汇率间的换算方法；掌握外汇直接标价法与间接标价法的意义和区别；了解国际收支平衡表的内容构成和基本作用，并会进行简单解读；知道国际收支不平衡的主要原因和解决措施。

第一节 外汇与汇率

情景导入

2018 年 7 月某日，中国银行外汇牌价如表 9-1 所示。

表 9-1 中国银行外汇牌价

货 币 名 称	现汇买入价	现钞买入价	现汇卖出价	现钞卖出价	中行折算价
英镑	875.46	848.26	881.91	883.84	875.88
美元	662.95	657.56	665.76	665.76	661.80
港元	84.48	83.81	84.82	84.82	84.37

张先生有一笔 5 万美元外汇，他想把其中的 2 万美元兑换成英镑或港元，不知道如何进行兑换，以及兑换成哪种货币更为划算。你能帮助张先生解读一下汇率，并提供外币兑换帮助吗?

知识准备

一、外汇

（一）外汇的概念和特点

1．外汇的概念

外汇是国际汇兑的简称，它的概念可以从动态和静态两个方面来理解。

外汇的动态概念强调货币的兑换过程，是指把一国货币兑换成另一国货币，从而完成国际间债权、债务结算的一种活动。

外汇的静态概念是指以外币表示的，可以用于国际间结算的支付手段或工具（包括以外币表示的支付凭证和信用凭证）。

2．外汇的特点

（1）外汇必须是以外币表示的国际普遍接受的资产。

（2）外汇必须是可以自由兑换的。

（3）以外币表示的债权可以得到偿付。

想一想

➢ 所有外币都是外汇吗？为什么？

（二）我国外汇的内容

根据 1980 年 12 月国务院通过的《中华人民共和国外汇管理暂行条例》第一章第二条、第三条关于外汇内容和管理的基本规定如下：

"第二条　本条例所称外汇系指：

（1）外国货币：包括钞票、铸币等。

（2）外币有价证券：包括政府公债、国库券、公司债券、股票、息票等。

（3）外币支付凭证：包括票据、银行存款凭证、邮政储蓄凭证等。

（4）其他外汇资金。

第三条　中华人民共和国对外汇实行由国家集中管理、统一经营的方针。"

中华人民共和国管理外汇的机关为国家外汇管理总局及其分局。

中华人民共和国经营外汇业务的专业银行为中国银行。非经国家外汇管理总局批准，其他任何金融机构都不得经营外汇业务。

想一想

➢ 本票、汇票、支票有哪些不同？

（三）外汇的种类划分

1．按范围划分

按范围划分，外汇可以分为广义外汇和狭义外汇。

广义外汇主要是指各国外汇管理当局在相关法规中定义的外汇内容。

狭义外汇就是我们通常所说的以外币表示的，可以用于国际间结算的支付手段或工具。狭义外汇主要指汇票、本票、银行存款凭证、邮政储蓄凭证等。

2．按是否可以自由兑换划分

按是否可以自由兑换，外汇分为自由外汇和记账外汇。

自由外汇是指在使用时不需要货币发行国批准，可以自由兑换成其他国家或地区的货币，也可以向第三国办理结算支付的外国货币及支付手段。

记账外汇又称非自由兑换货币、双边外汇。

3．按来源和用途不同划分

按来源和用途不同，外汇分为贸易外汇和非贸易外汇。

贸易外汇是指由于商品进口和出口而产生的外汇收支，其主要包括贸易货款和贸易从属费用等的收付。

因贸易产生的外汇收入和外汇支出的差额，称为贸易差额。如果贸易外汇收入大于外汇支出，则为贸易顺差；反之为贸易逆差。

非贸易外汇主要包括劳务、旅游、国外留学等引起的外汇收入和外汇支出，以及因银行、交通、邮电等部门的对外业务活动产生的外汇收入和外汇支出。

谈一谈

➢ 结合所学你认为下列哪些货币是自由外汇：美元、日元、英镑、泰铢、韩元、土耳其镑，为什么？

二、汇率

（一）汇率的概念

汇率又称汇价或外汇价格，它是指以一个国家的货币折算成另一个国家的货币的比率或比价。汇率反映了一国货币的对外价值。

例如，某日中国香港外汇市场汇率是 USD/HKD：7.746 0/ 7.754 0。又如，某日伦敦外汇市场汇率报价为 GBP/USD：1.6183/1.619 2。

（二）汇率的标价方法

1. 直接标价法

直接标价法又称应付标价法，是指以一定单位（1 或 100）的外国货币为标准，折算成若干单位的本国货币的标价方法。

例如，我国外汇市场上，某日中国银行牌价 100EUR/CNY：771.72/777.41。

直接标价法具有以下特点：

（1）基准货币是外国货币，标价货币是本国货币。

（2）汇率的升降通过本币标价数的增减变化表示出来，且呈同方向变化。

（3）本币标价数中，前为买入价后为卖出价。

2. 间接标价法

间接标价法又称应收标价法，是指以一定单位（1 或 100）的本国货币为标准，折算成若干单位的外国货币的标价方法。

例如，某日伦敦外汇市场英镑与美元的汇率报价为 GBP/USD：1.617 6/1.618 6。

间接标价法具有以下特点：

（1）基准货币是本国货币，标价货币是外国货币。

（2）汇率的升降通过外币标价数的增减变化表示出来，且呈反方向变化。

（3）外币标价数中，前为卖出价后为买入价。

3. 美元标价法

美元标价法是指以美元作为基准货币，以其他货币作为标价货币的一种标价方法。

想一想

➢ 直接标价法与间接标价法的主要区别有哪些？

（三）汇率的种类划分

1．按银行买卖外汇的角度划分

按银行买卖外汇的角度划分，汇率可以分为买入汇率和卖出汇率。

买入汇率又称买价，是指银行买进外汇时所使用的汇率。

卖出汇率又称卖价，是指银行卖出外汇时所使用的汇率。

这里需要注意的是，买卖价永远是站在银行的角度，指银行买入或卖出外汇的价格。

2．按银行营业时间划分

按银行营业时间划分，汇率可以分为开盘汇率和收盘汇率。

开盘汇率又称开盘价，是外汇银行在一个工作日开始营业进行外汇交易（买卖）时使用的汇率。

收盘汇率又称收盘价，是外汇银行在一个营业日终了时使用的汇率。

3．按买卖对象划分

按买卖对象划分，汇率可以分为银行间汇率和商业汇率。

银行间汇率是指银行和银行之间进行外汇交易时所使用的汇率，通常就是外汇市场的汇率。

商业汇率是指银行和客户之间进行外汇买卖时所使用的汇率。

4．按汇率制度划分

按汇率制度划分，汇率可以分为固定汇率和浮动汇率。

固定汇率是指一国货币同另一国货币的汇率保持基本固定，汇率的波动限制在一定幅度以内，当汇率波动超出规定的波动界限时，政府将进行干预。

浮动汇率是指一国不规定本币对外币的固定比价，也不规定汇率波动上下限，而是听任汇率随外汇市场的供求关系自由决定和波动。

目前，多数国家都采用浮动汇率。

5．按外汇交割时间划分

按外汇交割时间划分，汇率可以分为即期汇率和远期汇率。

即期汇率主要用于即期外汇业务。即期外汇业务是指在外汇买卖成交后，原则上在两个营业日内办理外汇交割的外汇业务。

远期汇率是指银行向客户买卖远期外汇时，在买卖合同中签订使用的预定汇率。远期外汇买卖是指预约购买或预约卖出外汇的一种业务。

远期汇率与即期汇率的差额有三种结果，即升水、贴水和平价。

升水是指远期汇率上升了，即远期汇率大于即期汇率。
贴水是指远期汇率下降了，即远期汇率小于即期汇率。
平价是指汇率没有发生变化，远期汇率等于即期汇率。

6．按汇率制定的角度划分

按汇率制定的角度划分，汇率可以分为基本汇率和套算汇率。

基本汇率又称基础汇率，是指一国货币（本币）对某一关键货币的比率。它是该国在国际交往和国际储备中使用最多、所占比重最大的自由兑换货币。绝大多数国家以美元作为关键货币。

套算汇率又称交叉汇率，是指两种货币通过以第三种货币（关键货币）为中介，间接套算出来的汇率。

7．按外汇管制情况不同划分

按外汇管制情况不同划分，汇率分为官方汇率和市场汇率。

官方汇率是指由国家机构（财政部、中央银行或外汇管理机构）规定的汇率。官方汇率相对稳定。

市场汇率是指在外汇市场上由外汇供给自发形成的汇率。

想一想

➢ 不同标价法下远期汇率升贴水的计算公式是什么？

（四）汇率的换算

在本节的情景导入中提到，张先生有一笔 5 万美元外汇，他想把其中的 2 万美元兑换成英镑或港元，不知道如何进行兑换，以及兑换成哪种货币更为划算。下面就学习一下不同币种的货币在兑换时的基本换算方法。

1．本币与外币的折算

（1）已知：外币/本币，求：本币/外币。
求解方法：用 1/本币的具体数字。
例如，中国银行某日汇率为：USD/CNY 8.272 0，请计算 1 元=？美元。
解：　　CNY/USD=1/8.272 0
　　　　　　=0.120 9 美元

（2）已知：外币/本币的买入价-卖出价，求：本币/外币的买入价-卖出价。
求解方法：用 1 分别除以原卖出价和买入价即可。
例如，某日，外汇市场美元对港元的汇率为：USD/HKD 7.793 0/7.798 0，请计算港元兑美元的买卖价是多少？

解：　　买入价　　HKD/USD=1/7.798 0
　　　　　　　　　　=0.128 2

卖出价　　HKD/USD=1/7.793 0

=0.128 3

（3）已知：未挂牌外币/本币，求：本币/未挂牌外币。

求解方法：主要分以下三步进行。

第一步，先找出本币对某一关键货币的中间价。

第二步，在主要金融市场上，查找该关键货币与未挂牌外币的中间价。

第三步，通过上述中间价进行套算，计算得出本币与未挂牌外币的汇率。

例如，中国香港某出口商接到客户信函，要求其提供港元和埃及镑两种货币报价。而中国香港外汇市场上并不公布该两种货币的比价，因此，求解的步骤如下。

首先，在中国香港市场查出英镑兑港元的汇率中间价：GBP/HKD 12.280 0。

然后，在伦敦市场查出英镑兑埃及镑的汇率中间价：GBP/EGP 180。

最后，根据上述已知汇率中间价进行套算，得出结果：

HKD/EGP 14.658 0　（14.658 0=180/12.280 0）

或　EGP/HKD 0.068 2　（0.068 2=12.2800/180）

通过计算知道港元兑埃及镑的汇率后，中国香港商人就可以对外报价了。

2. 不同外币之间的折算

不同外币之间的折算主要分三种情况。

（1）已知：基准货币相同，标价货币不同，求：标价货币之间的比价。

求解方法：将两项基础汇率的买卖价分别交叉相除。

例如，已知 USD/HKD：7.792 0–7.796 0，USD/EUR 1.368 1–1.369 5，请计算 HKD/ EUR 买、卖汇率是多少？

解：根据题意和数学等量替换，

得出：　7.792 0–7.796 0 港元=1.368 1–1.369 5 欧元

然后，作为分母的港元数字移位至右侧，同时两个数字易位，并于易位后与欧元数字相除，代入数字：

买入价　　HKD/EUR=1.368 1 /7.796 0

=0.175 5

卖出价　　HKD/EUR=1.369 5 /7.792 0

=0.175 8

计算结果：　HKD/EUR 0.175 5 /0.175 8

（2）已知：基准货币不同，标价货币相同，求：基准货币之间的比价。

求解方法：将两个基础汇率的买卖价分别交叉相除。

例如，已知 GBP/USD 0.632 5/0.633 9，NZD/USD0.603 0/0.604 5，请计算 GBP/NZD 的买、卖汇率是多少？

解：根据题意和求解方法，得出算式：

1 英镑兑换新加坡元的买入汇率

=英镑兑美元的买入汇率/新加坡元兑美元的卖出汇率

1 英镑兑换新加坡元的卖出汇率

=英镑兑美元的卖出汇率/新加坡元兑美元的买入汇率

代入数字：

买入价　GBP/NZD=0.632 5/0.604 5

=1.046 3

卖出价　GBP/NZD=0.633 9/0.603 0

=1.051 2

计算结果：　GBP/NZD 1.046 3/1.051 2

（3）已知：非美元标价与美元标价，求：某一基准货币与另一标价货币之间的比价。

求解方法：将两项基本汇率的标价数字分别同边相乘。

例如，已知汇率为 USD/EUR 1.581 5/1.582 5，GBP/USD 1.632 2/1.633 5，请计算 GBP/EUR 的买、卖汇率分别是多少？

解：根据题意和求解方法，代入数字

买入价　GBP/EUR=1.632 2×1.581 5

=2.581 3

卖出价　GBP/EUR=1.633 5×1.582 5

=2.585 0

计算结果：　GBP/EUR 2.581 3/2.585 0

练一练

➢ 请你利用情景导入的外汇牌价，帮张先生将 2 万美元分别兑换成英镑和港元，并分析兑换成哪种货币更划算？

（五）影响汇率变动的因素

（1）国际收支是影响汇率变动的直接因素。

（2）通货膨胀是决定汇率的基本因素。

（3）利率对汇率变化的影响主要是通过资本在国际间流动起作用。

（4）政府干预是影响汇率发生变化的重要因素。政府可以通过在外汇市场上收购或抛售本币（外币）影响汇率发生变动，也可以通过采用财政或货币政策影响汇率发生变动。

除了以上因素外，还有很多因素都可以对汇率变动产生影响，如一国经济增长水平、人们的预期心理、季节性因素、政局的变动等。另外，这些影响因素并不一定是同时发生作用，其作用有直接、有间接，有长期、有短期，有主要作用、也有辅助作用等。

想一想

➢ 汇率变动对一国的经济发展有何影响？

知识拓展

贸易进展刺激风险偏好 澳元和新西兰元触及五个月高点

核心提示：大宗商品货币本周领涨 G10 货币，假日之际交易稀少，而美元总体走弱。澳元连续第四周上涨，这是 2018 年 1 月以来最长连涨周期。日元也走高，美元兑日元未能升破关键阻力水平。

新华财经北京 2018 年 12 月 27 日电 在贸易关系改善的迹象提振投资者对风险资产的信心之际，澳元和新西兰元上升至五个月高位。大宗商品货币本周领涨 G10 货币，假日之际交易稀少，而美元总体走弱。澳元连续第四周上涨，这是 2018 年 1 月以来最长连涨周期。日元也走高，美元兑日元未能升破关键阻力水平。

瑞穗证券在东京的首席外汇策略师 Kengo Suzuki 表示，债券市场情绪处于“风险偏好”状态，而在经济前景，以及贸易关系和英国脱欧局势改善的带动之下，美国股市创下新高。Kengo Suzuki 称，“对贸易摩擦的担忧逐渐淡化，这支撑了澳元和新西兰元，澳元兑美元上涨 0.1%，至 0.694 9 美元，稍早触及 0.695 3 美元，为 2018 年 7 月 26 日以来的最高水平”。该货币本周已上涨 0.7%，Suzuki 说，“人们认为，随着贸易关系改善，澳大利亚的经济将得到支持”，澳元可能已经进入了长期的上升趋势，因为它最近突破了 200 日移动均线。

新西兰元兑美元上涨 0.2%，至 0.668 2 美元，为 2018 年 7 月 25 日以来最高水平。本周上涨 1.2%，Suzuki 表示，强劲的澳元将新西兰元拉高，还有就是预计新西兰联储明年将保持利率稳定，彭博美元即期指数下跌 0.1%，而周四下跌 0.2%。最近走低已经使该指标抹去了 2019 年的所有涨幅。

资料来源：中国金融信息网

议一议

➢ 贸易发展怎样影响汇率变化？

任务检测

1. 知识检测

（1）判断题

① 基本汇率又称基础汇率，是指一国货币（本币）对某一关键货币的比率。它是该国在国际交往和国际储备中使用最多、所占比重最大的自由兑换货币。（　　）

② 外汇买卖价是站在客户角度，客户买入或卖出外汇使用的价格。（　　）

③ 影响汇率变动的直接因素是通货膨胀，基本因素是国际收支。（　　）

④ 升水是指远期汇率上升了，即即期汇率大于远期汇率。（　　）

⑤ 我国外汇牌价采用间接标价法。（ ）

（2）简答题

① 简述直接标价法和间接标价法的不同。

② 简述影响汇率变化的因素。

③ 简述汇率的种类划分。

④ 写出直接标价法下，产生升水、贴水时的远期汇率计算公式。

⑤ 简述固定汇率与浮动汇率的不同。

（3）名词解释

① 外汇

② 汇率

③ 买入价

④ 即期汇率

⑤ 升水

2. 探讨和交流

已知：某日中行外汇市场汇率买入、卖出汇率（部分）如表 9-2 所示。

表 9-2 某日中行外汇市场买入、卖出汇率（部分）

货币名称	买入价	卖出价
欧元	771.72	777.41
英镑	875.46	881.91
港币	84.48	84.82

根据你所学的知识，请帮助计算：

（1）1 欧元=？英镑

（2）1 港元=？英镑

（3）如果某单位想兑换 5 万英镑，需要支付多少元人民币？

第二节 国际收支

情景导入

根据国家外汇管理局公布：2016 年度，我国经常账户顺差 12 961 亿元，资本和金融账户顺差 1 865 亿元，其中，非储备性质的金融账户逆差 27 733 亿元，储备资产减少 29 621 亿元。

以上资料中，涉及经常项目、资本和金融账户、储备资产、顺差、逆差等专业名称，你知道是什么意思吗？接下来，我们一起进行国际收支的学习。

知识准备

一、国际收支的概念

国际收支是指一国（或地区），在一定时期内，由于对外交往所产生的一国居民与非居民之间的所有经济交易的系统记录。

这里，居民与非居民的区别是判断经济交易是否属于国际收支范畴的重要依据。二者的区别主要以居住地为依据，即经济利益中心所在地，而非国籍。特殊情况如下：国际性组织（如联合国、国际货币基金组织等）是任何国家的非居民；官方外交使节、驻外机构等永远是派出国的居民。

另外，需要说明的是，国际收支的记录是以交易是否发生而非是否实际支付为基础。

一定时期，如果收入大于支出，则称国际收支顺差；反之，则称国际收支逆差。

查一查

➢ 我国国际收支中关于居民是如何界定的？

二、国际收支平衡表

（一）国际收支的概念和编制依据

国际收支平衡表是指一国将一定时期内的国际收支情况，按不同项目，以金额表达方式集中记录、统计在一张特定表格上，该统计表称为国际收支平衡表。

国际收支平衡表采用会计上的复式簿记原理进行编制。其记账原则如下：凡是引起外汇流出的项目记入该项目的借方，凡是引起外汇流入的项目记入该项目的贷方。登记每笔交易都遵循“有借必有贷，借贷必相等”的记账规则。

（二）国际收支平衡表的主要内容

各国编制国际收支平衡表的内容不尽相同，主要包括经常项目、资本和金融项目、储备项目和误差与遗漏（也称平衡项目）。

（1）经常项目：一个国家在对外交往中经常发生的贸易、劳务等交易项目，是国际收支平衡表中最基本、最重要的项目。

当经常项目外汇收入大于外汇支出时，表明经常项目顺差；反之，则为逆差。

（2）资本与金融项目：主要包括资本转移、投资与借贷等。

当该项目外汇收入大于外汇支出时，表明项目顺差；反之，则为逆差。

（3）平衡项目：一国用来平衡国际收支总差额的项目。其金额应与国际收支总差额互为相反数。

国际收支总差额=经常项目差额+资本和金融项目差额+净错误与遗漏差额

现实中，一国的国际收支经常会出现顺差或逆差，很少会平衡，所以需要进行调节平衡。当一国国际收支总差额为顺差时，其储备资产增加（平衡表中用“-”号表示）；总差额为逆差时，其储备资产减少（平衡表中用“+”号表示）。

2018年三季度中国国际收支平衡表如表9-3所示。

表9-3 2018年三季度中国国际收支平衡表

项 目	行 次	亿元人民币	亿 美 元
1. 经常账户	1	1 581	233
贷方	2	52 441	7 717
借方	3	-50 860	-7 484
1.A 货物和服务	4	1 355	199
贷方	5	46 978	6 913
借方	6	-45 623	-6 714
1.A.a 货物	7	6 850	1 008
贷方	8	43 177	6 354
借方	9	-36 327	-5 346
1.A.b 服务	10	-5 495	-809
贷方	11	3 801	559
借方	12	-9 296	-1 368
1.B 初次收入	13	117	17
贷方	14	4 988	734
借方	15	-4 872	-717
1.C 二次收入	16	109	16
贷方	17	475	70
借方	18	-366	-54
2. 资本和金融账户	19	1 143	168
2.1 资本账户	20	-12	-2
贷方	21	3	0
借方	22	-14	-2
2.2 金融账户	23	1 155	170
资产	24	-7 161	-1 054
负债	25	8 316	1 224
2.2.1 非储备性质金融账户	26	952	140
2.2.1.1 直接投资	27	5	1
资产	28	-1 709	-251
负债	29	1 714	252
2.2.1.2 证券投资	30	2 305	339

续表

项目	行次	亿元人民币	亿美元
资产	31	−624	−92
负债	32	2 929	431
2.2.1.3 金融衍生工具	33	−17	−3
资产	34	−15	−2
负债	35	−2	0
2.2.1.4 其他投资	36	−1 340	−197
资产	37	−5 016	−738
负债	38	3 675	541
2.2.2 储备资产	39	2 035	30
3．净误差与遗漏	40	−2 724	−401

资料说明：

（1）根据《国际收支和国际投资头寸手册》（第六版）编制，资本和金融账户中包含储备资产。

（2）“贷方”按正值列示，“借方”按负值列示，差额等于“贷方”加上“借方”。本表除标注“贷方”和“借方”的项目外，其他项目均指差额。

（3）季度人民币计值的国际收支平衡表数据，由当季以美元计值的国际收支平衡表，通过当季人民币对美元季平均汇率中间价折算得到，季度累计的人民币计值的国际收支平衡表由单季人民币计值数据累加得到。

（4）本表计数采用四舍五入原则。

（5）细项数据请参见国家外汇管理局国际互联网站“统计数据”栏目。

（6）资料来源：国家外汇管理局。

议一议

➢ 分析我国季度国际收支平衡表（上表），该季度经常项目收支差额和国际收支总差额的金额分别是多少，顺差还是逆差，为什么？

三、国际收支不平衡的原因和调节方法

（一）国际收支不平衡的原因

（1）周期性不平衡：由于一国经济处于不同的发展阶段（如繁荣、萧条）而引起的国际收支不平衡。

（2）收入性不平衡：由于一国国民收入的变化，带动了国际贸易等随之发生变化，从而造成国际收支不平衡。

（3）货币性不平衡：一国由于货币价值的变动而引起其国际收支不平衡。

（4）结构性不平衡：一国的经济、产业结构由于不能适应世界市场的变化，从而导致的国际收支不平衡。

想一想

➢ 我国的国民收入现在是一种怎样的状况？它对我国国际收支的影响如何？

（二）国际收支不平衡的调节方法

各国对国际收支不平衡的调节方法有很多，这里主要介绍两种。

1．运用财政政策和货币政策

管理部门运用财政政策进行国际收支不平衡的调节，主要是通过税率高低和财政开支的增减调整来实现的。

财政政策主要是通过“松”或“紧”进行调节。即：增税和减支是“紧”的财政政策，减税和增支是“松”的财政政策。

货币政策主要是央行通过调整信贷政策和利率政策（再贴现率）来实现的。收缩信贷和提高利率是“紧”的货币政策，放松信贷和降低利率则是“松”的货币政策。

需要注意的是，当一国发生国际收支不平衡时，为了不影响本国经济、就业和社会稳定等多方面的发展，必须结合社会实际，将政策搭配使用。

2．实行贸易和外汇的直接管制

其主要是通过行政命令方式，对贸易进出口和外汇买卖（甚至外汇汇率）等进行直接干预，从而达到调节的目的。

想一想

➢ 当一国国际收支出现逆差时，政府应如何进行调节？

知识拓展

2018年我国国际收支呈现自主平衡

国家外汇管理局2019年2月15日公布的2018年四季度及全年国际收支平衡表初步数据显示，2018年，我国国际收支呈现自主平衡，经常账户和非储备性质金融账户均呈现顺差，储备资产增加。

根据国家外汇管理局数据，2018年，我国经常账户顺差491亿美元，保持在合理的顺差区间。其中，一季度出现逆差，二至四季度持续顺差，并且顺差规模逐季扩大。四季度，经常账户顺差546亿美元，较三季度增长135%，主要是国际收支口径的货物贸易顺差1 391亿美元，环比增长38%；服务贸易逆差641亿美元，环比下降21%。

非储备性质的金融账户保持顺差，跨境资本呈现净流入。2018年，非储备性质的金融账户（含四季度净误差与遗漏）呈现顺差602亿美元。其中，直接投资呈现净流入1 074亿美元，较2017年增长62%。具体来看，对外直接投资净流出961亿美元，下降6%；外国来华直接投资净流入2 035亿美元，增长21%。

储备资产增加。2018年，我国储备资产因国际收支交易（不含汇率、价格等非交易因素影响）增加189亿美元，其中，外汇储备增加182亿美元。

国家外汇管理局新闻发言人、总经济师王春英指出，在我国经济持续健康发展、长期向好的大背景下，未来跨境资金流动将保持总体平稳，我国国际收支状况也将保持基本平衡。

资料来源：人民日报海外版

议一议

➢ 国际收支的发展现状对我国未来经济和贸易的影响是什么？

任务检测

知识检测

（1）判断题

① 货币性不平衡是指一国由于货币价格的变动而引起其国际收支不平衡。（　　）

② 一定时期，国际收支的收入大于支出，称为顺差；反之，则称为逆差。（　　）

③ 货币政策调节国际收支主要是央行通过调整税率政策和利率政策（再贴现率）来实现的。（　　）

④ 国际收支平衡表的内容主要包括经常项目、资本和金融项目、储备项目和误差与遗漏项目（又称平衡项目）。（　　）

⑤ 国际收支平衡表采用会计上的复式簿记原理进行编制。（　　）

（2）简答题

① 简述国际收支平衡表编制的依据和记账规则。

② 简述国际收支平衡表的主要内容。

③ 国际投资中的利益收入应记入国际收支中的哪个项目？为什么？

④ 国际收支不平衡的主要调节措施有哪些？

（3）名词解释

① 国际收支

② 顺差

③ 经常项目

④ 货币性不平衡

第十章

财政政策与货币政策

学习目标

知道财政政策和货币政策的概念；掌握财政政策和货币政策的调控方式；能运用财政政策和货币政策的协调配合分析经济现象。

第一节　财政政策

情景导入

财政部：2019 年财政政策要“加力”“提效”加大减税降费力度

当前，我国经济运行稳中有变，面临一些新问题、新挑战外部环境发生变化。按照党中央决策部署，2019 年积极的财政政策，将在稳定总需求的同时，坚持以供给侧结构性改革为主线不动摇，认真贯彻落实“巩固、增强、提升、畅通”八字方针，发挥好财税政策的结构性调控优势，增强微观主体活力，推动经济高质量发展。重点是要做到“加力”和“提效”。

“加力”指的是加大减税降费力度和加大支出力度。第一，加大减税降费力度。一方面，实施更大规模的减税，坚持普惠性减税和结构性减税相结合，重点减轻制造业和小微企业负担，支持实体经济发展；另一方面，推进更为明显的降费，清理、规范地方收费项目，加大对乱收费查处和整治力度。第二，加大财政支出力度。根据经济形势和各方面支出需求，适度扩大财政支出规模。同时，较大幅度增加地方政府专项债券规模，支持重大在建项目建设和补短板。

“提效”指的是提高财政资金配置效率和提高财政资金使用效益。提高财政资金配置效率，就是要坚持有保有压，聚焦重点领域和薄弱环节，进一步调整优化支出结构。该保的支出必须保障好，要增加对脱贫攻坚、“三农”、结构调整、科技创新、生态环保、民生等领域投入；该减的支出一定要减下来，政府要过“紧”日子，要大力压减一般性支出，严控“三公”经费预算，一般性支出要压减 5%以上，取消低效、无效支出。提高财政资金使用效益，就是要将预算绩效管理贯穿预算编制执行全过程，更好地推动政策落地见效；继续盘活财政存量资金，将难以支出的长期沉淀资金一律收回，统筹用于亟须资金支持的领域。

资料来源：央视财经

想一想

➤ 财政政策对人们的日常生活有哪些影响？

知识准备

一、财政政策的概念

财政政策是国家制定的指导财政分配活动和处理各种财政分配关系的基本准则，它是客观存在的财政分配关系在国家意志上的反映。在现代市场经济条件下，财政政策又是国家干预经济，实现宏观经济目标的工具。

财政政策是指为促进就业水平提高，减轻经济波动，防止通货膨胀，实现稳定增长而对政府财政支出、税收和借债水平所进行的选择，或者对政府财政收入和支出水平所做的决策。

或者说，财政政策是指政府变动税收和支出以便影响总需求进而影响就业和国民收入的政策。变动税收是指改变税率和税率结构，变动支出是指改变政府对商品与劳务的购买支出及转移支付。财政政策是国家干预经济的主要政策之一。

财政政策是国家整个经济政策的组成部分，同其他经济政策有着密切的联系。财政政策的制定和执行，要有金融政策、产业政策、收入分配政策等其他经济政策的协调配合。政府支出有两种形式：一是政府购买，指的是政府在物品和劳务上的花费（如修建道路、支付法官的薪水等）；二是政府转移支付，以提高某些群体（如老人或失业者）的收入。税收是财政政策的另一种形式，它通过两种途径影响整体经济，首先，税收影响人们的收入；其次，税收还能影响物品和生产要素，因而也能影响激励机制和行为方式。

二、财政政策的种类

根据财政政策调节国民经济总量和结构中的不同功能，财政政策可以划分为扩张性财政政策、紧缩性财政政策和中性财政政策三种。

（一）扩张性财政政策

扩张性财政政策又称积极的财政政策，是指通过财政分配活动来增加和刺激社会的总需求，主要措施有增加国债、降低税率、提高政府购买和转移支付。

（二）紧缩性财政政策

紧缩性财政政策又称适度从紧的财政政策，是指通过财政分配活动来减少和抑制社会的总需求，主要措施有减少国债、提高税率、减少政府购买和转移支付。

（三）中性财政政策

中性财政政策又称稳健的财政政策，是指财政的分配活动对社会总需求的影响保持中性。

三、财政政策的调控手段

财政政策的调控手段主要包括税收、预算、国债、购买性支出和财政转移支付等。例如，减少税收可以刺激消费，增加政府的支出能够刺激生产，这两种方式都可以刺激经济增长。财政政策手段的选择是由财政政策的性质及其目标所决定的，财政政策的阶级性质和具体目标不同，所采取的手段也不同。

目前，我国采取的财政政策调控手段主要有以下几种形式。

（一）国家预算

国家主要通过预算收支规模及平衡状态的确定、收支结构的安排和调整来实现财政政策目标。

（二）税收

国家主要通过税种、税率来确定和保证国家财政收入，调节社会经济的分配关系，以满足国家履行政治经济职能的财力需要，促进经济稳定协调发展和社会的公平分配。

（三）财政投资

国家通过预算拨款和引导预算外资金的流向、流量，以实现巩固和壮大社会主义经济基础，调节产业结构的目的。

（四）财政补贴

国家根据经济发展规律的客观要求和一定时期的政策需要，通过财政转移的形式直接或间接地对农民、企业、职工和城镇居民实行财政补助，以达到经济稳定、协调发展和社会安定的目的。

（五）财政信用

财政信用是国家按照有偿原则，筹集和使用财政资金的一种再分配手段，包括在国内发行公债和专项债券，在国外发行政府债券，向外国政府或国际金融组织借款及对预算内资金实行周转有偿使用等形式。

（六）财政立法和执法

国家通过立法形式对财政政策予以法律认定，并对各种违反财政法规的行为（如违反税法的偷税抗税行为等），诉诸司法机关按照法律条文的规定予以审理和制裁，以保证财政政策目标的实现。

（七）财政监察

财政监察是指国家通过财政部门对国营企事业单位、国家机关团体及其工作人员执行财政政策和财政纪律的情况进行检查和监督，是实现财政政策目标的重要行政手段。

试一试

➢ 举例说说生活中你知道的财政政策的调控手段。

四、财政政策的主要措施

现代国家的财政政策都是随着不同时期政治和经济发展的不同需要而不断调整的，但这种调整在一定时期内又保持着相对稳定性。

主要的调节方式如下：

（1）动态调节，即根据社会经济的发展变化规定相应的财政政策。

（2）总体调节，即从全局上组织各种经济活动之间、经济与社会事业之间平衡协调发展的财政政策。

（3）主动调节，即基于对经济发展状况的认识而制定的有针对性的政策。

财政政策是国家干预和调节经济的基本手段之一，包括财政收入政策和财政支出政策两方面。

（一）国家运用财政收入政策调节经济所采取的措施

（1）调节收入和财产分配的税收措施。个人所得税实行累积增进制，高收入者纳税多，它可以起到缩小社会成员收入差距的作用。

（2）对垄断企业实现税收优惠措施。这一措施可以增加垄断资本积累，刺激经济增长。

（3）调整经济结构的税收优惠措施。这些措施可以扶持需要大力发展的部门和地区经济，抑制某些部门生产的增长。

（4）刺激或抑制经济增长的总量调节措施。通过减税可以刺激积累增长、投资增长和消费增长；通过增税，可以抑制投资和消费。

（二）国家运用财政支出政策调节经济所采取的措施

（1）增减政府对商品和劳务的购买。该措施可以影响社会总需求的增减，从而调节市场。

（2）增减社会福利开支。该措施可以增减社会购买力。

（3）增减政府直接投资、对私人投资的津贴补助、各种价格补贴、各项事业费用开支等。该措施可以引起投资和消费的增加或减少。

（三）财政政策的紧缩与扩张

当经济过热（经济过于膨胀）时，政府采用紧缩性财政政策。

（1）从财政收入政策上，往往采取增税等手段，抑制投资，减少个人收入从而减少个人消费，抑制需求膨胀。

（2）从财政支出政策上，减少财政支出，抑制社会需求，从而把过热的经济降下来。

当经济不景气（经济疲软）时，政府采用扩张性财政政策。

（1）从财政收入政策上，往往采取减免税等手段，刺激投资，增加个人收入从而刺激个人消费，扩张整个需求。

（2）从财政支出政策上，增加财政支出，直接扩大社会需求，从而刺激经济复苏。

知识拓展

减税规模约 1.5 万亿元 展望 2019 年财政政策

2019 年，中国经济金融风险加大，需要财政政策维持积极基调、增强定向发力功能。但是，财政政策积极发力，受到名义经济减速、调入资金枯竭、减税至少万亿、土地财政动摇等因素的约束。

预算赤字率上调的压力显著，也并非不可。仅名义经济减速的假设下，即便减税、支出没有更大拖累，赤字率就有突破 3%的风险。而调入资金枯竭和减税规模扩大，也会各自形成约 6 000 亿元和 5 000 亿元的赤字边际抬升压力。这都会对预算财政收支平衡构成显著压力。从国际经验及赤字红线溯源来看，预算赤字率上调到 3%以上应当不是一个硬约束。

减税规模继续大幅提升，主要期待在于增值税。此前中央会议已经部署但尚未发布，或者已经发布、有待生效的税收政策，合计估算的全年减税规模可能在 1.5 万亿元附近，可能会对财政收支平衡构成较大压力。需要关注的是，增值税“三并二”减税或超万亿元，减税形式可能非对称，即一些上中游行业可能实质增税。

地方专项债继续扩容，但需引导资金运用。地方专项债不纳入预算赤字，额度进一步调升的概率较大。1.13 万亿元的地方债限额以内空间也可调用，但需进行资金跨地区调配。值得注意的是，地方政府行为激励的疏导也很重要。例如，隐性债务体量巨大，回表与清偿难以全部解决，存量债务化解压力（每年万亿元以上）可能继续挤占地方债资金、束缚地方政府行为。

土地财政衰退风险加大，但金融监管态度温和，基建资金端约束下降。一方面，接近两年供地高增之后，待开发与施工土地面积明显增多，土地库存处在较高水平；地产销售景气回落、地产商现金流压力加大，也使得土地市场需求端走弱。2018 年，土拍溢价率已经明显下降，4 季度土地成交面积也大幅走弱，这会增加土地财政的维系难度。但展望 2019 年，金融监管节奏放缓会使得表外净收缩压力下降，叠加预算资金与银行信贷自然增长、地方政府卖地收入锐减等因素，如果想要基建投资增速回升至 10%，对应的地方专项债扩容幅度在 8 000 亿元附近，这与当前市场的一致预期比较接近。这意味着，2019 年受益于表外监管态度缓和，基建资金端边际改善，而地方专项债额度明显扩容，也会对土地财政收缩起到较好的对冲效应。

伴随着中美贸易和金融监管的演进，中国经济的内外部约束正在增强，这对于宏观政策调控也提出了更高要求。财政领域也进入了高速迭代的时期，市场对于狭义财政定调（赤字约束）、广义财政与基建托底效力（土地财政）、地方政府行为（债务约束）等都高度关注。

资料来源：金融界网站

任务检测

1．知识检测

（1）判断题

① 在现代市场经济条件下，财政政策是国家干预经济，实现宏观经济目标的工具。（　　）

② 财政政策是国家干预经济的主要政策。（　　）

③ 扩张性财政政策的主要措施有减少国债、提高税率、减少政府购买和转移支付。（　　）

④ 调整经济结构的税收优惠措施是国家运用财政收入政策调节经济所采取的措施。（　　）

（2）填空题

① 政府支出有两种形式：一是________________，二是________________。

② 财政政策分为________________、________________和________________三种。

③ 目前，我国采取的财政政策调控手段主要有____________、____________、____________、____________、____________、____________、____________。

④ 当经济过于膨胀时，政府采用________________；当经济不景气时，政府采用________________。

2．探讨和交流

运用所学知识，尝试分析我国在利用财政政策调控经济活动时，取得了哪些积极影响及存在哪些不足之处有待改进。

第二节　货币政策

情景导入

预计 2019 年货币政策针对性将提升

“经济的发展符合预期，2018 年全年 6.6%的增长速度和大家预期基本一致。”中国人民大学财政金融学院副院长赵锡军 1 月 21 日在国是论坛上表示，2019 年我国政策系统性会提升，协调性提高，应对不确定性的力量和能力会加强，有能力应对复杂的经济环境。

赵锡军指出，2018 年金融政策总体呈现五方面特点。

一是经济发展符合预期，全年 6.6%的增长速度和预期基本一致，这离不开金融政策和多方面的系统支持配合。

二是结构有所改善，特别是供给的结构有所改善。“外贸这块就是明显的亮点。”此外，在增长的结构中，高新技术产业、战略性新兴产业增长达到了 11.7%，比平均的增长速度要快很多，说明经济增长结构方面在持续改善。

三是从支持经济结构的改善和经济平稳增长的目的信贷金融政策来看，“整个 2018 年总体比较理想，货币的供应总体来看相对平稳，在 8%～8.5%之间没有太大变化”。货币供应总体保持稳定。

四是在货币信贷社会融资平稳增长的过程中，结构性引导作用进一步强化，支持了经济结构的改善，特别是供给结构的改善。2018 年实施了四次定向降准，尤其是 2018 年 12 月央行决定创设定向中期借贷便利，都是有针对性地支持小微企业、民营企业，解决融资难和融资贵的问题。

五是预期管理改善，2018 年外汇市场、股票市场、债券市场都出现了波动，但市场没有发生明显的心理预期变化，预期保持了相对稳定。

赵锡军认为，2019 年将延续 2018 年稳健的货币政策，同时针对性效率和前瞻性方面可能会有更多的考虑，灵活性也会进一步提升。

资料来源：中国财富网

想一想

➤ 我国实施怎样的货币政策将有利于经济的发展？

知识准备

一、货币政策的概念

货币政策又称金融政策，是指中央银行为实现其特定的经济目标而采用的各种控制和调节货币供应量和信用量的方针、政策和措施的总称。货币政策又有狭义和广义之分，狭义的货币政策指中央银行为实现既定的经济目标（稳定物价、促进经济增长、实现充分就业和平衡国际收支）运用各种工具调节货币供应量和利率，进而影响宏观经济的方针和措施的总称；广义的货币政策指政府、中央银行和其他有关部门所有有关货币方面的规定和采取的影响金融变量的一切措施。

货币政策的实质是国家对货币的供应根据不同时期的经济发展情况而采取"紧"、"松"或"适度"等不同的政策趋向。

二、货币政策的分类

根据对总产出的影响，货币政策可分为扩张性货币政策（积极货币政策）和紧缩性货币政策（稳健货币政策）两类。

扩张性货币政策通过提高货币供应增长速度来刺激总需求，在经济萧条时，中央银行采取措施降低利率，由此引起货币供给增加，刺激投资和净出口，增加总需求，在该政策下，取得信贷更为容易，利率会降低，因此当总需求与经济的生产能力相比很低时，使用扩张性货币政策最合适；紧缩性货币政策通过削减货币供应的增长率来降低总需求水平，在经济过热、通货膨胀率太高时，中央银行采取一系列措施减少货币供给，以提高利率、抑制投资和消费，使总产出减少或放慢增长速度，使物价水平控制在合理水平，在该政策下，取得信贷较为困难，利率也随之提高，因此在通货膨胀较严重时，采用紧缩性货币政策较合适。

想一想

➤ 我国现行经济状态适用哪类货币政策？

三、货币政策工具

货币政策工具是由中央银行掌控的，用以调节基础货币、银行储备、货币供给量、利率、汇率及金融机构的信贷活动，以实现其政策目标的各种经济和行政手段。其主要措施有以下七个方面。

第一，控制货币发行。该措施的作用是钞票可以整齐划一，防止币制混乱；中央银行可以掌握资金来源，作为控制商业银行信贷活动的基础；中央银行可以利用货币发行权调节和控制货币供应量。

第二，控制和调节对政府的贷款。为了防止政府滥用贷款助长通货膨胀，资本主义国家一般都规定以短期贷款为限，当税款或债款收足时就要还清。

第三，推行公开市场业务。中央银行通过它的公开市场业务，起到调节货币供应量，扩大或紧缩银行信贷，进而起到调节经济的作用。

第四，改变存款准备金率。中央银行通过调整准备金率，据以控制商业银行贷款、影响商业银行的信贷活动。

第五，调整再贴现率。再贴现率是商业银行和中央银行之间的贴现行为。调整再贴现率可以控制和调节信贷规模，影响货币供应量。

第六，选择性信用管制。它是指对特定的对象分别进行专项管理，包括证券交易信用管理、消费信用管理、不动产信用管理。

第七，直接信用管制。它是指中央银行采取对商业银行的信贷活动直接进行干预和控制的措施，以控制和引导商业银行的信贷活动。

中央银行可用的货币政策工具不是唯一的，而是多种工具综合组成的工具体系，每一种工具各有其优点和局限，中央银行通过货币政策工具的选择和组合使用来实现其宏观调控的目标。

试一试

➢ 说说生活中你知道的运用货币政策工具调控经济的现象。

四、货币政策的最终目标

货币政策的最终目标是指中央银行组织和调节货币流通的出发点和归宿，它反映了社会经济对货币政策的客观要求。货币政策的最终目标包括稳定物价、充分就业、促进经济增长和平衡国际收支等。

（一）稳定物价

稳定物价是中央银行货币政策的首要目标，而物价稳定的实质是币值的稳定。所谓币值，原指单位货币的含金量，在现代信用货币流通条件下，衡量币值稳定与否，已经不再是根据单位货币的含金量，而是根据单位货币的购买力，即在一定条件下单位货币购买商品的能力。目前，各国政府和经济学家通常采用综合物价指数来衡量币值是否稳定。物价指数上升，表示货币贬值；物价指数下降，则表示货币升值。

稳定物价是一个相对概念，就是要控制通货膨胀，使一般物价水平在短期内不发生急剧的波动。从各国的情况来看，衡量物价稳定与否通常使用三个指标：一是国民生产总值平均指数，它以构成国民生产总值的最终产品和劳务为对象，反映最终产品和劳务的价格变化情况；二是消费物价指数，它以消费者日常生活支出为对象，能较准确地反映消费物价水平的变化情况；三是批发物价指数，它以批发交易为对象，能较准确地反映大宗批发交易的物价变动情况。需要注意的是，除了通货膨胀以外，还有一些属于正常范围内的因素，如季节性因素、消费者嗜好的改变、经济与工业结构的改变等，也会引起物价的变化。总之，在动态的经济社会里，要将物价冻结在一个绝对的水平上是不可能的，问题在于能否把物价控制在经济增长所允许的限度内。这个限度的确定，各个国家不尽相同，主要取决于各国经济发展情况。

（二）充分就业

在充分就业的情况下，凡是有能力并自愿参加工作者，都能在较合理的条件下随时找到适当的工作。

充分就业是针对所有可利用资源的利用程度而言的，但要测定各种经济资源的利用程度是非常困难的，一般以劳动力的就业程度为基准，即以失业率指标来衡量劳动力的就业程度。失业率是指社会的失业人数与愿意就业的劳动力之比，失业率的大小代表了社会的充分就业程度。从理论上讲，失业表示了生产资源的一种浪费，失业率越高，对社会经济增长越不利，因此，各国都力图把失业率降到最低的水平，以实现其经济增长的目标。

造成失业的原因主要有以下几方面。

1．总需求不足

由于社会总供给大于总需求，使经济社会的各种经济资源（包括劳动力资源）无法得到正常与充分利用。其主要表现为：一是周期性的失业，这是在经济周期中的经济危机与萧条阶段，由于需求不足所造成的失业；二是持续的普遍性的失业，这是真正的失业，它是由一个长期的经济周期或一系列的周期所导致的劳动力需求长期不足的失业。

2．总需求分布不平衡

由于总需求在整个经济中分布不均衡，造成某些职业或地区缺乏需求，它是劳动的不流动性造成的结果。其主要表现为：一是摩擦性的失业，当一个国家某个地区的某一类职业的工人找不到工作，而在另外一些地区却又缺乏该类型的工人时，就产生了摩擦性失业；二是结构性的失业，在劳动力需求条件与供给条件的长期变化中，由于劳动的不流动性，致使劳动力供给与需求的种类不相符。在某些崛起行业中可能出现劳动力不足，而在一些生产不景气的行业中又会出现劳动力过剩。此外，由于采用新技术也会引起劳动力需求的改变。

3．季节性的失业

有些行业的工作季节性很强，而各种季节性工作所需要的技术工作又不能相互替代，从而造成季节性失业。季节性失业可以设法减少，但无法完全避免。

4．正常的或过渡性的失业

在动态的经济社会中，平时总有一些人要变换他们的工作，或者换一个职业，或者换一个雇主，有的可能调到其他地区工作，当某项合同到期时也会出现劳动力多余，在这些情况下，未找到另一个工作之前常常会有短暂的失业。

（三）促进经济增长

经济增长是指国民生产总值的增长必须保持合理的、较高的速度。目前，各国衡量经济增长的指标一般采用人均名义国民生产总值年增长率剔除物价上涨率后的人均实际国民生产总值年增长率来衡量。政府一般对计划期的实际国民生产总值增长幅度定出指标，用百分比表示，中央银行即以此作为货币政策的目标。

经济的合理增长需要多种因素的配合，最重要的是要增加各种经济资源，如人力、财力、物力，并且要求各种经济资源实现最佳配置。中央银行作为国民经济中的货币主管部门，直接影响其中的财力部分，对资本的供给与配置产生巨大作用。因此，中央银行以经济增长为目标，指的是中央银行在接受既定目标的前提下，通过其所能操纵的工具对资源的运用加以组合和协调。一般来说，中央银行可以用增加货币供给或降低实际利率水平的办法来促进投资增加，或者通过控制通货膨胀率以消除其对投资的影响。

（四）平衡国际收支

根据国际货币基金组织的定义，国际收支是某一时期一国对外经济往来的统计表，它表明：

（1）某一经济体同世界其他地方之间在商品、劳务和收入方面的交易。

（2）该经济体的货币性黄金、特别提款权及对世界其他地方的债权、债务的所有权等的变化。

（3）从会计意义上讲，为平衡不能相互抵消的上述交易和变化的任何账目所需的无偿转让和对应项目。

就国际收支平衡表上经济交易的性质而言，主要可分为两种：一种是自主性交易，或叫事前交易，它是出于经济上的目的、政治上的考虑及道义上的动机而自动进行的经济交易，如贸易、援助、赠与、汇兑等；另一种是调节性交易，或叫事后交易，它是为弥补自主性交易的差额而进行的，如获得国际金融机构的短期资金融通、动用本国黄金储备、外汇储备以弥补差额等。若一国国际收支中的自主性交易收支自动相等，说明该国国际收支平衡；若自主性交易收入大于支出，称为顺差；若自主性交易支出大于收入，则称为逆差。

判断一国的国际收支平衡与否，就是看自主性交易平衡与否，是否需要调节性交易来弥补。如果不需要调节性交易来弥补，则称为国际收支平衡；如果需要调节性交易来弥补，则称为国际收支失衡。

所谓平衡国际收支目标，简言之，就是采取各种措施纠正国际收支差额，使其趋于平衡。因为一国国际收支出现失衡，无论是顺差或逆差，都会对本国经济造成不利影响，长时期的巨额逆差会使本国外汇储备急剧下降，并承受沉重的债务和利息负担；而长时期的巨额顺差，又会造成本国资源使用上的浪费，使一部分外汇闲置，特别是如果因大量购进外汇而增发本国货币，则可能引起或加剧国内通货膨胀。相比之下，逆差的危害尤甚，因此各国调节国际收支失衡一般着力于减少以致消除逆差。

知识拓展

改善货币政策传导机制关键是形成激励相容的机制

中国人民银行货币政策司司长孙国峰在《中国金融》撰文表示，改善货币政策传导机制，关键是形成激励相容的机制，鼓励银行主动加大对实体经济的支持力度，而不是用下指标、派任务的行政办法。

文章指出，从实体经济需求端看，受经济下行压力加大等因素影响，有效的融资需求有所下降。从金融机构资金供给端看，银行的风险偏好下降，自身还受到资本、流动性、利率等多重约束。针对银行信贷供给仍存在的三大约束，人民银行正在积极采取措施加以缓解。

一是资本不足构成实质性约束。若不及时补充银行资本，将制约其下一阶段合理的信贷投放。对此，人民银行正会同有关部门以永续债为突破口，加快推进银行发行永续债补充资本。

二是部分银行信贷投放面临流动性约束。外汇形势的变化使我国银行体系总体面临较大的中长期流动性缺口，再加上银行内部“以存定贷”的管理模式等，对信贷投放形成约束。人民银行通过多种方式建立对银行的正向激励机制，对于金融机构发放普惠口径 1 000 万元以下的小微企业贷款，人民银行通过定向降准、定向中期借贷便利、再贷款等方式向金融机构提供优惠利率的长期资金，精准提供流动性。2019 年 1 月 4 日宣布的降准政策分两次实施，和春节前现金投放的节奏相适应，精准把握流动性的总量。

三是利率传导不畅也对银行信贷需求形成约束。目前，存贷款利率上下限已放开，但人民银行仍公布存贷款基准利率，存在基准利率与市场利率并存的利率“两轨”，这实际上对市场化的利率调控和传导形成了一定阻碍。人民银行将进一步推进利率市场化改革，推动利率逐步“两轨合一轨”。

展望 2019 年货币政策工作，文章指出，一是稳健的货币政策保持松紧适度，进一步强化逆周期调节。“稳健”是货币政策的工作原则和指导思想，强调了货币政策要以稳为主，坚持稳中求进总基调。要保持货币金融条件与经济平稳增长及物价稳定的要求相匹配，既要防止货币条件过紧引发风险，也要防止“大水漫灌”加剧扭曲和继续累积风险。继续灵活运用货币政策工具组合，加强政策沟通协调，平衡好总量和结构之间的关系，发挥“几家抬”的政策合力，从供需两端共同夯实疏通货币政策传导的微观基础，保持流动性合理充裕和市场利率水平合理稳定，鼓励金融机构加大对实体经济的支持力度，促进货币信贷和社会融资规模合理增长，为供给侧结构性改革和高质量发展营造适宜的货币金融环境。

二是进一步发挥货币政策的结构优化作用，创新货币政策工具，以供给侧结构性改革为主线，落实好金融服务实体经济各项政策措施。我国经济运行主要矛盾仍然是供给侧结构性的，深入推进供给侧结构性改革和高质量发展是实现“两个一百年”奋斗目标的根本之策。要坚持以供给侧结构性改革为主线，结构调节不好，容易导致有限的金融资源都沉淀在无效率的领域，总量上也调控不好。要将逆周期调节措施与补短板、加强长期制度建设结合起来，加大货币政策工具创新力度，发挥结构性货币政策精准滴灌的作用，着力提高对民营企业、小微企业等实体经济的支持力度。继续运用定向降准、定向中期借贷便利、再贷款、再贴现、抵押补充贷款、宏观审慎评估等政策工具，进一步提高金融服务民营企业、小微企业等重点领域和薄弱环节的能力。按照市场化、法治化原则，发挥好信贷、债券、股权“三支箭”的作用，积极推广民营企业债券融资支持工具，推动实施民营企业股权融资支持工具。

三是切实防范化解重点领域金融风险，平衡好促发展与防风险之间的关系。坚持结构性去杠杆，是打好防范化解金融风险攻坚战的重要一环。当前，我国经济金融运行整体稳健，但面临的不确定因素仍然较多。对此，既要坚持结构性去杠杆的基本思路，又要把握好节奏力度，统筹考虑宏观经济形势变化，平衡好促发展与防风险之间的关系，坚决打好防范化解重大风险攻坚战。要继续推动实施防范化解重大风险攻坚战方案，稳定宏观杠杆率，加快补齐监管制度短板，有序化解影子银行风险，稳妥处理地方政府债务风险，继续推动产能出清、债务出清、“僵尸企业”出清，继续开展互联网金融风险专项整治。充分发挥存款保险作用，做实金融风险监测、评估和处置机制。

四是协调好本外币关系，处理好内部均衡和外部均衡的平衡。我国是一个开放的大型经济体，面对美联储加息缩表形成的较大外部约束，应协调好本外币关系，要坚持以服务国内经济为主兼顾外部均衡，把握好保持人民币汇率弹性、完善跨境资本流动管理和加强国际宏观政策协调三方的平衡。利率和汇率作为资金要素的内外部价格，在调节内部和外部均衡中发挥着重要作用。要进一步推动利率市场化改革，不断健全市场化的利率形成机制，强化央行政策利率体系的引导功能，进一步疏通央行政策利率向金融市场及实体经济的传导，推动利率体系逐步“两轨合一轨”。有序推进深化汇率市场化改革，坚持以市场供求为基础、参考一篮子货币进行调节、有管理的浮动汇率制度，继续保持人民币汇率弹性，发挥价格杠杆调节进出口和宏观经济自我平衡的功能。以服务实体经济、促进贸易投资便利化为导向，进一步完善人民币跨境使用政策。密切关注国际形势变化对资本流动的影响，完善对跨境资本流动“宏观审慎政策+微观监管”管理框架，保持人民币汇率在合理均衡水平上的基本稳定。

五是提高金融结构的适应性，在服务经济结构转型升级的同时增强金融体系的韧性。抓住机遇，以金融体系结构调整优化为重点深化金融体制改革，补齐金融领域制度短板。加快推进资本市场改革，不断完善融资结构，打造一个规范、透明、开放、有活力、有韧性的资本市场。完善金融基础设施，加强统筹监管和互联互通。进一步提升大型银行的公司治理水平和风险内控能力。从降低道德风险和强化约束机制两方面着手深化开发性金融机构、政策性银行改革，更好服务国家战略。发展民营银行和社区银行，建立民营银行的常态化设立机制。统筹研究深化农村金融机构改革，保持县域法人地位长期稳定，引导其回归本源、服务本地，增强对小微企业、民营企业和“三农”的服务能力。

资料来源：中国证券网

任务检测

1. 知识检测

（1）判断题

① 广义的货币政策指中央银行为实现既定的经济目标运用各种工具调节货币供应量和

利率，进而影响宏观经济的方针和措施的总称。（　）

② 货币政策的实质是国家对货币的供应根据不同时期的经济发展情况而采取“紧”、“松”或“适度”等不同的政策趋向。（　）

③ 中央银行通过货币政策工具的选择和组合使用来实现其宏观调控的目标。（　）

④ 经济增长目标是中央银行货币政策的首要目标。（　）

（2）填空题

① 货币政策可分为____________和____________两类，当经济萧条时，应适用____________货币政策；当通货膨胀率太高时，应适用____________货币政策。

② 货币政策工具的主要措施包括____________、____________、____________、____________、____________、____________和____________。

③ 货币政策的最终目标包括____________、____________、____________和____________等。

④目前各国通常采用____________来衡量币值是否稳定，物价指数上升，表示____________；物价指数下降，则表示____________。

（3）多项选择题

① 各国衡量物价稳定与否使用的指标包括（　）。

A．国民生产总值平均指数　　B．零售物价指数

C．消费物价指数　　D．批发物价指数

② 造成失业的原因主要包括（　）。

A．总需求不足

B．季节性的失业

C．总需求分布不平衡

D．正常的或过渡性的失业

2．探讨和交流

运用所学知识，尝试为我国利用货币政策工具调控经济活动提出可行性方案建议。

第三节　财政政策与货币政策的协调配合

情景导入

李克强：继续实施积极的财政政策和稳健的货币政策

十三届全国人大二次会议听取国务院总理李克强关于政府工作的报告，审查国务院关于2018 年国民经济和社会发展计划执行情况与 2019 年国民经济和社会发展计划草案的报告，审查国务院关于 2018 年中央和地方预算执行情况与 2019 年中央和地方预算草案的报告。

李克强指出：要正确把握宏观政策取向，继续实施积极的财政政策和稳健的货币政策，实施就业优先政策，加强政策协调配合，确保经济运行在合理区间，促进经济社会持续健康发展。

资料来源：人民政协网

想一想

➢ 积极的财政政策和稳健的货币政策将如何协调配合来促进我国经济的发展？

知识准备

一、财政政策与货币政策的联系和区别

（一）财政政策与货币政策的联系

市场经济的基本特征是使市场在资源配置中起基础性的作用，但经历过 1929 年的世界经济大危机以后，由于存在“市场失灵”，政府的宏观调控变得必不可少，而调控政策手段主要依靠财政政策和货币政策，两大宏观政策共同服务于宏观调控的总目标，具有紧密的联系。从调控的着眼点来看，两大政策都是国家宏观调控的经济政策，针对宏观经济出现的各种问题，通过政策扩张性或收缩性的调整，协调社会供需关系，从而保持经济总量的平衡和结构的优化，促使经济实现持续、稳定和协调发展。从调控的终极目标来看，两大政策最终都是为了稳定物价、充分就业、促进经济增长和平衡国际收支，以推动市场经济的健康发展。从政策的杠杆作用来看，两大政策是互为条件、互相补充的，一种政策的实施，一般都需要另外一种政策的协调配合。两大政策的杠杆作用相比，财政政策偏向于经济衰退、调整结构时使用，货币政策更适合于经济偏热，调整总量时使用，而且政策时滞长短不一。正是由于财政政策和货币政策是两种长短不同、作用领域不同的政策搭配，因此一般不单独使用，而是综合运用，形成合力，发挥交叉效应，对市场经济进行可进可退的有效调节。同时，财政政策和货币政策在某些领域存在天然的结合点，这是两大政策需要协调配合的重点所在。

（二）财政政策与货币政策的区别

在财政政策与货币政策存在紧密联系的同时，由于两大政策运用的机理、作用的范围和政策的效果不同，它们又是有区别的。

第一，两大政策在调控经济时所遵循的经济学运行机理不同。财政政策在承认市场经济的前提下，更多追求的是政策实施是否具有长远的、综合的、宏观的和社会的效应，“雪中送炭”式的财政政策，偏重于公平问题；而货币政策是按照市场经济公平竞争的原则实施的，更为看重的是政策是否带来高的收益、少的成本、低的风险，“锦上添花”式的货币政策，偏重于效率问题。

第二，调控经济的政策手段不同。财政政策主要的政策手段有国家预算、税收、财政投

资、财政补贴等；货币政策主要的政策手段有法定存款准备金率、再贴现率、公开市场业务、消费者信用控制、证券市场信用控制、优惠利率等。

第三，调控经济的侧重点不同。财政政策通过财政支出，按性质与用途来安排资金，不仅可以直接影响产业结构，而且可以引导资金流向，侧重于结构的优化；货币政策通过政策手段，调控投资需求和消费需求，管理全社会货币供应总量，侧重于总量的调节。

第四，政策的时差和效果的时滞不同。由于两大政策的制定者不同，所历经的程序也就不同，财政政策一般由财政部门制定，经立法机关审议通过方可执行，政策时差较长，但由于具有明显的强制性和控制性，其效果时滞较短；而货币政策由中央银行制定，相对独立，故而政策时差较短，但由于是间接作用于调节对象，其效果时滞较长。

二、财政政策与货币政策协调配合的必要性

财政政策与货币政策是重要的国家宏观经济调控工具，两者之间的配合程度能对经济运行造成直接影响。财政政策与货币政策在不同经济形势下都具备相应的搭配模式，通常情况下，中央政府会适当调整各个时期既定政策模式下的政策手段、侧重点，这就是纵向协调；政府在某一时期政策配合模式下不但对政策本身进行调整，也要对政策配合系统的整体优化予以重视，便是横向协调。

在对宏观经济调节时，世界各国政府以财政政策与货币政策作为主要手段。现有经济形势下，宏观调控中如何摆正财政政策与货币政策的地位、两大政策的协调配合使用、推动宏观调控目标的实现，是值得深入研究的问题。

（一）财政政策与货币政策的调节范围不同要求两者协调配合

财政政策和货币政策都是以调节社会总需求为基点来实现社会总供求平衡的政策，但两者的调节范围却不尽相同。具体表现为：财政政策主要在分配领域实施调节，货币政策对社会总需求的影响则主要是通过影响流通中的货币量来实现的，其调节行为主要发生在流通领域，正是这种调节范围的不同，因此不论是财政政策还是货币政策，对社会总供求的调节都有局限性。

（二）财政政策与货币政策目标的侧重点不同要求两者协调配合

财政政策与货币政策都对总量和结构进行调节，但在资源配置和经济结构上，财政政策比货币政策更强调资源配置的优化和经济结构的调整，具有结构特征；而货币政策的重点是调节社会需求总量，具有总量特征。

（三）财政政策与货币政策时滞性不同要求两者协调配合

在政策制定上，财政政策的变动，需要通过立法机构、经过立法程序，而货币政策的变动通常由中央银行决定；在政策执行上，财政政策措施通过立法之后，还要交给有关执行单位具体实施，而货币政策在中央银行决策之后，可以立即付诸实施。因此，财政政策的决策时滞一般比货币政策要长。但是，从效果时滞来看，财政政策则可能优于货币政策。财政政策直接影响消费总量和投资总量，从而直接影响社会的有效需求；而货币政策主要是影响利

率水平的变化，从而引导经济活动的改变，对社会总需求的影响是间接的。从这一点分析，货币政策比财政政策对经济运行产生影响所需的时间要长。

由此看来，无论是财政政策，还是货币政策，都具有一定的局限性，如果单纯运用其中某一项政策，很难全面实现宏观调控的目标，这就要求两者互相协调、密切配合，充分发挥它们的综合调控能力。

三、财政政策与货币政策协调配合的主要方式

财政政策与货币政策只有在一定条件下很好地配合运用，才能避免矛盾，尽量缩短政策时差，有效实现总体经济目标。各国政府同时利用两大政策干预经济时一般有以下四种组合。

（一）松的财政政策和松的货币政策

即“双松”政策，其应用背景是：社会有效需求严重不足，生产资源大量闲置，解决失业和刺激经济增长成为宏观调控的首要目标。政策组合是：财政扩大支出，降低税率；中央银行增加货币供应，降低市场利率，以抵消财政政策的“挤出效应”。但“双松”政策往往引起财政赤字，造成信用膨胀。因此，“双松”政策的结果可能造成通货膨胀。

（二）紧的财政政策与紧的货币政策

即“双紧”政策，其应用背景是：社会总需求极度膨胀，社会总供给严重不足，物价大幅攀升，抑制通货膨胀成为首要目标。政策组合是：财政削减政府支出，提高税率；中央银行减少货币供应，调高利率。“双紧”政策会使财政赤字减少或有财政结余，经济增长速度下降，并使通货膨胀受到控制。但是，“双紧”政策的结果可能带来经济萎缩。

（三）紧的财政政策和松的货币政策

其应用背景是：政府开支过大，物价基本稳定，经济结构合理，但企业投资并不旺盛，促使经济较快增长成为主要目标。政策组合是：财政削减政府支出，提高税率；中央银行增加货币供应，降低市场利率，这样可以促进经济增长。

（四）松的财政政策和紧的货币政策

其应用背景是：通货膨胀与经济停滞并存，产业结构和产品结构失衡，治理“滞胀”、刺激经济增长成为首要目标。政策组合是：在实施紧的货币政策同时实施减税和增加财政支出，利用财政杠杆调节产业结构和产品结构，促进经济增长，缓解滞胀。

一般来说，“一松一紧”主要是解决结构问题，“双松”或“双紧”主要为解决总量问题。在总量平衡的情况下，调整经济结构和政府与公众间的投资比例，一般采取货币政策和财政政策“一松一紧”的办法；在总量失衡的情况下，微量调整，一般单独使用财政政策或货币政策，根据西方国家的经验，货币政策在短期内见效快，但长期调整还要靠财政政策；在总量失衡较为严重的情况下，政府要达到“扩张”或“紧缩”的目的，一般同时使用财政政策和货币政策两种手段，即“双松”或“双紧”；在总量失衡和结构失调并存的情况下，政府一般采用先调总量后调结构的办法，即在放松或紧缩总量的前提下调整结构，使经济在稳定

中恢复均衡。

除了以上财政政策与货币政策配合使用的一般模式，若将中性货币政策与中性财政政策分别与上述松紧状况搭配，又可产生多种不同配合。究竟采取什么样的货币政策和财政政策相配合必须从实际情况出发。采用哪种组合方式取决于对国民经济运行状况的透彻分析和对宏观经济形势的正确判断，实事求是、切合国情是十分重要的。

试一试

➢ 我国现行经济状况适用哪种协调配合方式？

四、财政政策与货币政策协调配合的注意问题

财政政策包括国家税收政策和财政支出政策，增税和减支是“紧”的财政政策，可以减少社会需求总量，但对投资不利；反之，是“松”的财政政策，有利于投资，但社会需求总量的扩大容易导致通货膨胀。货币政策是指中央银行为实现既定的目标运用各种工具调节货币供应量，进而影响宏观经济运行的各种方针措施，主要包括信贷政策和利率政策，收缩信贷和提高利率是“紧”的货币政策，能够抑制社会总需求，但制约投资和短期内发展；反之，是“松”的货币政策，能扩大社会总需求，对投资和短期内发展有利，但容易引起通货膨胀率的上升。虽然这两项政策在宏观经济运行中都有较强的调节能力，但仅靠一项政策很难全面实现宏观经济的调控目标，没有双方的配合，单个政策的实施效果将会大大减弱，这就要求二者相互协调，密切配合，充分发挥综合优势。

在市场经济中，财政政策和货币政策是国家履行宏观经济管理职能的两个最重要的调节手段。在公有制基础上的市场经济中，由于根本利益一致和统一的总体经济目标，财政政策和货币政策的实施具有坚实的基础，同时这两大政策具有内在的统一性，为它们之间的协调配合奠定了牢固的基础。但由于这两大政策各有其特殊作用，调节的侧重面也不同，因此两大政策又具有相对独立性，二者既不能简单地等同或混同，又不能各行其是，而应该相互协调，密切配合，以实现宏观经济管理的目标。

财政政策与货币政策的协调配合需注意以下几个问题：

（1）两大政策的协调配合要以实现社会总供求的基本平衡为共同目标。

（2）两大政策的协调配合应有利于经济的发展。

（3）两大政策既要相互支持，又要保持相对独立性。

（4）从实际出发进行两大政策的搭配运用。

财政政策和货币政策的协调配合，是实现国家宏观经济管理目标的客观要求和必要条件，但两大政策协调配合的效果，不仅取决于正确确定两大政策的搭配方式及其具体操作，在很大程度上还取决于外部环境的协调配合。例如，需要有产业政策、收入分配政策、外贸政策、社会福利政策等其他政策的协同；有良好的国际环境和稳定的国内社会政治环境；有合理的价格体系和企业（包括金融企业）的运行机制；还需要有各部委、各部门和地方政府的支持配合。

知识拓展

中央银行刚降准，财政部又放重磅信号！未来还有更多政策组合拳？

在当前形势下，中国两大机构同时出招释放了什么信号？这又意味着什么？

货币政策：中央银行超预期降准 1 个百分点

中央银行宣布，2018 年 10 月 15 日起下调部分金融机构存款准备金率 1 个百分点以置换当日到期的中期借贷便利（MLF）；除去此部分，降准还可再释放增量资金约 7 500 亿元。

不过，中央银行称，本次降准仍属于定向调控，银行体系流动性总量基本稳定，货币政策取向没有改变。中央银行强调，将继续实施稳健中性的货币政策，不搞大水漫灌，注重定向调控，保持流动性合理充裕，引导货币信贷和社会融资规模合理增长，为高质量发展和供给侧结构性改革营造适宜的货币金融环境。

值得一提的是，这是 2018 年以来第四次降准，此前 1 月、4 月和 7 月分别下调过银行准备金率。此外，本轮降准的幅度很大，原来一般是 0.5%，现在是 1%，高出 50 基点。

财政政策：积极的财政政策要更积极

面对经济下行压力，中央已经明确，积极的财政政策要更加积极。财政部部长表示，正在研究更大规模的减税、更加明显的降费措施，预计全年减税降费规模超 1.3 万亿元，真正让企业轻装上阵、放手发展。

他表示，2018 年积极财政政策的效应除了表现在大力减税降费，还有加快债券发行和提速预算执行，确保地方政府加快资金使用，尽快发挥效益。他强调，积极的财政政策更加积极，绝不是要搞大水漫灌式的强刺激，而是要提高政策的前瞻性、灵活性、有效性，在扩大内需和结构调整上发挥更大作用，推动经济高质量发展。

至于积极的财政政策，将从 4 个方面继续发力：加力减负、补齐短板、促进消费及节用裕民。

未来还有更多政策组合拳？

在同一天，中央银行、财政部同时释放政策利好信号，说明在应对经济结构调整可能存在的下行压力方面，监管层多有准备。

实际上，不仅降准在预料之内，财政部减税的表态也被多次提及；而就目前形势来看，未来还有更多政策组合拳。但不管怎样组合，就货币政策而言，中国必须以国内基本情况为参考，为国内经济转型发展留足货币政策的操作空间；财政政策方面，中国的财政政策要确保“财政收入取之于民，用之于民，每一分每一厘都花在刀刃上”。

资料来源：http://www.sohu.com/a/258170069_100285564

任务检测

知识检测

（1）判断题

① 从调控的着眼点来看，财政政策和货币政策最终都是为了稳定物价、充分就业、促进经济增长和平衡国际收支，以推动市场经济的健康发展。（　）

② 政府在某一时期政策配合模式下不但对政策本身进行调整，也要对政策配合系统的整体优化予以重视，就是横向协调。（　）

③ 在资源配置和经济结构上，财政政策比货币政策更强调资源配置的优化和经济结构的调整，具有结构特征。（　）

④ 从效果时滞来看，货币政策可能优于财政政策。（　）

（2）填空题

① 财政政策与货币政策存在紧密联系的同时，又存在________不同、________不同、________不同和________不同的区别。

② 财政政策与货币政策协调配合的主要方式包括________、________、________及________。

③ 一般来说，________的财政政策与货币政策协调配合方式主要是解决结构问题，________的财政政策与货币政策协调配合方式主要为解决总量问题。

④ 在市场经济中，________和________是国家履行宏观经济管理职能的两个最重要的调节手段。